福祉+α 9
Welfare Plus Alpha

［監修］橘木俊詔／宮本太郎

正義

JUSTICE

後藤玲子［編著］

ミネルヴァ書房

刊行にあたって

現在、国民が何に対してもっとも不安を感じているかといえば、将来の生活に対してであろう。もう少し具体的には、将来の生活費の確保、退職後や老後の年金・介護の問題、現役世代であれば病気や失業したときのこと、さらには家族、地域、社会などにおける絆が弱くなったために、自分一人になったときに助けてくれる人がいるのかといった不安など、枚挙にいとまがない。

本シリーズはこれら国民に蔓延する不安を取り除くために、福祉という視点から議論することを目的としている。ただし福祉という言葉が有する狭い意味に限定せず、福祉をもっと幅の広い視点から考えることにする。なぜ人間が福祉ということを考えるようになったのか、なぜ福祉を必要とする時代となったのか。また、国民に福祉を提供する分野と手段としてどのようなものがあるのか、誰が福祉を提供するのか、その財源と人手を調達するにはどうしたらよいのか。さらには、福祉の提供が少ないとどのような社会になるのか、逆に福祉の提供がありすぎるとどのような弊害があるのか、福祉を効率的、公平に提供する方策のあり方はいかなるものか、といった様々な福祉に関する幅広い課題について論じることとする。

これらの課題はまさに無数にあるが、各巻では一つの課題を選択してそのテーマを徹底的に分析し、かつ議論するものである。監修者は、どのような課題に挑戦するかを選択し、そのテーマに関して一冊の本を編集するのに誰がもっともふさわしいかを指名し、その編者は、特定のテーマに関して一流であることは当然として、歴史、法律、理論、制度、政策といった幅広い視点から適切な分析のできる執筆陣を選んで執筆を依頼するとともに、その本全体の編集責任を負う。

本シリーズのもう一つの特色は、読者対象を必ずしもその分野の専門家や研究者に限定せず、幅広い読者を念頭に置いているということである。すなわち、学生、一般読者、福祉を考えてみたい人、福祉の現場に関わっている人、福祉に関する政策や法律、プロジェクトを考案・作成する機関やＮＰＯに属する人、など幅広い層を想定している。したがって、書き手は福祉のことをほとんど知らない人でも読むことができるよう配慮し、福祉の現状と問題点が明快に理解できるよう書くことを念頭に置いている。そしてそのテーマをもっと深く考えてみたいという人に対しては、これからあたるべき文献なども網羅することによって、さらなる学習への案内となるようにしている。

福祉と関係する学問分野は、社会福祉学、経済学、社会学、法学、政治学、人口論、医学、薬学、農学、工学など多岐にわたる。このシリーズの読者は、これらの専門家によって書かれたわかりやすい分析に接することによって、福祉の全容を理解することが可能になると信じている。そしてそのことから自分の福祉のこと、そして社会における福祉のあり方に関して、自己の考え方を決める際の有効な資料となることを願ってやまない。

2012年10月

橘木俊詔
宮本太郎

はしがき

この本を手に取ってくださった方はどんな人だろうか。
福祉の実践のただ中でふと正義という語が気になった人
正義論を学ぶ延長線上で新たな切り口を求める人
自分の専門から少し寄り道をしてみようとしている人

いずれにしても、限られた時間の中で、手っ取り早く主題について、なにかをつかみとりたい人であるにちがいない。本書はそのようなニーズに応えるようにつくられた。さっと読み、眺め、印象的な言葉を拾い、時間のあるときにまた戻り、今度は気になった章を読み通す。そういう自由な読み方をしながら、自らの関心を深めていけるように。

とはいえ、本書には、一貫した筋がある。それは、不正義の視点を通して、福祉国家の忘れものを問うこと、福祉国家の忘れものを通して、現代正義論を眺め直すことにある。

結論的には、本書は、福祉国家に関しても、現代正義論に関しても、異議申し立てをすることになった。だが、その意図は、制度や政策、さらには学問や理論というものを否定しさることにはない。あらかじめ用意した代替案を無責任にふりかざすことにもない。そうではなくて、次のような問いを考察したいのである。

いまこの社会には、壮絶な苦悩を生きる人がいる、この社会で生活を継続していくことがきわめて困難な人がいる、この事実に徹底的にこだわって、福祉国家を照射するとしたら、いったいどのような課題が見えてくるだろうか、現代正義論はそれに対してどう応答しうるのだろうか。

この問いがきわめてラディカル（根源的）であることを編者は自覚している。通常これは、「残された課題」として余韻を残しつつ本を締めくくる末尾のフレーズではありえても、本の冒頭に記すべきものではないのかもしれない。学問の暗黙の境界――解けた問題を解けると記述する――を、無邪気に飛び越えてしまうおそれもある。

端的に言って、苦悩を生きる人を理解することは無理である。その人の日常は、普通の人とはまったく異なる時の流れと、風景の移ろいから構成されているおそれがある。

インタビューのときに垣間見せるその人の笑顔のうらには、終わることのない悲しみが、重く垂れさがっているかもしれない。はたしてそれを、われわれは見破ることができるだろうか。

アダム・スミスのいう「想像上の立場の互換」（「想像上、彼の状況に自分の身をおいてみる」）と「不偏的観察者（impartial spectator）」の視点の獲得は、優れた方法ではあるものの、実践はことのほかむずかしい。

「苦しみ」の一般的な類型を無理やりあてはめて理解したつもりになる、あるいは、「私」の美学やら格率やら習慣やらを無意識のうちに押しつけてしまう、そのような危険性が常にあるからだ。

カントは端的に、理解しようとしなくてもよいのだという。たとえ苦悩する他者に心を動かされることがないとしても、人は、他者に「親切をする」ことを、そうすべきこと（義務）として（善意志にもとづいて）行うことができる、それで十分であると。

カントの道徳理論を発展させたジョン・ロールズは、ある事柄をとりあえず真であると措定して、妥当な公理（規範的諸条件）のもとで、推論して得られる結論に着目した（「カント的構成主義」あるいは「政治的構成主義」と呼ばれる手法）。

例えば、社会にはかならず「最も不遇な人々」がいる、とりあえずそれを真として、個々人が、一定の認識的条件のもと、自由で平等な立ち位置で推論するとしたら、社会的基本財（自由、権利、機会、所得と富、自尊の社会的基盤）の分配について、どんな原理が導出されるだろうか、と。措定した仮説の妥当性は、導出される結論との整合性をもとに判断されることになる。

推論の特徴は、推論者のおかれる「自由で平等な立ち位置（original position）」とその認識的条件に、妥当な公理が具現化される点にある。認識的条件には、推論者が自己の私的な立場から離れること、自己の合理性と理性を発揮して推論すること、などが含まれる。それは、本人の出自、属性、地位、好み、性質などをおおい隠す「無知のヴェール（veil of ignorance）」という語に象徴される。

アマルティア・センが「ケイパビリティ・アプローチ」と呼ぶものは、ロールズが正義論でとりあえず真とした「最も不遇な人々」を、抽象化されたポジション（位置）から、具体的な社会的文脈を生きる存在へと引き戻す。

その眼目は、個々人の状態を、本人のもっている財や資源ではなく、主観的な満足や効用でもなく、本人が利用可能な財や資源（権利や社会資本などを広く含む）を使って、実際に、実現可能となる本人の「行い」や「在りよう」の範囲、すなわち、「ケイパビリティ（潜在能力）」によって捉える点にある。

個人のケイパビリティを捕捉する作業のポイントは、個々人の境遇を、本人のポジションから捉えることを試みる点にある。そのためには、観察者が自分のポジションを離れる必要がある、というのがロールズの「無知のヴェール」論であった。それに対して、センのアイディアは、第一に、自分の境遇に関する当事者の観察を情報として社会的選択に組み入れること、第二に、観察者自身が占める複数のポジションを、位置越境（trans-position）的な「開かれた不偏性（open impartiality）」の基盤とすることにある。

ロールズからセンへの接続は、現代正義論を個々人の福祉（well-being）に（したがって、個人の困窮や苦悩に）基礎づけることを可能とするだろう。加えて、善が先か正義が先か、個人が先か共同性が先か、といった不毛な二項対立図式から、正義論を救出する一助となるだろう。

ただし、その接続は正義論の根幹を大きく揺り動かさざるを得ない。さらに、その振動は、戦後福祉国家をけん引してきた近代リベラリズム（ここではそれをロールズの「政治的リベラリズム」に代表させる）を揺るがさざるにはいられない。

繰り返すと本書の意図は、近代リベラリズムを転倒させることにも、自由で対等な個人間の契約に基礎づけられた福祉国家制度を、再度、「措置制度」へ逆行させることにもない。

リベラリズムの性急な転倒は、ナショナリズム、アナーキニズム、卓越主義などを無批判に招き入れつつ、リベラリズムそれ自体の検討から関心を逸らすおそれがある。リベラリズム批判は、そのメリットに十分留意しながら、その中心に向けて、注意深く進められる必要がある。

本書の要点は、「福祉国家の忘れもの」にこだわる点にある。それは、いまとなっては取り返しがつかないことが判明するかもしれない。それでも、いまから問い始めるしかないのである。

ミネルヴァ書房の編集者堀川健太郎氏の深い知性と豊かな感性に心から感謝する。

二〇一六年一月

後藤玲子

目次

総論

福祉国家の忘れもの

――契機と敬意――

後藤玲子

傷ついた小鳥には、同一の労働をなすことも、負担をすることもできない。でも、まさにそのことが、人々が協同する契機となるのだとしたら？　実は、人々が協同するうえで、小鳥の存在がなくてはならないのだとしたら？　はたして、われわれは、そのことを忘れないでいられるだろうか。本章の目的は、小鳥を含むかたちで、社会的協同を拡張すること、それも、小鳥を手段としてではなく、目的として扱う論理を探すことにある。ここでの暫定的な結論は、「福祉国家の忘れもの」に気づいたらすぐに引き返そう、引き返して「契機と敬意」を含む公共的相互性の関係を修復しよう、いつでも、何度でも、記憶をたぐりよせながらそうしよう、というものである。そうすることは、法制度の死角に光をあてるとともに、現代リベラリズムの普遍性・一般性を突き抜ける視座をもたらすに違いない。

1　協力の契機

小鳥の来訪と協同の契機

部屋の四隅に四人の男が銃を構えて立っている。銃口は前を向き、照準は定められているので、だれ一人として銃を下ろすことができない、まさによんすくみの状況である。

そのとき、傷ついた一羽の小鳥が急降下してきて、四人のちょうど真ん中にどさりと落ちた。すると、不思議なことに、かすかに残っていた小鳥の息が、銃口から流れ込み、銃を通して四人の手にはっきりと伝わった。

その瞬間、四人は、そろって銃をもつ手を下ろした。自分たちが最悪の事態を免れたことに、深く感謝しながら。

ここで、四人の手に伝わったものを何と呼ぶか、美なのか、真なのか、善なのか、愛なのか。また、「手に伝わる」とはどういうことなのか、身体的感覚なのか、共感する感情なのか、悟性的解釈なのか、理性的推論なのか、ここでは問わない。傷ついた小鳥が形象するものを特定することも控えたい。

実のところ、四人の心に流れたものは何であってもかまわない。四人の間でそれが違っていてもかまわない。重要なことはただ、四人が腕を下げたという行為であり、四人が銃弾ではない何かに打たれて、銃を構え続ける動機を失ったという事実、ならびに、不意に現前した小鳥の存在が、個々人の直面する危機状況をいっぺんに変化させ、変化した状況が個々人の行動様式をいっぺんに変化させた点にある。

後述するように、ロールズが政治的リベラリズムの基礎とした「重なり合う合意（overlapping consensus）」も、実際には、異なる人の、異時点間での、違った理由の「重なり」を指すものと解釈される。異なる人の異なる理由を透かして見れば、合意らしきものが浮き上がる。混濁した「重なり」から、合意らしきものを抽出する作業は、自己の状況と自己のとるべき行為との反照、さらには、それを、他者の状況と行為に関する他者の反照と照らし合わせる個々人の主体的営為にほかならない。

不正義と協同の破綻

上記の話をつづけよう。銃を捨てた四人は、代わりに、その手にくわをもった。四人が協同して大地を耕すと、春には豊かに作物が実り、今度は生きた小鳥がたくさん訪れて、明るい歌声を響き渡らせた。富と平和がようやく実現されたのである。めでたし、めでたし。

だが、ここには一つ、忘れられた問いがあった。それは次のような問いである。

あのとき、傷ついた小鳥はどうなった？

傷ついた小鳥は地面に打ち棄てられたまま、静かに昇天していった。だが、そのことにだれ一人として気づかぬまま、秋が来て、落ち葉が積もり、冬が来て、雪が積もった。そして、傷ついた小鳥の姿がすっかり消えてなくなった夏の始まり、四人は、またもや、争い始めたのである。銃の代わりに、今度は、くわを振り上げて。いったいこの作物は、どっちの取り分だ？

この争いは、再度、傷ついた小鳥が天から落ちてくるまで、続いた。不意に現れた小鳥の姿に、四人がまたしても、はっと気がついて腕を下ろす、その瞬間まで。

いったい人は何度、同じことをくりかえさなくてはならないのだろう。

抗争の危機、不意の来訪者、状況の激変、行為の変化、協力の実現、放置と忘却、協力の破綻、危機の再燃

自分たちが協力するきっかけとなった来訪者の存在を忘れ（あるいは、後述するように、本質的に自分たちと連続的なカテゴリーに押し込めて）、放置したまま、この世界があたかも「自分たち」だけから構成されるかのように、そして、「自分たち」だけの力で協力がもたらされたかのように錯覚するとしたら、「自分たち」の間の協力は、不正義であるばかりでなく、それ自体において安定的ではありえない。

だが、「自分たち」とはまったく異質な小鳥の姿を、いったいどうやったらとらえることができるのだろうか。その話をする前に、以下では、舞台を日本に移して問題関心を敷衍したい。

2　現代福祉国家とリベラリズム

個人の権利と平等

戦後日本は、平和憲法を手に、世界に誇る生存権システムを整えてきた。日本の社会保障・福祉制度は、ロールズの言葉を借りていえば、「リベラルな平等」の観念を確立するにとどまらず、「民主的な平等」(Rawls 1971a) に踏み込む思想を有していた。はじめにこれらの概念を順に説明しよう。

ロールズのいう「リベラルな平等」とは、等しい存在に対する等しい扱い、つまりは、形式的な平等を指す。例えば、だれしも正当な理由なくして個人の身体・精神・良心などに介入されないという「市民的自由への権利」が平等に保証されている(guarantee)こと、さまざまな社会的意思決定プロセス、とりわけ自己に深く関連する事柄の決定プロセスに等しく参加する「政治的自由への権利」が保障されている(secure)ことに代表される。

それに対して、ロールズのいう「民主的な平等」とは、差異ある存在に対する実質的に平等な扱いを指す。例えば、参照基準と比較した本人の不足部分の補てんを要請する「福祉的自由への権利」が保障されていることに代表される。

少なくとも法理念上は、所与の環境的諸条件のもとで、個人の権利の実現を制約する条件は、ただ、他の個人がもつ同様の権利、あるいは、他の種類の権利がもつ同様の効力であって、個人を超越した国家や社会の価値であってはならないことが宣言される。

そして、だれであれ、手続きさえ踏めば、自分のもっているさまざまな種類の権利を駆使して、自分の利益を追求することも、自分の意思を表明することも、さらには、手続きそれ自体の改定に参加することもできる(市民的自由への権利と政治的自由への権利の平等な保障)とされる。

加えて、だれであれ、教育や就労へのアクセス、公的機関の利用に関して等しい機会をもち、困窮したら、生活保護を受給して健康で文化的な最低限度の生活を営むことができる(福祉的自由への権利の平等な保障)とされる。

このような個人の権利概念は、個人の権利と公共善(日本国憲法では「公共の福祉」)、個人の自由と民主主義、個人の選択と社会的選択などの関係をめぐる豊かな議論を生み出した。これらの議論が、さらに、持続可能な環境や世代間の衡平性など、多様なトピックスへの関心を喚起したことはまちがいない。だが、その反面、個人の権利を中心とする議論は個人の福祉への関心を、むしろ後景に退けることになった可能性を否めない。なぜだろうか。権利概念を支える常識的思想からその理由を考察しよう。

個人の権利を支える常識的思想

上述した「だれであれ……できる」という記述は、権利行使の意思や行為を妨げられない、という消極的な意味であって、実際に、権利が行使されること、さらに、権利を行使する本人の目的が実現されることまでは意味しない。権利を行使するためには、しかるべき窓口に出向き、しかるべき手続きで権利の行使を申請する必要がある。さらに、権利を行使したとして、その目的を実現するためには、一定の要件を満たすことを自ら立証する必要がある。これらの作業を遂行するプロセスにはさまざまな要因が立ちはだかる。

例えば、ある個人が困窮したとしよう。その個人が生存権を実現する生活保護の存在を知り、生活保護受給の意思を固め、生活保護の申請を完了するまでのプロセスには、無数のコトやモノやヒトが介在しうるが、実際には、介在すべき事柄が不足していることもあれば、介在すべきではない事柄で妨げられることもある。*

だが、たとえ、そのプロセスが本人の権利を実現する意思をくじき、疲労と空腹を一層、深めただけで申請を取り下げる結果に終わるとしても、個人の権利が脅かされたとは見なされない。権利の行使を妨げる出来事や行動が明確に認知されない限り、結果的に、権利が有効に行使されることがなかったとしても、それは権利概念そのものと抵触するとは見なされない。

選択の自由の偏重

さらに、そもそも権利はだれもが行使できるものだ、という暗黙の前提があるとしたら、権利を行使しなかった個人は、権利を行使しないことを本人が選択したと見なされて、それ以上、社会的に顧みられることはない。たとえ本人が不利益を被ることになったとしても、結果に対する保障がなされることもない。

権利を行使したものの、その目的（意思や利益）を実現できなかった個人についても、それが、主として個人の選択的要因に起因すると判断された場合には、やはり、社会的に顧みられることはない。選択の自由（より広くは市民的自由）と直接、抵触するおそれのあること以外には、モラル・ハザード（自分にとってよりよい結果をもたらそうという本人の意思や努力を減退させる）を引き起こすおそれのあることが、しばしばその理由として挙げられる。

権利を行使したものの、目的（本人の意思や利益）を実現できなかったことが、主として本人の非選択的要因（生来の能力、生育環境、運など）に起因する場合には、司法的介入、結果に対する補償政策の対象となりうる。ただし、（人的資源その他の資源の社会的移転を伴う）補償政策に関しては、補償の範囲と水準が、社会の経済的・技術的条件を別とすれば、そもそも何をどこまで補償の対象とすべきかに関する議論に依存して、決定される。また、適用にあたって、それが本当に選択しようにも選択できない要因に由来するものであるのかどうかが、厳密に審査されることになる。

運の立証？

さらに、次のような問題がある。「どんなに運が悪いとしても、個人の選択次第で結果は異なりうる」という命題は、人間の自由意思の証として、また、その発現を妨げない自由社会の利点を端的に表すものとして理解され、結果に対する補償政策を無用、あるいは、有害とする議論につながりやすい。その一方で、「どんなに賢明な選択であっても、運次第で結果は異なりうる」という命題は、人間の力と、人間のつくる法制度の根源的な限界を印象づけ、運に恵まれなかった個人を法制度の外に追いやる（対象外とする）ことの容認、さらには、結果に対する補償政策を放棄することの正当化につながりやすい。

より根本的には次のような問題がある。個人の権利の文脈において、結果に対する補償政策は、個人が賢明な選択をしたことを前提として、非選択的要因の影響を緩和することに、その目的が限定される。そのため、結果の補償政策を必要とする理由が、本人の選択のせいではなくて、運やら環境やらのせいであることを、本人が立証しなくてはならないことになる。だが、われわれの中の、いったいだれが、だれに向かって、どのような言語で、自分の選択ではなく、運やら環境やらのせいであったということを、さほどはっきりと立証できるだろうか。

福祉国家制度の例外・残余としての家族

かくして、戦後日本の福祉国家制度において、真に深刻な問題が個人に残されることになった。家族は、傷ついた個人の困窮や苦悩あるいは反撃を封じ込める社会の砦とされた。家族構造や世帯類型の変化は、自然的な（実は社会的・歴史的に形成された）責任感情を基礎として、すっきりと直系家族のみが、他の親類縁者に累を及ぼすことなく、傷ついた個人（夫、子ども、孫、きょうだい）

と運命をともにすることを意味した。標準的なリスク（年金、医療、介護）をターゲットとする普遍的な社会保障制度が構築されていく福祉国家のただ中で、非運に遭遇した個人は、ただ家族を巻き込みながら、忽然と姿を消していく。

これらの「事件」は、通常、「例外（exception）」、「残余（residual）」とされ、法制度本体から注意深く区別される。それらは、一時、人々の心を激しく揺さぶることがあったとしても、直に、別の新奇な「例外」、「残余」に上書きされて、人々の記憶から容易に消し去られていく。

わたしたちは、この戦後日本の「福祉国家の忘れもの」（例外、残余）を取り戻すことができるのだろうか。次節からは、正義を主題とする学問研究、より広くは政治的リベラリズムの検討を通じて、この問いを考察したい。わたしたちの規範意識は、制度や政策によってドラスティックに変わることがある。一方、制度や政策は（制度化された）学問研究によって少なからず影響される。

＊　二〇一二年一月、札幌市白石区で四〇代の姉妹が餓死した。それ以前に、姉は三度、福祉事務所を訪れているものの、生活保護を申請するには至らなかったという。

3　政治的リベラリズムの理論化と人々の規範意識

専門家と学問研究

学問研究による制度や政策への影響は、なにも、「イデオロギー操作」といったあからさまな方法にかぎられない。学問研究は、裁判官や行政官や対人関係の前線で働くソーシャル・ワーカーたちの実践の後ろ盾となりながら、じわじわと制度や政策に影響を与える場合もある。その人々が、きわめて差し迫った状況で下す判断が、法制度の運用枠内に収まり、解釈の一貫性に支障をきたさないものであることに、お墨付きを与えるのである。

例えば、母子加算を廃止された女性が、それを不当として国を訴えたとしよう。その裁判を担当することになった裁判官は、初めて耳にする「母子加算」の意味を深く掘り下げる間もなく、「同様のケースを同様に扱う」ことを命として、判決をくださなくてはならない。

渾身の力を振りしぼって、公の場に現れた原告が、その直前までどれほど深い不安に襲われていたのか、いまどんな思いでここにいるのか、その後どれほど長く重い疲労にとりつかれることになったか。担当する裁判官がせっかく出会うことのできた唯一無二のケースを、自らの眼で見て、考え、判断する代わりに、量的調査の統計処理済み分析結果に依拠した行政判断を無批判に受容するのは、おそらく、制度化された学問がもたらす安心感ゆえだろう。

そのような安心感を保障する代わりに、はたして人に正義への接近は可能か、との視点から、正義の規範理論の方法論的基礎を問う本書は、「正義の不穏」という章から始まる。そして、法学、経済学、社会調査などの学問研究の枠組みにさまざまな角度から挑戦する。本節では、主として、経済学と政治哲学における政治的リベラリズムの理論化の到達点と限界を概観する。

政治的リベラリズムの構想——寛容・反差別

政治的リベラリズムの構想（conception）は、構想の内容が、現実の人々による構想の受容によって描写される点に特徴がある（いわば、構想と構想の受容が入れ子状態である）。現実の人々による受容は相互性（reciprocity、すなわち、他の人も同様の条件であれば同様に受容するであろう）を基礎とする。はじめに、ロールズ＊の著作をもとに、その概要をおおざっぱに示そう。

全体主義的イデオロギーをはじめとして、特定の宗教や信念、思想へのコミットメントを回避すること、自由を至上価値とするリバタリアニズムも含めてあらゆる価値（善）から自由であり、それらに対して等しく寛容であること、これらのいわば「政治的リベラリズム」の指針は、（自分だけではなく）互いの自由と独立を希求する人々であれば受容可能であると想定される。

出自、職業、性、障害や疾患、所得、富などの要因（ロールズが本人の「道徳的功績」とは無関係な「社会的・自然的偶然」と呼ぶ）に起因する差別を否定する反差別思想についても同様である。これらの要因における差異を根拠として、ある個人が権利の行使を妨害されること、自尊・尊厳を毀損されること、さらには、教育を受ける機会、就労する機会、公的機関の利用などを制限されることは許されない。個人的情報を制約する「無知のヴェール」を、自分だけでなく他の人々にも被せるとしたら、差別することは事実的に不可能となる。

ただし、「無知のヴェール」のもとでも、社会的・経済的財の積極的な分配方法にかかわる議論はオープンとされる。個人の功績・貢献（あるいは努力）に応ずる分配規準と個人の必要に応ずる分配規準をバランスづける原理は自明ではないからである。例えば、所得政策は、社会における平均水準の改善に照準を当てるべきか、社会の中の最小水準の改善に照準を当てるべきか、あるいは、教育機会・就労機会の平等が実現したとして、生産性の相違を賃金率にいかに反映させるべきかなどについて、「無知のヴェール」のもとで（つまりは、個別的事情や私的利益から離れて）人々は理性的に判断することが要請される。

人々は市民的自由・政治的自由への権利を等しくもっているので、私的利益からどれだけ離れることができるか、離れたあとで、どんな基準に重きをおいて判断を下すか、数ある常識的な正義規準をどんな上位原理でバランスづけるか、さらには人々がどれだけの労働時間を選択すると判断するかは本人次第とされる。

したがって、実際にどれ程の資源再分配が実行可能となるかは、人々の選好と判断に依存する。はたして、政治的リベラリズムのもとで、市場制度それ自体のもたらす格差についてどの程度、是正されるかは、理論的にオープンとされる。

政治的リベラリズムの理論化

つづいて、ロールズ以降の政治的リベラリズムの理論化の方法について概観する。価値自由な科学といった言葉をことさら用いないとしても、制度化された学問の多くは、次のような「科学」的手法を共通に採用する。すなわち、個別的諸事象について、社会的文脈や個人的事情（名称）を捨象し、カテゴリー（多く自然的・社会的属性にもとづく）を手がかりとして個別的諸事象を場合分けしながら、いくつかの特殊法則を含む一般法則の体系を形成する。経済学、政治哲学などで精力的に進められた政治的リベラリズムの理論化も、主としてこの手法に基づいてなされた**。

いま、個々人を特徴づけるある一つの要因（四肢障害・精神障害、所得、年齢など）を実数値で指標化するとしよう。このとき、個人間の差異は事実、量的な程度の相違として、それも連続的な相違と見なすことが可能となる。例えば、ある障害に関して、最重度の人と最軽度の人がいるとして、両者の間には中間があり、その間にはさらに中間がある。そのように連続的な数のもとに個々人をプロットしていけば、個体間の質的な区別は後景に退く。障害のない人に限りなく近い最軽度の障害も想定される。

例えば、完全平等を表象する四五度線からのたゆみを不平等として把握するローレンツ曲線は、個人間の連続性を視覚的に印象づける。また、序数的順序、あるいは、通常、質をとらえるとされるダミー変数なども、数量的操作のプロセスで、個体の質は捨象され、ただ、集団の傾向性の中に埋没していく。例えば、所得指標を用いるとして、はたして、どの水準までを補償の対象とすべきなのかは自明ではない。現代日本においても、ある個人の困窮を、本人が「餓死」して初めて認知するケースが後を絶たない。

多次元指標をとるとしたら、どうだろうか。個々人を特徴づける指標が複数あるとしたら、すべての指標において他者より重度である個人、逆に、すべての指標において他者より軽度である個人の割合は小さなものとなる。精神疾患については重度だとしても、内臓疾患については軽度である、貨幣所得は最小分位だとしても、活動能力は最高分位にあるなど、個人間の順序関係は複数の指標間でクロスする。

ほとんどすべての指標で最小分位にあっても、たった一つの指標がそうではない個人がいたとしたら、彼を「最も不遇」とみなす根拠は薄れる。指標間の代替性に関する客観的基準は存在しないからである。同様に低所得であっても、複数の異なる財・サービスが購入可能であり、さまざまな組み合わせから得る個々人の効用が多様であるとしたら、困窮しているといちがいに判断することはできないとされる。「清貧」、あるいは、「障害は個性である」といった言説は、ある特性における劣位（例えば、経済的貧困あるいは障害）を補って余りある他の特性（例えば、徳や知性、快活さなど）の優位性を強調する。

かくして、量的連続性を表す次元の集まりとしての多次元指標は、個人間の質的比較不可能性を表象することになる。これが、政治的リベラリズムにおける平等の学問的根拠とされる。ケネス・アローがライプニッツに依拠しながら、簡潔に指摘するように、「区別できるものを平等に扱うことはできるが、区別できないものは差別することはできない」（Arrow 1951［1963］）のである。

差異に対する補償政策の後退

実際の差別は人々の日常の常識的直観にもとづいてなされる。それはたった一つの次元における劣位を、他の次元を圧倒する明白な差異として抽出し、特定の個人を差別する。それに対して、政治的リベラリズムの「科学」は、他の次元を圧倒する決定的な劣位としての差異の存在を、事実として否定する（不可知とする）。そもそも人間の認識能力の限界を自覚するとき、いまだ認知されていない次元における順位の逆転可能性を否定することはできないであろうと。

反差別の立場を貫こうとする人（例えば、裁判官や行政官やソーシャル・ワーカーら）が、この差異の存在を事実として否定する学問理論を受容するとき、差異のもたらす不利性への補償政策（不足の補てん）に消極的となる。事実として差異が存在しないのだとしたら、差異のもたらす不利性への補償政策は不要となるからである。他方、自己の内なる差別感を自覚する人は、その社会的表出をおそれて、この差異の存在を事実として否定する学問理論にのっかりながら、差異に対する補償政策（不足の補てん）に反対する。

かくして、政治的リベラリズムに牽引された福祉国家政策は、専門家を含む人々の規範意識を通して、現実の不利性に依拠した事後的補償（不足の補てん）を避け、もっぱら標準的なリスクに対する普遍的政策に傾くきらいがあった。

最も不遇な人々の「特権化」の回避

「いかなる個人をもただ手段として扱うことなかれ、目的として扱うべし」。カントのいうこの道徳原則を受容し、価値の多元性を尊重する政治的リベラリズムの平等観はまことにしなやかで強固である。個々人を目的として扱うこと、尊重すること、尊厳を認めることは、いずれも、本人のみぞ知る本人の多様な善の観念を尊重して、また、本人の多面的な特徴を個性として尊重して、事実としての差異を否定（不可知）した。それは、あらゆる個人に対する差別的扱いの禁止、すなわち、反差別の思想を生む。

だが、まさにこの事実としての差異を否定（不可知）する多元的平等観が、非対称的関係を含む平等原理の受容を妨げてきたのである。個々人の各特性が質的に連続であり、個々人の位置は、社会的基本財の増減によって、いくらでも入れ替え可能であるとしたら、社会的基本財の分配方法次第で、だれもが「最も不遇な人々」にも「最も好遇な人々」にもなりうることになる。問題は、見事に対称的な個人間の分配、あるいは、個人内の異時点間分配に還元される。

だからこそ、——いささか逆説ではあるが——人々は「最も不遇な人々」に焦点を当て、その期待の最大化を要求する格差原理の適用に、過度に慎重になるのである。本質的に連続的で、入れ替え可能な個々人からなる集団を想定するとしたら、「最も不遇」なポジションの「最大化」を要請する格差原理は、特定のポジションにのみ優先性を与える特権付与の原理であるかのような印象を与えかねないからである。格差原理をめぐる論点の一つに、「労働インセンティブ問題」と呼ばれるものがある。この問題の本質は、端的に、このような格差原理のもたらす不公平感——特権化の回避——に根ざしている。***

差異に関する不可知論の一線を超え、個人の不利性をとらえ、社会的に支援する論理を、政治的リベラリズムは提供してくれなかった。新しい理論を探す必要がある。

* 詳細については、Rawls（1971a：1993）、解説については後藤（2002）など参照のこと。
** ロールズ以降、新古典派経済学における新厚生経済学、英米圏の分析哲学などを中心に、学問の制度化が進められ、精緻に細分化された議論が生産されつつある。
*** 新古典派経済学モデルでは、余暇の価格（＝実質賃金率）が安くなることで説明される。また、労働能力に関する不確実性のもとでの最適課税率の研究については、例えばVarian, H. R.（1980）参照のこと。新古典派経済学モデルにもとづく労働インセンティブ理論批判に関しては後藤（2015）参照のこと。

4 ロールズ正義理論の再編と社会的協同システムの拡張

非対称的存在との「社会的協同」

先の話に戻ろう。傷ついた小鳥が象徴するものは何であったのか。

本質的に不安定な対称的存在のもとへ非対称的存在が不意に来訪するとしたら、それは対称的存在間の関係を相対化しうること、

そして対称的存在間に協同をもたらす契機となりうること。

つまり、対称的存在間の協同は、その契機を非対称的存在に負っている、このことをとりあえず真とするなら、協同をもたらしてくれた非対称的存在に敬意を払い、お礼するという公理が妥当性をもつ。これを具体化すれば、対称的存在から非対称的存在に資源移転するしくみがつくられる。

それは、ロールズの正義理論を、彼が困難事例（重い身体・精神の障害など）として排除した事柄を入れて再編する試みであり、ロールズの構想した「社会的協同システム（social cooperation）」を、いまだ社会的協同にあると認識されていない人々を包含する形で、展開させていく試みである。

ここで少しロールズの正義理論に戻ると、ロールズは「平等な自由の保証」と「公正な機会の保障」の優先性のもとに、社会の中の「最も不遇な人々」に配慮する格差原理を「正義の二原理」に含めた（Rawls 1971a）。この格差原理が、形式的な平等を越えて、境遇の違いを補てんしうる新たな平等概念（「民主的平等」）の柱となった。

だが、上述したように、そのアイディアは、経済学や政治哲学を中心とする政治的リベラリズムの理論化の中で、どんどん切り詰められていった。個々人が占める位置は社会的基本財を増やしたり、減らしたりすることで、いくらでも入れ替え可能、交換可能な、対称的関係にあると見なされた。

それに対して、ここでの課題は、社会的基本財の多寡では入れ替え不可能な個人間で、あるいは、そもそも社会的基本財でその困窮や苦悩をとらえ

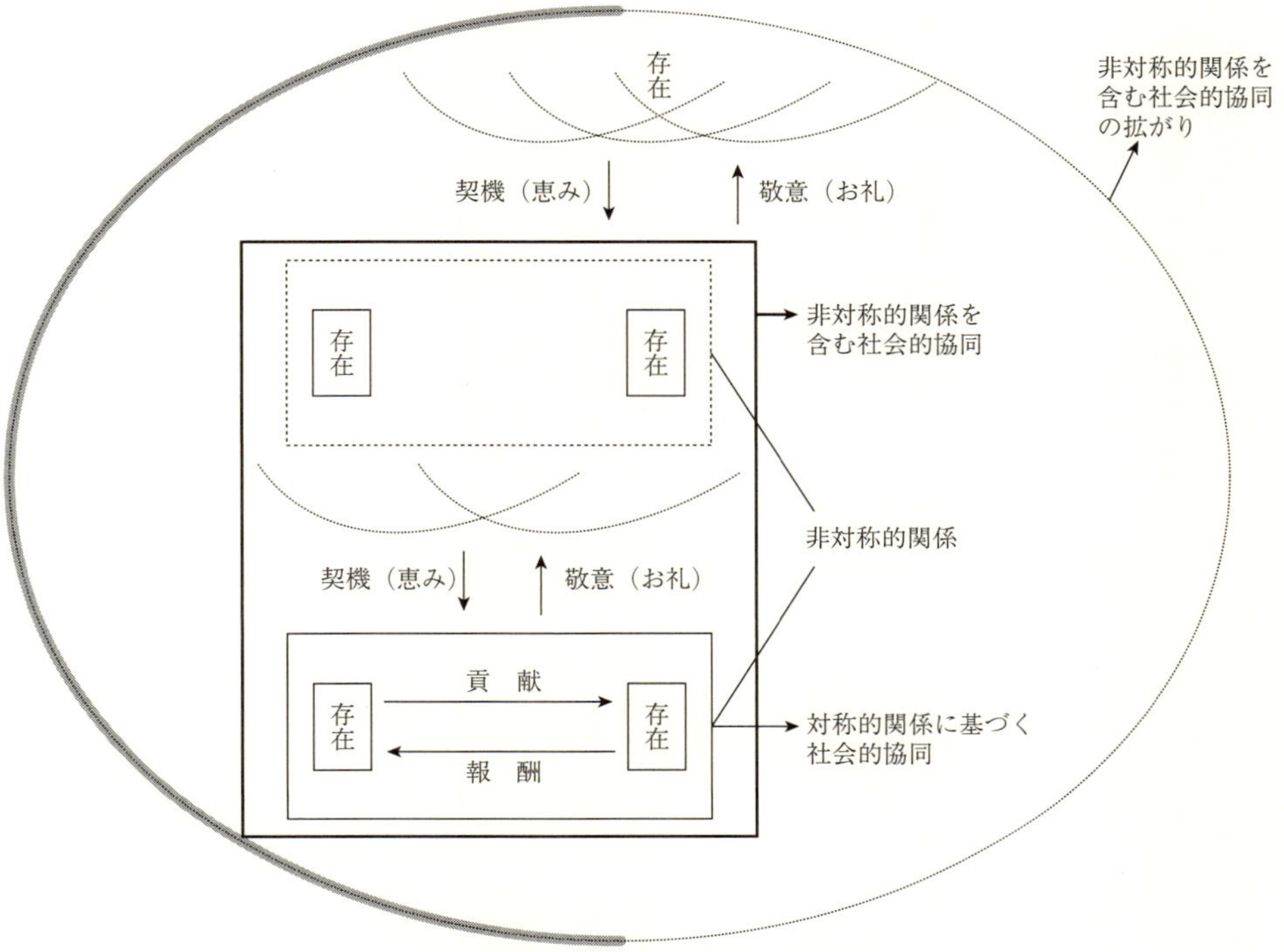

図総－1　非対称的関係を含む関係性

契約関係を規定する公平性概念に，「契機（恵み）と敬意（お礼）」の関係を入れて，関係性を規定する概念を拡張（公共的相互性）し，それを平等規範で支える。ただし，ここでいう契約関係を規定する公平性概念とは，機会の平等をベースとして，同様のケースに対する同一の扱いである手続き的正義と呼ばれるものを指す。

ることが不適切な人々を含めて社会的基本財の分配を決定するように「社会的協同システム」の論理を拡張することである。

非対称的存在の手段化をいかに避けるか

これは、ルーマンの言葉を借りれば「システムの自己産出」、デリダの言葉を借りれば「正義の自己超越」と呼べるだろう。このような拡張が、（ロールズの正義「理論」の背後にある）ロールズの「思想」に対立するものではない点は確認されている（後藤 2015）参照のこと。

ただし、このような形でシステムの拡張を図る際には、次の問題に留意する必要がある。

対称的存在から非対称的存在に資源移転するようにシステムが拡張するプロセスで、非対称的存在は対称的存在のもっぱら手段として扱われてしまわないのだろうか。

実は、これはルーマンやデリダの直面した難問（アポリア）にほかならない。システムの自己産出あるいは正義の自己超越は、周辺をまたしても内なる領土へと領土化しつつ、自己を膨張させていく帝国主義的国家とどこがちがうのか。

福祉に権力と結合しやすい側面のあることは確

かである。権力による民への恩賜あるいは庇護は、同じく権力による民への抑圧・暴虐をあたかも帳消しとするかのように、喧伝され、黙認されることがある。近年、日本で福祉における契約理論の移入（「措置から契約へ」）が急速に進められた動因の一つは、福祉と権力の結びつきを断ち切ることにあった。

それに対して、システムの外側に位置するものを含むようにシステムを展開する試みは、「措置から契約へ」の逆戻り（「契約から措置」）となりかねない。すなわち、自由で対等な主体間の「契約関係」を、統治者と被統治者との間の「措置（treatment）関係」に引き戻しかねない。それを回避しようとすると、「契約関係」を中枢神経とし、恩賜や庇護を末梢神経とするヒドラのような巨大権力を生み出しかねない。

契機（恵み）と敬意（お礼）、そして平等

結論を先取りしていえば、この難問に答えるキイは、契約関係を規定する公平性概念に、「契機と敬意（お礼）」の関係を入れて、関係性を規定する概念を拡張する（公共的相互性）こと、それを平等規範で支えることにある（図序-1）。

ただし、ここでいう契約関係を規定する公平性概念とは、機会の平等をベースとして、同様のケースに対する同一の扱い、例えば、同一労働に対する同一賃金、同様の貢献（あるいは負担）に応ずる同様の報酬（あるいは便益）など、手続き的正義と呼ばれるものを指す。

傷ついた小鳥には、同一の労働をなすことも、負担をすることもできない。だが、まさにそのことが、対称的存在間の協同を生み、それを維持する契機となる。このような対称的存在にもたらす非対称的存在の契機（恵み）とそれに対する敬意（お礼）をとらえるためには、契約関係を規定する公平性を越える必要がある。

他方、ここでいう平等規範とは分配的正義の基準、例えば、一律な平等配分、あるいは、（結果の平等を目標とする）必要に応ずる分配などの分配基準には回収されない規範を指す。それは、差異ある存在そのものの等しさをとらえる概念であり、差異ある存在に対する等しい関心と尊重を要請する、それ自体で独立した政治的価値である。

それ自体で独立した政治的価値であるとは、他の政治的・道徳的・経済的価値によって基礎づける必要のない価値という意味である。例えば、「なぜ平等なのか」を問われた際に、思わず、「それは社会の安定につながり、ひいては自分たちの利益につながるからです」と弁明してしまうことなしに、「平等は大切だから」という答えをもって説明を打ち切ることができるという意味である。これは、規範理論の方法に関わる論点である。次節では、公平性を越える正義の構想について考察したい。

5 公共的相互性

格差の縮小には限度がある？

所得と富の分配方法に関して、ロールズ格差原理が広範囲の人々を魅了してきた一つの理由は、「社会的・経済的不平等が許容されるとしたら、それは最も不遇な人々の期待が最大化される場合だけである」という消極的表現をとっている点にある。

ロールズが社会的・経済的不平等を完全に失くす「平等原理」ではなく、最も不遇な人々の期待を「最大化」する「格差原理」とした背後には、格差の縮小には限度があるという、隠れた常識的な前提があったと考えられている。

通常、格差の縮小には限度があるという議論は、人々（特に生産能力をもつ）の労働意欲によって説明される。働いて手元に残る報酬が少なくなりすぎると（さらに、働かずとも移転される資源が増えすぎると）、人々は労働意欲を失うだろうから、と。

確かに、ロールズは労働インセンティブ問題に明

示的に言及している。「平等な諸自由の保証」を格差原理に優先させる限り、人々の労働への直接的介入は許されない。いかに再分配率を大きくしても、それが人々の労働意欲の減退誘因になるとしたら、目標とする最も不遇な人々への移転量は減少するおそれがあることをロールズは認識していた。

この議論は、再分配率に対する人々の労働意欲の反応を考慮したうえで、最も不遇な人々の取り分が最大となるように、再分配率をいかに調整するかという議論、さらには、より広く最適課税論や就労インセンティブ理論といった経済学の重要な研究分野（再分配率の内生的決定理論）に発展していく*。

ただし、ロールズ自身は、人々の行動原理を、もっぱら所得‐余暇上に定義された効用関数に基づく私的利益最大化に還元する議論に与していたわけではない。むしろ、ロールズ正義理論が想定する人々とは、ロールズ正義理論が提示する理論仮説への批判的検討、ならびに、そこで想定される人間像との反照作業を拒まない人々である。また、他の人々も同様に受容すること（政治的相互性）を基礎として、自分も受容した正義原理によって自己の行動原理を制約しうる個々人である。

格差原理の背景思想

ロールズが、格差の縮小には限度があると考えた理由には、逆向きの配慮もある。それは、さまざまな自然的・社会的偶然の影響の深刻さである。いくら社会的に移転可能な財を移転したところで、最も不遇な人々の「期待」を改善する経済的効果には限度があるかもしれない、そうだとしたら、結果に関する平等原理、例えば、「あらゆる個人の期待の平等」を目標とする原理は実行不可能となるだろう、という憶測である。

ロールズが格差原理の背景的思想として挙げる下記の言葉は、法制度的に扱うことが難しい社会的偶然・自然的偶然の影響に関する深い洞察を伴っている。

> 何人も、他の人々の助けにならないかぎり、階級的出自や自然的能力など、深く、執拗な影響力をもち、本人の功績とは無関係な偶然性から便益を受けてはならない。（Rawls［1974］"Reply to Alexander and Musgrave," *Quarterly Journal of Economics*, 88）

ロールズは、「功績に応じた分配原理」の正当性に疑義を示す。普段、あたりまえのように「個人の功績」に帰されている事柄が、実は、さまざまな偶然性に依拠しているとしたら、はたして、功績に対する報酬のどこまでを「本人のもの」とすることができるのか、は自明ではないからである。

この言葉の背後には、特定の個人が現にいま抱えている困難を、だれかはわからないけれど、だれかが被らざるを得ないような偶然的事象としてとらえ返す思想、換言すれば、それを、ある社会の中で、ある確率でどの個人にも等しく起こりうることとしてとらえ返す思想、いうなれば「リスクの前の平等」の思想がある。

ある困難を隣人が被り、自分は逃れた、その自然的な、あるいは、社会的な偶然性に、いまの自分の功績が部分的であれ、負うのだとしたら、それが割り引かれることなく、そのまま含まれてしまっている「功績」への「報酬」を正当と見なすことはできなくなる。

このように、ロールズ正義理論の背景思想は、契約関係を支える公平性概念を越える視座をもつ。この視座にもとづくとき、ロールズ正義理論における「社会的協同」は、貢献する人々を含んで、資源を移転されるだけの人々を含んでいる、と解釈することが可能となる。さらに、先に述べたように、いまだ社会的協同にあると認識されていない人々、その外側にいる人々を包含する形で展開するシステムとして構想することも可能である。

　ただし、残念ながら、ロールズ自身は、そのような議論を十分に展開することはなかった。むしろ、センからの批判への応答で明確に述べられたように、ロールズ正義理論は、「困難事例（hard cases）」を排除して、（立法段階で具体化されることを期待しつつ）まずは、合理的で理性的な個人間の対称的関係を基礎に組み立てられる。このあたりの詳細は他章にゆずるとして（後藤 2015：第12章）、以下では、ロールズ正義理論を「困難事例」を含む形で拡張するための二つのルートを示したい。

ロールズの相互性

　一つは、先にメタファーを用いて示した、非対称的関係性と対称的関係性との間の関係性を概念化することである。それには、ロールズが公平性と並んで注目した「相互性」概念が手がかりとなる。相互性は、個々人の関係性を律する規範の中で、水平性よりも、双方向性をとらえる点で応報的正義と共通する。だが、相互便益、あるいは、その裏返しとしての報復とは異なり、つりあいを含んでいない（きっちりお返しする、といった）。

　後藤（2006：2008）は、ロールズの相互性を「政治的相互性」と呼び、それをもとに「公共的相互性」を構想した。そのポイントは共通ルールの受容にある。自分が資源を提供するとしたら、同様に労働能力をもつ隣人も資源を提供するだろう。提供量は異なるかもしれないし、それに対する報酬率も異なるかもしれない。中には、まったく資源を提供しないで受給するだけの個人もいるかもしれない。だが、その個人も、自分たちが受容するルールを受容する限り、自分たちと同様の労働能力をもつとしたら、資源を提供するだろう、自分も彼らと同様の必要をもつとしたら、受給するだろう、そのような推論をもとに紡ぎだされるものが、公共的相互性である。

　もう一つのルートは、傷ついた小鳥の姿を、なるべく正確にとらえることである。ロールズが正義理論の構築にあたって後回しにしようとした困難事例（障害、苦痛、困窮）を、残余あるいは例外として棚置きせずに、記述し、分析する方法を編み出し、考えうるかぎり最も適切な社会的支援につなげることである。

　困難事例を自分にも起こるかもしれないリスクとして認識するかどうかは別として、とりあえず、それは、あるとき、ある場所で、実際に起こったこととして認識する、そのうえで、その事例を実際に生きる人を、この社会にいる平等な存在として、社会的に支援する方法を見つけることである。

＊また、格差原理それ自体の修正あるいは代替原理が、分配的正義論に対する分析哲学的アプローチを中心に探究されていく。

6　新たな社会的協同に向けて

　抽象的「存在」の認識から、具体的「状態」の記述へ歩を進めるセンの「ケイパビリティ・アプローチ」は、この困難事例を分析し、事例を生きる人を社会的に支援する局面で効力を発する。それは、個々人の状態の具体的記述を通して、個別的文脈で現れるさまざまな貢献や負担、意味や恵みを、本人の位置（ポジション）から評価することを可能とする。

　ロールズからセンへの接続は、もっぱら対称的関係性をもとに構想されてきた公平性概念を、対称的関係と非対称的関係との関係を含む公共的相互性の概念に拡張することを可能とする。そこでは、社会的協同という目標との関係で、その限りで必要な情報を、他者に関しても、自分に関しても開示しながら、差異を記述し、それに適した社会的支援を決定する。その基調には、差異ある存在間の平等規範がおかれる。その平等規範を身につけることが、いわばロールズのいう「無知のヴエール」を被ることと解釈できるかもしれない。

冒頭の問いに戻ろう。「自分たち」とはまったく異質な小鳥の姿をいったいどうとらえたらよいのだろうか。

アダム・スミスであれば、傷ついた小鳥の立場に身を置くようにというだろうか。カントであれば、小鳥にただ親切をせよというだろうか。ロールズであれば、自分たちが協同して収穫した作物を小鳥とも分けあうように勧めるだろうか。では、センであれば？

センであれば、きっと小鳥に何が必要かを小鳥と一緒に見つけよう、というだろう。それがわかれば、自分たちは、小鳥と自分たちが必要とするさまざまな財やサービスの生産にとりかかれるから、と。付記すれば、マーサ・ヌスバウムであれば、小鳥の身体をいたわり、休息するのを見守ったあとで、小鳥と遊ぼうと言いだすかもしれない（Nussbaum　2000）。

（後藤玲子）

7　各章の解説

第1章　「正義の不穏」

正義という概念の持つ特徴を、主にそれがどのように語られざるを得ないかという観点から明らかにすることによって、「正義の不穏さ」を浮き上がらせる。

後藤によれば、正義という概念は、具体的な何らかの「言い分」や「論理」が競合する中から、「不正義とのせめぎ合い」として自らを主張するものであり、不正義に対比して正義を際立たせる「正義のコード化」を常套手段とする。その際、この正義のコード化は、元々の言い分や論理が内包していた個別具体的な「多様性」を捨象するだけでなく、往々にして、広範に流布し易い形式の「ストーリー」、「ドミナント・ストーリー」としての語りとなる。

正義が問題となる多くの場面で、弱者たちの固有の言い分を表象するはずの語りも、このドミナント・ストーリーの形式をとることで平準化され、元々有していた個別的ではありながらも重要な何ものかが、往々にして閑却される。後藤は、にもかかわらず、それらの語りは、モデルストーリーに回収されながらもそれを穿つ細部をも内包しているがゆえに「ドミナント・ストーリーを掘り崩す可能性」があることを指摘する。

そのような細部やあえて語られていない部分に注意する「資料批判」の観点を妥当に持つことができるなら、我々はドミナント・ストーリーに留まることなく「別のストーリー」に気づくことができる。後藤はこれをドミナント・ストーリーとの関係で理論的にスモール・ストーリーと呼ぶ。この際、後藤は、慎重な資料批判とテクスト読解に際しての良質な想像力駆使によってスモール・ストーリーの手がかりを発見し、「別のストーリー」を展開するこの可能性により接近しうるには、単に研究上の態度や姿勢に気を付けるだけでなく、それを裏打ちする明瞭な論理が必要だと述べる。

その「論理」は、因果論の見直しによって得られる。ヒュームやカントの「通常の因果了解」は、〈「原因」＋「その他の自明な事柄」＝「結果」〉という図式にもとづく「結果の説明的な再構成」にほかならない。本来、この再構成の方法は、「原因」と「その他の自明な事柄」の扱い方に依存して、さまざまなかたちをとりうるはずである。ところが、正義／不正義をめぐるせめぎ合いが生じたときにしばしば見られるのは、「その他の自明な事柄」をもっぱら背景化し、「原因」＝「結果」とする短絡的な再構成の方法である。

いま、求められているのは、この「背景化」してしまっているかもしれない「その他の自明な事柄」を、改めて「結果の説明的な再構成」の中に送り込み返す論理である。この点を確認したうえで、本章は、「正義／不正義について論じるには、『有限生身実態』のヒトにふりかかったことごとを決してなかったことにはしないストーリーを発見し記録することから始めなければならない」のであり、それなくしては今現在語られている正義なるものの多くが「不穏」の認定を免れない、と締め括られる。

第2章　「家族の法と個人の保護」

日本の家族法が、先進欧米諸国のそれに比して、「家族内の弱者を守る機能」において劣るのはなぜかを、明治民法制定前後の歴史的経緯を踏まえつつ考察したうえで、「家族を守り次世代を育てる体制」を構築するためのあるべき方向性を示唆する。

水野によれば、日本家族法には、法執行によらずに（行政官の裁量主導で）紛争当事者間の合意による解決を優先する「伝統」があるが、これは民法条文に書かれている事柄を実現するための前提条件、なかんずく法執行能力が欠如していることに因る。この公的介入を控えて自力救済を優先する日本的伝統は、一八九八年に立法された明治民法以来であり、「家」制度を廃止した戦後の改正を経ても連綿と続いている。このような伝統が問題なのは、子ども・障害者・老人など、自力では生活できない弱者を支える役割をもっぱら家族に依存する社会を再生産し続ける点にある。家族ないし当事者の合意にすべてを委ねる日本民法は、家族内への公的介入の契機がほとんど無く、家族内でのむき出しの力関係がそのまま反映されて弱者が強者の決定に従う従属構造をもたらす。

また、弱い立場にある諸個人を守るはずの社会保障関連法規が日本において往々にして実効性を欠くのも、この民法的問題と深く関わっている。水野によれば、民法とは一般的に、往々にして相対立する社会内の諸々の「正義」（クレイム）の間で調整を図り、その調整が全体として矛盾しないように全体を体系化するものである。このため、社会保障関連法規が民法に依拠していれば、一応、諸正義つまり他の尊重すべき法益との衝突が調整される構造が体系によって保障されるのだが、日本の社会保障法制はそのような発展をたどらず、民法や刑法のような体系的な法典と連絡のない個別立法として制定されたため、法としての実効性が失われるという事態が頻出する。その際、日本で頻繁にみられるこの社会保障法領域における民法との連携不足は、結局のところ、民法側の問題——つまり民法が想定している制度的条件が日本には準備されていないという根本問題——に帰着せざるを得ない。

西欧先進国の民法をまねたところで、その母法国がもっていた制度的条件を整えるという真に困難な課題からは逃げてきたため、条文と日本社会の条件との齟齬を法解釈によって裁量的に辻褄合わせして済ませる、ということでやってきた。けっきょく、日本の法制度はいまだ近代への「普請中」であり、その現実の認識を共有することから始めねばならない。

第3章　「不利な立場の人々の人権」

不利な立場におかれる人々が人権に託す希望が必ずしも十全に叶えられてこなかったのはなぜか、また、それを問うこと自体が人権論議にもたらす意義について考察する。

我々の社会には、障害者・女性・子ども・高齢者・ホームレス・感染症患者・外国人など、法的、経済的、社会的に不利な立場に置かれている人々が存在するが、彼らが人権にかける希望はしばしば裏切られる。これらの人は、ある種の「弱さ」を抱えているという共通点を持つが、横藤田はその弱さを、他者や社会との関わり合いを不可避的に必要とする「存在としての弱さ」と、意思や人生理想を一貫して維持することが難しい「意思の弱さ」の二つがあるとの先行研究を引き、それぞれを「社会関係上の弱さ」、「主体としての弱さ」と言い換える。そもそも、権利を主張する必要に迫られるのは常に「弱者」である。しかし弱者が弱者のままでは、それによって担われる権利が恩恵的・慈恵的な性格にとどまるから、権利のために闘う弱者、いわば強者であろうとする弱者という擬制のうえにはじめて人権主体は成り立つ、とするネタとしての「強い個人」論に依拠して権利は語られている。横藤田は、この強い個人（強くなろうとする個人）という「擬制」が人権主張を真剣に受け止めさせるために有効であることは認めつつも、「あえて『強さ』を前面に出すことで失われるものはないだろうか」と問う。

そこで注目されるのが、「社会関係上の弱さ」と「主体としての弱さ」を併せ持ち、その自由を当然のように制約されてきた（されている）精神障害者という存在であり、精神障害者をめぐる「自由」と「保護（治療・健康）」の相剋の経緯が顧みられる。横藤田の結論は、自由の価値のみを主張して治療の利益を無視する態度も、専ら治療提供の善なる所以を説き患者の自由を不当に軽視する立場もともに拒否されるべきであり、「そのような両極端の立場を排して、両者の折り合いをつけるほかない」という無難な折衷案でしかないのだが、本章の意義は、その凡庸な結論を、徹底して不利な立場の人々の視点に立つことから導いている点にある。

不利な立場の人々の人権が長年に亘り軽視されてきたという明白な事実の問題性を改めて告発し、不利な立場の人々が人権に寄せる視線を踏まえて、「人権は、理論的には正しいけど、実践には役に立たない」という命題を乗りこえる理論的・実践的な対応を模索する足掛かりとしようとする本章は、そもそも擬制であったはずの「強い個人」という不可能な前提を真に受けつつある主流の人権論議の偏りを相対化してくれる。

第４章　「住所・住民登録・居住」

社会システム理論からの考察や、日米の判例分析、近年の日本のホームレス対応への考察を通して、具体的個人が住所を持つことや住民登録をすることの意義を確認したうえで、安定した居住環境の提供へ向けた今後の方向性を模索する。

長谷川は、ルーマンの社会システム論に立脚した社会的包摂／排除概念を援用しつつ、現代のシステム分化した社会において社会的排除の契機となるのは人格を同定する諸要素の剝奪ではないかと考える。その際、住所及び住民登録こそ、氏名や国籍と同様に、個人＝人格を制度の上で同定する要素の少なくとも重要な一つであり、複数の法制度・社会制度の連関の結節点ともなる要素である。ゆえに、住所や住民登録を奪うことは個人を同定する要素を剝奪し、複数の社会・法制度の連関から、したがって各機能システムから、個人を排除し、基本的人権を毀損することにつながる。むろん、住所や住民登録を確保しさえすれば社会的包摂が実現するわけではないが、それらは人の社会関係・法関係上の存在を承認し、一つの結節点を確保する意味を持つのである（安定した居住環境への移行は、その先の課題として常に存在する）。

次に、住所・住民登録に関する日米の判例比較から、アメリカに三〇年ほど遅れている日本の現状を確認し、ホームレス排除の方向に向かう日本の現状が明らかにされる。そこから今後のホームレス対策が対症療法的に列挙されるのだが、それにとどまらず、既存の諸機能システムから排除される人を救済する新たな機能システム構築の可能性が語られる。その候補が日本的な「社会扶助」システムであるが、これは「居住」「就労」「介護」といった領域横断的、かつ、「国」「地方公共団体」「社会組織（NPO、宗教団体、さらには民間企業）」の三者の協力による、一つの機能システムとして構想されている。

第５章　「自尊の理念」

我々の社会にとって法の目的とは何である（べき）かを問い、政治・法哲学における「自尊」概念に関する議論を参照することによって、我々の法に対する理解・構えの再考を迫る。

現代の法哲学・正義論において、正義や法の目的たる人格のあり方は、その人自身が誇りをもって自らの生をより善きものにすべく活動できるということ、すなわち自尊（self-respect）とその帰結するところに即して考えられるべきとされる。本章では、まずロールズやドウォーキンによるリベラルな自尊の理念が、次いでそれに対するセンとコーネルの構成的な批判が紹介され、政治哲学における自尊理念の深化が示される。

センやコーネルの議論は、個人の道徳的人格としての一般的な特性を出発点として社会秩序の基本線を規定しようとするリベラルな見方に対して、潜在能力やアイデンティティ形成をも射程に入れた形でその基本線を捉え直す。そこでは、選択や決定の自由だけでなく、その前段階での自己を形成する局面でのより根元的な自由が強調されるし、近代的な法の下の平等や両性の平等だけでなく、自己を様々な性的・民族的アイデンティティを有する存在として形成することの平等も重視される。自尊をいわばより「深く」捉えることによって、このように自由や平等の意味が深化するのは見易きことであるが、筆者はそれにとどまらずさらに「法のあり方も深まる可能性」を指摘する。

まず、一定の能力や社会的条件を既に備えた自由な個人が選択や決定を行う場合に関わる「浅い自尊」と、そのような能力や社会的条件が欠けてしまっている個人が必要としているものに関わる「深い自尊」と、この両方の保障を法の目的に据えることになるが、これは、いわゆる「弱者」たちを例外的事情としてではなく法的保護の本来的で通常の対象と見なすことになる。

また、「権利の体系としての法」という観点からは、自由権→平等権→社会権という常識的な時間経過による権利の深化という見方にも、深い自尊の次元へという権利の保障次元の深まりという別の見方が加えられる。ここで重要なのは、「自尊の等しい尊重と配慮の権利」を軸にして様々な権利の序列が形成される場合、まず深い自尊への等しい尊重と配慮に係る権利保護が基盤となり、そのうえで浅い自尊の保全のための権利が付加されるという、歴史的拡大の順とは逆の、社会権→平等権→自由権という順序立てが、自尊の理念からもたらされるという筆者の指摘である。自尊の理念の深化はまさに法体系・権利体系・価値体系の変容をもたらすのである。

第6章　「差別・貧困と障害者の権利」

我々が平等、差別、生存権など、正義に関連する事柄を語るに際して、憲法解釈、あるいは、法律解釈の観点からは、どのような論点が浮上してくるか、また、何がどのように論じられるべきかを、主に障害者関連の法律・施策を事例に、概観している。

はじめに、法学・政治哲学上のいくつかの重要概念が、二項対立図式で説明されていく。例えば、「憲法」と「法律」、「憲法上の要請」と「憲法上望ましい」こと（理念）、「形式的平等」と「実質的平等」、「絶対的平等」と「相対的平等」、「機会の形式的平等」と「機会の実質的平等」、「積極的格差是正措置」と「他の実質的平等推進策」などである。

つづいて、障害者関係の様々な法律・措置（障害者基本法、障害者雇用促進法、障害者総合支援法、二〇一三年に制定された障害者差別解消法、二〇一四年に日本も批准した障害者権利条約）と「憲法一四条」の関連が論じられる。あわせて、「合理的配慮」、「優生思想」など、現代的関心の強い論点が詳細に論じられる。例えば、前者では、公共施設や交通機関における料金割引の根拠が問われる。後者では、胎児の異常を理由とする中絶と、障害者の生存の価値との関係に注意が喚起される。

さらに、「インクルーシブ（包摂的）教育」と「憲法二六条」における教育権との関連が論じられる。具体的には、「特別支援」、「通級指導」等において、「交流および共同学習」がどのように具体化されうるのか、さらには、障害者の教育権がどのように保障されるのかが論じられる。

最後に、「福祉」の概念と「憲法二五条　生存権」との関連が論じられる。また、「差別と貧困」、「格差と貧困」などおなじみの議論が、憲法解釈、法律解釈の観点から厳密に検討されていく。

第7章　「人権としての生存と自立」

今日の生存権問題は単なるインディペンデントとしての自立（経済的・身体的ニーズの充足）ではなく、オートノミーとしての自立（自律）と関連付けて論じられねばならないと主張する。

生存権はいわゆる社会権の一部であり、市民的権利（市民権）よりも新しい、福祉国家を前提とした（しかも市民権ほどの強さはもちえない）権利だと一般には理解される。しかし秋元はロックのプロパティ概念に立ち返り、そもそも市民社会の基本的人権は「生存」ということを核に据えて形成されてきたと主張する。ロックの「プロパティ」は、単なる財産権ではなく、人間の固有の権利としての「生命、自由、財産」を総称するための概念であり、人が「人間として生きる権利」、まさに生存権を意味していた。

しかし、現実の基本的人権の展開は、本来的な生存に対する権利の捉え方を忘却して、まずは自由権や財産権に焦点化し、その後、それでは人の生存が保持できないとあらためて認識されるようになってようやく生存に対する権利が強調される、というプロセスを辿った。このプロセスは、生存に対する権利の背後にどのような「自立」像が想定されていたか、その変遷に関わっている。

まずは自立を「他者に経済的に依存しないこと」とみなし、自由と財産を保障すれば個人の生存は保障されるとする段階があった。その後、そのような自助的自立だけで生存を維持することが社会の実態に合わないことが明らかになって社会保障の諸制度（福祉国家）が整備されていくなか、自立のための一定の社会的条件整備を前提にそれらを利用することで自立を維持する人間像（社会法的人間像）が定着する段階があり、福祉国家の成熟した現在、オートノミーとしての自立（自律）へと、「自立」観の変容が必要であると認識されるようになっている。

オートノミーの問題というのは生き方・暮らし方の問題であるため、そこで当然のようにオートノミーの問題に社会は介入すべきではないという異論があるのだが、秋元は「介入すべきではない」ということの意味を丁寧に検討すべきだと主張する。ここで、二四時間介助を必要とする障害者男性が施設を出て自立生活を望んだ事例（高訴訟）が参照され、「介入すべきではない」という自由権的対応（だけ）では本当の意味で当人の自律的判断を尊重できない事例・場面があることが示される。最後に、「福利」に対置される「エージェンシー」概念と「成果」に対置される「自由」概念に重要な意義を与えるアマルティア・センの枠組みで高訴訟の事例が解釈される。

第8章　「社会保険制度の効率と公平」

社会保険制度を経済学的に（効率の側面から）説明したうえで、その説明だけでは強制加入である「社会」保険を正当化しえず、公平の観点からの議論が必要であることを論じる。さらに、日本において社会保険制度が生活保護と並んで用意されていることの意義を考察したうえで、社会保障体系における従来の社会保険観を問い直すべきことを論じる。

保険とは一般的にリスク分散の装置である。それを「社会」保険として国家が個人に強制加入させることがなぜ合理的（rational）なのか、経済学はいくつかの説明を提供してきた。小塩はその中の有力な二つの説明――パターナリズムにより個人を近視眼的選択から合理的選択へ導く、および、情報の非対称性による市場の失敗を回避する――

を取り上げ、そのいずれもが「社会」保険の正当化として決定的な論拠を提供できていないことを明らかにし、公平性の観点からの説明が必要だと主張する。

小塩によれば、「生活保護という制度を私たちが用意しているということは、最低限度の生活を送れない状態に陥った者は、理由が何であれ、社会全体で救済すべきだという価値判断を私たちが行っていることを意味する」のであり、「公的保険に加入しなかったから最低限度の生活を送れないのは自業自得だ、と突き放してしまうような社会では、強制加入の公的年金は正当化できない」。生活保護のための社会的な「溜め」を用意しておくためにこそ社会保険としての年金が正当化されているのだと説明されている。

このような生活保護－社会保険関係の解釈は、社会保障体系全体における社会保険の役割を問い直すことの一環である。小塩によれば、日本の社会保障体系の問題は、社会保険と税の都合のよいところだけを見て、なし崩し的に両者をミックスさせている点にある。これにより、給付は自動的に積み上がるのに保険料負担の増加がそれに追いつかず、公費負担への依存度が高まり社会保障体系の財政基盤が揺らぐことになる。

小塩は、保険原理の前提であるはずの受益と負担の連動性をより明確にし、社会保険の存立基盤を強化して制度の持続可能性を高めるべきだと主張するが、これは単なる財務屋的発想ではなく、公平性の観点からの要請であると言う。我々の社会が人々に最低限度の生活を保障するためには、生活保護のような「最後の拠り所」を用意しておく必要があるが、その最後の拠り所をまさしく最後の拠り所として機能させ続けるためには、その仕組みに安易に頼らないことが重要なのである。負担以上の受益を社会保険に期待し続け、足りない分は税や将来世代への負担の先送りで間に合わせるという、私たちがこれまで選択し続けてきた安易な対応を改めることが求められるのである。

第9章　「借りて生きる福祉の構想」

給付制度と両立するものとして、福祉的貸付に意義を見出す。そこでまず導入されるのが「フローとストック」の考え方である。金融の発展した現代社会において往々に見られるのは、フロー面における「貸付による給付の代替」が、自由の基盤となる財産形成に直接つながらないのみならず、ストックによる生活基盤をも毀損するという事態である。ここで、給付は主にフローの生活保障を、貸付は主にストックの生活保障をそれぞれ担う別の政策手段と考えると、二つの生活保障は両立すべきものであり、対立的・代替的なものと捉えられる必要はなくなる。例えば、ある人が生活保護給付を受けつつ福祉的貸付を受けてもよいし、福祉的貸付を受けている人が一時的に家計収支が大幅に赤字になったときに必要に応じて給付型支援を受けてもよいのである。

次に、「資本と負債」の違いに注目する。すなわち、ある財産を調達する財源として、返済義務の伴う貸付（負債）が適切か、返済義務のない資本供給が適切か、という選択である。ここで資本供給とは、各人に人生のある時点でまとまった資金を一律に賦与するいわゆる「ベーシックキャピタル」である。筆者は、この種の資本供給の意義は認めつつも、各個人の多様なライフプラン――それぞれ形成すべき財産の形態・水準が異なる――の達成可能性を平等に保障するには、すべての人に平等に資本供給をするだけでなく、財産へのアクセス可能性（すなわち借入を通じた資金調達の可能性）を平等に保障することも重要であると考える。

つまり、各人の実質的自由の幅を広げるために重要なのは、生涯を通じて、財産形成へのアクセスを（主に貸し付けを通じて）保障することである。ここで「所得連動型ローン」という提案や「疑似資本貸付」という日本の金融慣行などが注目され、こうした貸付制度を通じた負債（借入）は、返済義務を伴うという点で資本とはやはり異なるものの、資金供給者と資金調達者が共に資金調達者の直面するリスクを共有するという点で資本供給に近付くことが指摘される。この時、資本を負債（借入）のように、あるいはその逆に捉えることで、「資本供給の新たな可能性」が開ける。それは例えば、供給を受けた財産の量に比例して（場合によっては累進的に）金利負担が求められ、最終的（死亡時）には、その財産の処分を伴う資金の返却が求められるような制度である。

　最後に、政治哲学的な「自由」にとっての負債（借入）の意義が考察される。近代の伝統的な「自由」観においては、負債があることと不自由であること、負債がないことと自由であることは、結びつけられて理解されてきたが、そもそも〈自分に債務がある〉＝〈自分は不自由である〉ではないはずである。現代において、他者に借りを作れるというのは、より実質的自由になれる（人生の選択肢を広く持てる）ということかもしれないのである。このとき、借手と貸手が支配－被支配の関係ではなく、互恵的な関係にあると認識する、あるいはそう言えるだけの制度的裏付けを整えることが重要であり、福祉的貸付制度であれば、返済が滞った場合でも、貸す側と借りる側の対等で互いを尊重し合う関係を維持しうる。「借りる」「貸す」ということが「金融の規律」に基づく支配－従属関係ではなく、互恵的な関係であるならば、貸付制度は、市民が互いに尊重し合う自由の基盤を拡張するものとなりうる。

第10章　「フリーライディングする福祉制度？」

　イタリアの介護事情を例に、福祉政策と移民政策の共犯関係によって、とうてい公正（正義）とは言えない福祉労働の供給体制が出来あがってしまっていることを明らかにしたうえで、そこでの人々の選択を正義論の観点からどう考えるべきかを問う。

　筆者の見るところ、イタリアは、クオータ制や正規化制度といった移民関連施策をかなり恣意的に使うことで安価なケア労働者の供給を可能にしている。イタリアは福祉の家族責任を重視し家族の福祉労働への介入に消極的であるため、使途を問わない現金給付や所得保障制度の比重が高い。その結果、市場での移民労働がケア供給の中心となるが、移民労働者の多くは、労働市場においてのみならず、政治的、市民的空間において、当事国民と完全に同等の権利を得ることはない。正規労働＝シチズンシップ獲得の代償としての税・社会保険料負担が労使双方に忌避される結果、社会保障のセイフティーネットから移民労働者の多くが脱落してゆく。このような事態は、福祉政策と移民政策の双方に関わる制度的構造によって惹起されているのである。

　イタリアのみならず先進諸国でよく見られる、移民労働者が、ケアや家事労働者として重要な福祉資源＝供給主体であるにもかかわらず、同時に、まさにその福祉の受益者としては概してアウトサイダーとなる、というこの構図は、正義の観点からどう評価されるのか、筆者は次のように問う。福祉国家において個人が負担なき福祉を享受するのが福祉国家への「社会的フリーライディング」だとするならば、福祉国家において多くの移民が福祉なき福祉労働を供給する／せざるをえないシステムを移民政策と福祉政策が相関的に形成するのも、これらによる移民への「フリーライディング」に値するのではないだろうか。

　とはいえ、この構造を単純に糾弾することが移民労働者たちのためになるとも言い切れないアンビバレンスを筆者は自覚している。移民労働者たちは、自身のため、あるいはとりわけ自身の子を主とする家族のために自ら越境している。越境先で底辺労働者として、アウトサイダーとしての位置づけから逃れることが困難であるにもかかわらず、自らの考えるより善い生のために、こうした階層性を構築するシステムを戦略的に使っているのも事実であり、彼女らは必ずしもすべてが不利益な境遇に甘んじる「弱者」とは言い切れない。また、彼女らのケア労働に頼らざるを得ない要介護者たちが「強者」であるはずもない。センが福祉的正義について語った、当人の主観的な自由――当人が価値を置く生を生きること――と、その客観的な条件――自身の選好が抑圧的な構造によって歪められていないこと――の両方を考慮するとき、「本来個人の福祉を追求すべき福祉制度と実際の個人の福祉的選択との間に存在する深い亀裂に我々は気づかされ」ざるを得ないのだ。

第11章　「死刑制度と正義」

現行の死刑存廃論議に欠けている死刑執行者の視点に立つことで、死刑の存置か廃止かではなく、死刑の肯定か否定かという論点を浮上させたうえで、刑罰とはいかにありうるか／あるべきかを論じる。

二〇一〇年七月に始まった「死刑の在り方についての勉強会」の資料は、死刑の存廃それぞれの立場がこれまでどのような論拠でその主張を展開してきたのかをよくまとめているが、そこに死刑執行者の視点は含まれなかった。死刑存廃論において死刑執行者の精神的苦痛が注目されることはあるが、その精神的苦痛が「人を殺してはならない」と「人を殺さなければならない」の論理的矛盾から生じているなら、そしてそれを真剣に受け止めるなら、死刑存廃論は新たな形をとることになると櫻井は考える。

勉強会で列挙された死刑の存廃を巡る様々な論点――人道主義、国際的潮流、取り返しのつかなさ、誤判、犯罪抑止、被害者遺族の感情、更生の可能性、世論――の中から、本章では特に死刑存置論の論拠とされるカントの「正義論」に注目し、それが本当に日本（に限らず各国）で現にあるような死刑制度を肯定する議論なのかを問う。「人を殺害したのであれば、（その犯罪者は）死ななくてはならない」とするカントの死刑＝正義論が「殺されなければならない」という主張ではないことの意味を概説したうえで、「カントの死刑論は第三者の死刑執行人を絶対に必要とする日本の死刑制度とは違う、理想の死刑制度を肯定する死刑論」であり、日本の死刑存置論の拠り所とはなりえないことを明らかにする。

そのうえで、カントの死刑肯定論を拒否する「死刑否定論」があるとすれば、それは刑罰とは何かを根本的に問い直すことが必要になるだろうと展望する。具体的には、刑罰の持つ機能、大まかには応報と矯正を別々の制度に担わせるといった方向が示唆される。

第12章　「運の平等と個人の責任」

現代の分配的正義論において少なからず共有されている「運の平等論（luck egalitarianism）」の考え方を紹介し、現在の運の平等論にとっての課題を考察する。運の平等論は、運がどれだけ働いていたかによって不平等に対する取り扱いの差別化を謳う立場であり、運の要素に強く起因する不平等は当事者に責任がないものとして「不正なもの」と扱う一方、運の要素がほとんど関係ない不平等は当事者が甘受すべきものと考える。

このような考え方の萌芽は、正義原理の採用過程から生来の能力差や階級といった「道徳上恣意的な要素」の影響を排除しようとしたロールズの無知のヴェールに見られるが、「個人が負うべき責任によって平等主義的に補償すべきかどうかが決まる」という意味での運の平等論の端緒は、「自然的運」と「選択的運」を区別するドゥオーキンの議論である。その後、運の平等論はドゥオーキンに対する批判を通じてアーネソンの「厚生への機会の平等」、コーエンの「有利性へのアクセスの平等」へと洗練化されていったが、そこでのポイントは、責任の範囲を定めるためには、真に自発的な選好形成や選択がどういう条件で可能になるかという論点であった。

　ドゥオーキン以降鮮明になった個人間の分配に焦点化する現代平等主義の風潮を「運の平等論」と名付けて攻撃したのがアンダーソンである。彼女によれば、運の平等は以下の三つの理由から、平等主義の諸理論がひとしく受容するはずの「万人に対する平等な配慮と尊重」（ドゥオーキン）を満たせない。第一に、それを失ったのは彼らの過失であるという建前で市民を自由の社会的条件から排除できる理屈になっており、この問題を回避するにはパターナリズムに拠るしかない。第二に、市民のクレイムを、一部の市民は他の市民よりも、その生命・才能・人格的質といった価値において劣るという事実に基礎づけている。第三に、人々が自らの選択に責任を取ることを担保するために、人々の責任能力に対する介入的な判断をする。

　アンダーソンによるこのような運の平等批判には運の平等論者たちから多くの反批判が寄せられたが、その大半が「多元主義的な運の平等論」と呼ばれるべきものであったという。ただし、このような多元主義的運の平等論は、当の多元主義の中身――どのような原理が併存可能なのか、それら原理間の関係性はどうなっているのか――を提示しない限り、様々な価値の単なる折衷に過ぎず、正義の理論としての妥当性を主張しえない。このような課題に応えうるものとして本章ではカク＝チョア・タンの多元主義的運の平等論が（それへの懸念と共に）紹介され、運の平等論の到達点と今後の方向性、課題が示されている。

第13章　「いかにして未来の他者と連帯するのか？」

　3・11が日本人にリスク社会の本質――リスクをめぐる意志決定が、不可避的に未来の他者の利害を規定してしまう社会――を実感させたことを指摘したうえで、以後のわれわれにとって「倫理学的かつ社会学的な課題」（の少なくとも重要な一つ）が「未来の他者との連帯」である（べき）と主張する。これは英語圏の政治哲学で通常「世代間正義 intergenerational justice」と呼ばれている問題圏に属する課題であるが、本章ではいささか特異なアプローチで論じられる。

　従来、英語圏の政治哲学者たちは世代間の公正性について詳細に論じてきたが、現在ではその困難さが広く認識され袋小路に陥っているとみて大過ない。われわれは多くの場合、先行世代に対しては恩恵を感じこそすれ、その選択が明らかに誤りであったと指摘することができない。彼らの選択がいかに愚かに見えても、後続世代にとって最もマシな選択だった可能性を完全に否定することはできない。また、その世代から現代までの間に存在した特定の個人・集団にとっては明確に不正義といえるある選択がなければ、現に存在しているわれわれという現行世代は存在していないかもしれない。ゆえに、現代政治哲学における世代間正義論においては、将来世代が現行世代に対してその行為の責任を求めることは、物理的に不可能であるのみならず、規範的にも正当化されない、とされる。これはむろん、現行世代が将来世代に「配慮」しなくてよいという意味にはならないものの、その配慮の義務はせいぜい不完全なものでしかない。

　大澤が指摘するように、現代の英語圏の正義論において将来世代への責任という論点が行き詰まるのは、端的に、現代世代と将来世代の間に互酬性の関係が存在しないからである。現代のわれわれは、先行世代に便益を与えることができないように、将来世代から便益を受けることも物理的にありえない。大澤は、このような社会科学としての現代正義論の常識的見解から少し距離を置き、人文科学としての倫理・社会学の見地から「未来の他者との連帯」可能性を模索する。

　大澤は、人気漫画『テルマエ・ロマエ』を枕に、フランスの作家ピエール・バイヤールの議論にある「未来からの剽窃」について語る。それはもちろんレトリックであり、過去の作家が未来の作家から剽窃することなどありえないのだが、そのレトリックが鋭く指摘するのは、先代の作品がその当時すでに持っていたはずの客観的特徴が、後代の作品が出てきた後からでなくては決して気づかれなかったという真実である。アルゼンチンの作家ホルヘ・ルイス・ボルヘスがカフカについて述べたように、現代（あるいはそれ以降）の作品は、「われわれの過去の概念化」を変更しうるのである。大澤によれば、この未来からの剽窃を考えることによって、「現在と未来との間の、〈不可能な互酬性〉が、ある意味では、実現しうる、ということ」の一つの在り方が示唆される。

　大澤の議論によって現在と未来の互酬が根拠づけられるかは措くとして（その判断は読者にゆだねる）、未来の出来事が過去（の見え方）を変えてしまうという事態がまさに福島の3・11であったことを気付かせるのには成功している。大澤は、フランスの哲学者ジャン＝ピエール・デュピュイの破局（カタストロフィ）に関する議論を参照しつつ、われわれにとって3・11の原発事故が必然とも偶有的とも感じられてしまう一見矛盾した心情を説明し、そこに希望が見出されることを指摘する。必然として固定された破局の後に「未来の他者」が存在すると仮定するなら、「その必然の過程を破る〈他なる可能性〉、われわれが〈他でもありえた可能性〉」を現実化することこそ、「現在のわれわれが、結果的に〈未来の他者〉に応答したことになるのではないか」と。

　未来の「他者」との「連帯」を掲げる大澤論文は、人文的な「倫理」と現代の正義論の違いを、言い換えれば現代の正義論がいささか視野狭窄気味であることを、想起させてくれる。現代の正義論は、何らかの同一性、何らかの尺度上での比較可能性を前提とした「われわれ」の間のみで成立する事柄（互酬的な関係性）を扱う。だが、互酬が不可能でも連帯はありうるのではないか。また、そもそも倫理とは「われわれ」ではない「他者」との間に成立するある種の構えであったはずではないのか。

（齊藤　拓）

【参考文献】

後藤玲子（二〇〇二）『正義の経済哲学』東洋経済新報社。

――（二〇〇六）「正義と公共的相互性――公的扶助の根拠」『思想』「特集　福祉社会の未来」九八三、八二〜九九頁。

――（二〇一五）『福祉の経済哲学――個人・制度・公共性』ミネルヴァ書房。

アマルティア・セン＝後藤玲子（二〇〇八）『福祉と正義』東京大学出版会。

Aristotle, *The Nicomachean Ethics*.（高田三郎訳『ニコマコス倫理学』岩波文庫、一九七一年。）

Arrow, K. J. (1951/1963) *Social Choice and Individual Values*, 2nd ed., New York: Wiley.（長名寛明訳『社会的選択と個人的評価』日本経済新聞社、一九七七年。）

Cohen, G. A. (1997) "Where the Action Is: On the Site of Distributive Justice," *Philosophy and Public Affairs*, 26, 1, 3-30.

Mirrlees, J. (1971) "An Exploitation in the Theory of Optimum Income Taxation," *Review of Economic Studies*, 38, 175-208.

Nussbaum, M. C. (2000) *Women and Human Development: The Capabilities Approach*, Cambridge University Press（池本幸生・田口さつき・坪井ひろみ訳『女性と人間開発』岩波書店、二〇〇五年。）

Rawls, J. (1971a) *A Theory of Justice*, Cambridge, Mass.: Harvard University Press.

―― (1971b) "Justice as Reciprocity," in Samuel Gorowitz ed., *John Stuart Mill: Utilitarianism, with Critical Essays*, reprinted in *Collected Papers* (1999, 190-224).

―― (1974) "Reply to Alexander and Musgrave," *Quarterly Journal of Economics*, 88.（Rawls, 1999, 232-253に再録、引用ページは1999による）。

―― (1993) *Political Liberalism*, New York: Columbia University Press.

Sen, A. K. (1985) *Commodities and Capabilities*, Amsterdam: North-Holland.（鈴村興太郎訳『福祉の経済学――財と潜在能力』岩波書店、一九八八年。）

―― (2002) *Rationality and Freedom*, Cambridge: Harvard University Press.

Smith, A. (1859) *The Theory of Moral Sentiments*, London: printed for A. Millar, in the Strand and A. Kincaid and J. Bell. in Edimburgh. Reprinted 1969: New Rochelle, New York: Arlington House.（水田洋訳『道徳感情論』筑摩書房、一九七三年。）

Stiglitz, J. E. (1982) "Self-Selection and Pareto efficient taxation," *Journal of Public Economics*, 17.

Varian, H. R. (1980) "Redistributive Taxation as Social Insurance," *Journal of Public Economics*, 14, 49–68.

第1章 正義の不穏

後藤　隆

有限生身実体のヒトは、正義を、不正義とのせめぎ合いの中で論じざるをえない。不正義に対比して正義を際立たせるやり方は、過去の経験の時系列な構成であることが少なくない。そのようにして構成されるドミナント・ストーリーからスモール・ストーリーを発見するには、因果論の視点から、「原因」＋「その他の自明な事柄」＝「結果」の短絡、と捉えなおす、良質な想像力が必要である。

1 有限生身実体《ヒト》と正義

かつて流行した記号論において、中心と周縁という考え方があった。それは、簡単に言えば、中心は中心自身で中心であることを確かめることはできず、中心ではない異質ななにものか、すなわち周縁との関係において初めて中心であることを主張しうる、という考え方である。

今、この考え方を借りて、正義と不正義の関係に敷衍するならば、正義は、不正義という正義とは異質ななにものかとの関係性の中で、そう主張しうる概念であるということになろう。

正義と不正義のせめぎ合い

もっと言えば、正義は不正義とのせめぎ合いにおいて、自己主張が可能な概念なのである。

ここで、こうした正義という概念の特徴を掘り下げていく手がかりとして、正義と不正義とのせめぎ合いの例を考えてみる。

・電車に乗っていたヒトが、飛び込み自殺したヒトのちぎれ飛んできた足に蹴られて亡くなる。

・繁華街の歩道を歩いていたヒトが、ビルの屋上から飛び降り自殺を試みたヒトに直撃されて亡くなり、自殺を試みたヒトは生き残る。

・多くのヒトの日常生活世界とはかなり異なった独自の世界観をもつヒトが、無差別に多くのヒトに加害行為を行い、亡くなった被害者も出てしまったが、加害者は関係法で保護処分とされ、一定の行動等制約下ではあるが、被害者またはその遺族の納めた税金を一部使って、食べたり飲んだりできる（もちろん、亡くなった被害者はそもそも飲食すらできようはずもない）。

これらの例は、読者には、突拍子もない、極端なもののように感じられるだろう。（だからと言って、特定の事件と関連づけてリアリティを訴えるつもりはない。）あくまで、正義という概念の特徴に迫るための素材とみなしてほしい。

そうすれば、一番目と二番目は、ヒトの死因がありふれた運動エネルギーや位置エネルギーと関わってのものであること、三番目は、ヒトにまつわって民族地域人種等を問わず発症する病いなりがあること、の例示であることがわかるだろう。

有限生身実体のヒト

そのようにあえてクールにみた場合、これらの例が示唆する正義という概念の特徴とは、大きく次の二つの不可避である。

α、いずれの例の登場人物と同様に、ある物理的、生理的等諸条件の下で生きるどのヒトも、すなわちいわば有限生身実体として生きるどのヒトも、いずれの例の登場人物と類似の現実に直面する確率がゼロであるとは、どのような「科学」を持ち出そうと、言い切れないこと。つまり、有限生身実体として生きるヒトにとっては、例に挙げたような「リスク」や「災厄」が確率的には不可避であること（盛山 2013：8-15）。

β、そのうえで、いずれの例の登場人物にあっても、双方に正義と不正義の言い分が考えられること。つまり、自殺とまで追いつめられたヒトにも、独自の世界観を持ち無差別加害行為に及んだ加害者にも、そして当然被害者にも遺族にも、正義と不正義の言い分がありうること。別言すれば、正義と不正義とのせめぎ合いが、具体的には各々、なんらかの言い分や「論理」の形をとって、不可避であること。

では、有限生身実体であるヒトは、正義を論じるにあたり、これら二つの不可避にどのように対応してきたのだろうか。

2 正義のコード化

不正義と正義の対比

その対応策とは、言うまでもなく、不正義に対比して正義を際立たせることである。

浜野は、カントの「判断力」について、次のように整理している。

> 経験的諸法則の統一化という文脈において、理性の仮説的使用は「論理的原理」にしたがって遂行される。カントは論理原則として、「同種性の原理」、「多種性の原則」、「親和性の法則」の三つを挙げている。／これらの原理にしたがえば、われわれは悟性だけでは規則へと達しえないような多様性に出会った場合、理念と照らし合わせてみることで、その多様性を減じてみたり、あるいは逆にその多様性を増加させたりしつつ、理性統一を求めていくことが可能になる。（浜野 2014：112。なお、引用に際し原文中の独語表記は省いた。「／」は改行を表す）

多様性をいじる

換言すればこれは、有限生身実体のヒトがなにものかを論じる際には、その多様性を減じたり増やしたりすること、つまりいじることが必要になるとの指摘である。

もちろん、これは、二つの不可避α、βへの対応策である、不正義に対比して正義を際立たせる場合にもあてはまる。

既に例示を通して確認したように、ヒトは、有限生身実体であれば不可避のリスクや災厄に係る登場人物の内の誰かとして、各々の正義／不正義の対比から正義を際立たせる。その際の具体的な言い分や論理とは、明らかに、ヒトに不可避のリスクや災厄の多様性をカバーするものと言うより、登場人物ごとの正義の自己主張と呼ぶにふさわしかろう。

この意味で、正義は、それにまつわる多様性をいじることを通じて形作られていく面が、確かにある。

正義のコード化

この多様性をいじることを、ドゥルーズは「コード化」と呼んでいる。

> コード化の大きな道具については、よく知られています。社会というものはそれほど変化するものではなく、またコード化の手段をそれほど自在にできるものではありません。三つの主要なものが知られています。法と契約と制度です。（中略）まったく別な例、狂気の例をあげましょう。狂気をコード化する試みは、（中略）まず、法の諸形式、つまり病院や保護施設の形式をとります——それは抑圧的なコード化であり、監禁です。（中略）それから、またとない妙手が出現しました。精神分析という妙手です。医学の領域にあらわれるように、ブルジョワ的な契約関係から洩れ落ちる人々がいることが了解されていました。それが狂人たちでした。（ドゥルーズ 2010：168-170）

ドゥルーズのこのコード化の指摘で注目すべきは、多様性をいじるやり方（「道具」）に注目し、しかもそれが限られたものである（「自在」ではない）と論じている点である。精神分析や医学による狂気の認定も、「ブルジョワ的な契約関係から洩れ落ちる」ヒト＝狂人とする、ヒトの社会のコード化のひとつなのである。

私たちは既に、正義は、不正義に対比で論じられること、そして、浜田によるカントの判断力の整理を使って、有限生身実体のヒトがなにものかを論じるには多様性をいじる必要があること、くわえてドゥルーズのコード化の指摘を使って、多様性をいじるには相応の限られたやり方があること、を順を追って確認してきた。

次にとりかかるべき問いは絞られよう。

では、正義のコード化、すなわち不正義に対比して正義を際立たせるやり方とはどのようなものか。

3　ドミナント・ストーリー、そしてスモール・ストーリー

この問いに答えるには、まず、正義に限らず「概念」がストーリーに埋め込まれたコトバとして表されることをおさえておく必要がある。

> 言語は、行為者によって「修得され」、「話される」。行為者間の媒介手段として用いられる。そして、ある意味で「言語共同体」ないし集合体の発話によって構成される「構造」を形成するのである。（ギデンズ 1987：146）

「概念」が、このように、間主観的で慣習的な「構造」、すなわちストーリーに、埋め込まれたコトバとして表されるのであれば、その際には当然、流通し易いストーリーが現れて然るべきである（後藤 2006：410）。

イェルガコポロは、一九六〇年代後半のラボフとウォレツキー以来の次のような「ナラティブ」

（本章ではストーリーと同意ととらえてかまわない）像が現在まで「驚くほどの影響力を保っている」と指摘している（イェルガコポロ 2013：3）。

過去の経験を再現するための言語の技法のひとつであり、とくにその経験の時系列に沿った構成。（同）

慣習的パラダイム

ラボフとウォレツキーのこの「ナラティブ」＝ストーリー像は「慣習的パラダイム」（同）とも呼ばれている。つまり、「過去の経験を」「時系列に沿っ」て「構成」したストーリーとは、私たちがふだんよく使っているストーリーであり、したがって流通し易いストーリーなのであり、その中に、ある概念がコトバの形で埋め込まれるということは、私たちがふだんよく使っているコード化のやり方だということになる。

ところで、このことは私たちを更なる問いに踏み込ませる。というのも、「慣習」や「流通」は、あくまでそうなった結果の状態を表現したものであって、なぜそうなったのかを説明しはしないからである。そこで、更なる問いとは、次である。

なぜ、「過去の経験を」「時系列に沿っ」て「構成」したストーリーは私たちがふだんよく使っているコード化のやり方になりうるのか。

ドミナント・ストーリー

この問いに対する従来の代表的な説明は、そう「なりうる」なんらかの力の影響を指摘したものである。言い換えれば、上記のようなストーリーは、なんらかの力によって抑え込まれたり、囲い込まれたりしているパターン、つまりドミナント・ストーリー（支配的言説）だとみなすのである。

典例をひとつ挙げよう。次の引用は、「大正十年四月十三日当局より各道府県立癩療養所長に対して徴したる癩患者の告白を集録せるもの……」の中のほんのひとつである（内務省衛生局、一九二三（大正一二年）、編集復刻版（二〇〇三年二刷）、一七二頁。以下『告白』）。

私は両親共に達者にて、七人の兄弟を有せしが、二人は夭死し、父は小学校の教員にして、家族は若干農業を営みつつあり。不幸私は十二歳にして発病したるも、小学校を漸く卒業するを得たり。其後病気は頓に重く、到底外出等出来ず、一室に隔離するの止むなきに至れり。然れども昨九年三月、警察署員来り、本院に入院方を勧誘せしも、母は幼少の故を以て其折謝絶したるも、後再び（判読不能）勧めたるを以て、同年八月収容せらるるに至れり。家に居る時は、碌々治療をなさず隠蔽し居なるに比し、皇恩の厚きを感謝しつつあり。（同：282）

石井は、この引用例に限らず、『告白』全体を対象とした丹念な研究の最後をまず次のように締め括っている。

「療養」者たちがさまざまに逡巡し、苦痛を伴いながら臨んだ「告白」には、それぞれのスタイルで、体験や想い、希望などが盛り込まれている。「家族」の来歴や家族構成、家業にはじまって、自らの生い立ち・暮らし、発病、その後の人生へと続く語りは、一種のライフストーリーだといえよう。また、それとは対照的に、自らの人生をまるで他人事のように、あるいは夢物語のごとく、淡々とかたっているものもある。そうしたなかで、多くの「告白」に共通するのが、発病から入所まで、自らがどのような体験をしてきたのか、についての時系列的な語りである。このことは、テクストに掲げられた（内務省衛生局の）モデルストーリー（本章ではドミナント・ストーリーと同意ととらえてかまわない）が、多くの「告白」者たちによって内

面化されていたことを窺わせる。（石井 2007：199-200）

当時の「癩」に対する世論、公衆衛生観、患者隔離の関連法規、それに由来する通達経路、現場機関の収容行動、等々の下で、ましてや「療養所長」経由で「集録」された、いわば幾重もの抑制、包囲、回収の力の影響をうけざるをえなかった『告白』において、「時系列的な語り」がドミナント・ストーリーとして「内面化されていた」面があったであろうことは、想像に難くない。

ただ、石井は続けて次のようにも指摘している。

> ……「告白」は、往々にしてモデルストーリーに回収されてしまっている一方で、それを穿つ細部をも内包している。換言すれば、「療養」者が自らの体験として語った内容が、モデルストーリーを構成し、また自らも構成されつつあるストーリーの影響を受けてはいるものの、それが一方でモデルストーリーを掘り崩す可能性を持ち合わせているのである。（同：206）

このドミナント・ストーリーを「掘り崩す可能性」とは、先に挙げたひとつの告白例のどこに読み取れるだろうか。

> 辛うじて手がかりを読み取ろうとするならば、それは例えば、「家に居る時は、碌々治療をなさず隠蔽し居なるに比し」と「皇恩の厚きを感謝しつつあり。」との間の書かれていない部分に少なくとも関わるのではないか。なぜならば、「時系列的な語り（終）」に沿えば、収容後の「皇恩の厚き」は、「家に居る時」に比べて、なんらかよりよき状態を私たちに慣習的に想起させはするものの、収容後の「皇恩の厚き」については具体的にふれられていないために、しかも寄稿者が「感謝しつつあ」ると、途中経過にふれているだけであるために、「皇恩の厚き」とはなんなのか、この寄稿の前後の療養所生活の中で寄稿者になにが起こったか、を私たちに想像せしめる手がかりとなりうるからである。
>
> つまり、この書かれていない部分こそ、このひとつの告白例をドミナント・ストーリー上に置き去りにはさせない別のストーリーの始点であり、私たちをして、単にドミナント・ストーリーを素通りする読者に留まらせることなくそれとは別のストーリーへの接近可能性へと拓く始点であって、さらに言い換えれば、この告白例のままで内容上「（終）」とはさせない、「資料批判」の始点なのである（佐藤 2011：357）。

スモール・ストーリー

今、こうした「別のストーリー」を、ドミナント・ストーリーとの関係で理論的にスモール・ストーリーと呼ぶこととし、そのもう少し具体的な例を付け加えよう。

阿部は、中世ドイツハーメルン市に現れた笛吹男の不思議な音色に誘われ子供たちが行方知れずになってしまった、という伝説について、浩瀚な歴史資料精査の結果、それが次のような別のストーリーをはらんではいないかと問いかける。

> 親自身が飢えていた時代に、子供を餓死にさせた親はその傷を終生忘れることはないだろう。親たち自身が無自覚の底において、この世の苦しみから逃れたいという衝動にかられながらも、辛うじて毎日を送らなければならなかった時に、たとえ事故にもせよ多数の子供たちをあの世へおくらなければならなかったとしたらどうだろう。その痛みは時代を越えて語り伝えられてゆくに違いない。後生の人々はそれぞれのおかれていた時代の社会的・心的境位のなかでこの伝説を受けとめ、その内面からの要請に応じてこの伝説を変容させていった。そしてこの伝説の変容過程において、最も大きな役割を演ずることになるのが遍歴芸人としての〈笛吹

き男〉のイメージなのである。（阿部 2012：175）

阿部のこの問いかけは、一見面妖な伝説の中に、しかもそれが時代を経て流通～変容していく過程の中にあっても、そこに伝説＝ドミナント・ストーリーとは別のストーリー、すなわち親にとっての多数の子供たちの死の痛みというスモール・ストーリーを潜ませうること、言い換えれば、ドミナント・ストーリーの流通～変容の機能を借りながら、スモール・ストーリーが生き残っていく可能性を示唆するものである。

頑固な塊

バリーは、翻訳理論の文脈で、その可能性を「頑固な塊」と呼んでいる。

……テクストの再読は翻訳の過程に喩えることができる。つまり、テクストは再読を通して文脈から文脈へと位置をずらされながら、繰り返し変容させられる。それぞれの新たな文脈で、翻訳不可能なままに留まる要素があり、それらの要素は私たちの習慣的な認識の図式に挑んでくる。異化し、新たなものとの接触をもたらし、私たち自身の前提や理論的、政治的課題を見直すように促す力をもつのは、まさにこうした翻訳不可能な「頑固な塊（stubborn chunks）である。（バリー 2014）

こうして、正義のコード化、つまり不正義に対比して正義を際立たせるやり方とは、確かに流通し易い、慣習的なドミナント・ストーリーのスタイルをとる場合が少なくはないであろうものの、それに限ることなく、『告白』の書かれていない部分や伝説に潜まされた頑固な塊に注目したように、私たちが慎重な資料批判とテクスト読解の際に良質な想像力を駆使し、スモール・ストーリーの手がかりを発見し、別のストーリーへと展開していく可能性を拓きうる場合もあることも明らかとなった。

では、最後に、その可能性により接近しうる論理を明らかにしていくことにしよう。慎重な資料批判、テクスト読解の際の良質な想像力と言うと、態度や姿勢のことのように聞こえるかもしれないが、明瞭な論理に裏打ちされたものなのである。

4　結果の説明的再構成

その論理に迫るためには、本章のここまでの論旨を、因果論の視点から論述しなおす必要がある。

因果論の視点

高山によれば、ヒュームを嚆矢とする「通常の因果了解」「すなわち、時間的に先立つ原因が、一定の後続する結果を必ず引き起こす」……「という了解」（高山 2010：14）は「カントに引き継がれ」「強化・徹底され」たという（同：16）。

……カントによれば、物事は、因果的に関係するものであることにおいて、その前後関係が必然的に決定される。……ここにまさに時間秩序というものが成立する……／こうして、時間秩序とは、因果の秩序にほかならない……。（同：19）

時間的秩序＝因果の秩序というこの指摘は、本章で言えば、まさにドミナント・ストーリーの背骨に他ならない。つまり、ドミナント・ストーリーは、西欧近代思想のメイン・ストリームにおいて、したがって私たちの日常において「自然に了解する因果関係」（同：49）の語りとなり続けているのである。

しかし、と、高山はラッセルを経由し、まず「物が落ちる」という単純な例示を使って、反論を開始する。

……物が落ちるということは、私たちの実際的な観点――つまり、目下の場合、日常的な関心――のもとで捉えられた一つの出来事である。この出来事が、他のさまざまな物事から分離されて、いわば純粋にこの出来事として隔離される。つまり、たとえば空気の抵抗とか、途中で何かがぶつかるとか、また、手を出して落ちている物をつかんでしまうとかいうことを全面的に排除して、物が落ちるということの一事が隔離される。（同：39）

高山は、さらに、「電気のショートと火災」「脇見運転と追突事故」「ビリヤードの最初の一突きとボールの終着点等」を例に加えて、次のように指摘する。

私たちは、起こることには必ず原因がある、つまり、原因は結果を必然的に引き起こす、と了解している。しかし、これらの例においては、そうはなっていない。つまり、原因は必ずしも当の結果を引き起こすわけではない。にもかかわらず、私たちは、こうした本来原因ではありえないものものを、何のこだわりもなく「原因」だと解しているのである。（同：48）

「必ずしも当の結果を引き起こすわけではない」「ものものを」「他のさまざまな物事から分離」「隔離する」ことで「原因だと解」するとは、既述した不正義に対比して正義を際立たせるやり方である、多様性をいじる→正義という、正義のコード化と論理的には同じことであり、その多くは、ラボフとウォレツキーで言えば「経験の時系列に沿った構成」であり、カントで言えば「時間的秩序＝因果の秩序」であり、要すればドミナント・ストーリーの背骨なのであった。

因果論からみたドミナント・ストーリー

とすれば、ドミナント・ストーリーとは、因果論の視点からみれば、次のような「結果の説明的な再構成」として整理しなおすことができよう。

……私たちの因果了解とは、何かある特別なこと（結果）が起こった際に、なぜそれが起こったのかに、答えようとするものであるということであった。つまり、そこで行われることは、結果の説明的な再構成……なのである。この再構成（再現）において、この特別なこと（結果）を引き起こした、これまた特別なことが特定されるに至る。この特別なことが原因にほかならない。この原因は、複数であることもありうるが、いずれにしてもそれは、結果の再構成において提示される特別な要因である。そこにおいて、それ以外の要因は特別ではない。当たり前で自明の事柄と見なされる。こうした諸要因によって、結果が、説明的に構成される。それは、定式化すれば、（「原因」＋「その他の自明な事柄」＝「結果」）ということになる。（同：82-83）

「原因」＋「その他の自明な事柄」＝「結果」ということの「結果の説明的な再構成」の定式化は、要すれば、「物が落ちる」際の「空気の抵抗」等を、「火災」すなわち急速な酸化の際の酸素のある濃度での存在、等々を、つまり、本章第1節に既述した、有限生身実体であるヒトにとっての不可避αを「自明な事柄であるがゆえに」「背景化」（同：83）してよし、とみなしうるように「いじる」ことによって、「原因」と「結果」を「短絡」（同：83）させ、「何かある特別なこと（結果）」に係るいずれの登場人物にも、相応の言い分や「論理」を用意させ、正義／不正義をめぐるせめぎ合いを可能ならしめる不可避βのことなのである。

ひっくり返して言うならば、こういうことである。

「原因」＋「その他の自明な事柄」

正義／不正義をめぐるせめぎ合いが生じたとき、既に私たちは、有限生身実体であるヒトにとって不可避な「リスク」「災厄」「言い分」「論理」といった建付けの中で、「結果の説明的な再構成」の定式化すなわち「原因」＋「その他の自明な事柄」＝「結果」の短絡、すなわち「原因」＝「結果」の短絡にひっかかる危険が大いにあるのである。

であれば、慎重な資料批判、テクスト読解の際の良質な想像力によるスモール・ストーリー発見↓「別のストーリー」への展開を裏付ける論理とは、因果に係る思考の初めから、この「原因」＝「結果」の短絡にひっかかる危険を前提に、「背景化」してしまっているやもしれぬ「その他の自明な事柄」をあらためて「結果の説明的な再構成」の中に送り込み返す論理にほかならない。

竹内は統計学の立場から、この論理を「偶然」というキーワードと関連づけて、「現実にない事象について想像をめぐらすこと」だと指摘している。

> 偶然を考えるということは、まだ起こっていないことについて、いろいろな可能性を想定して比較するか、あるいはすでに起こってしまったことについて、現実には起こらなかったが起こる可能性があることを現実と対置して想定することを意味し、それは結局現実にない事象について想像をめぐらすことを意味する……。（竹内 2010：177）

では、背景化した自明な事柄を結果の説明的な再構成に送り込み返す論理や、偶然という視点を採ることによってなじみの現実にはない（ものとしている）事象にまで想像をめぐらす論理に、私たちはどのようにすれば接近しうるだろうか。

最後に、ひとつの手がかりを示しておきたい。ベトナム戦争従軍体験を扱ったオブライエンの短編小説。

主人公の米兵は戦闘中に被弾し「自分の尻が」「指でむしりとれる」ほどの重傷を負う。撃たれた時のことがこう書かれている。

> まるでこぶしで叩かれたような銃弾のばしっという鈍い感触や、それが当たると体から空気がすうっと失せて咳き込むことや、銃声がその十年くらいあとから聞こえてくることや、目の眩むような感覚や、自分自身の匂いや、その直後に思い浮かべたり言ったりすることや、自分の目が白い小石や草の葉に焦点を合わせ、ああこれが俺の最後に目にするものなのか、この小石が、この草の葉が、と思って泣きたくなってしまったりする……。（オブライエン 2014：311）

被弾直後の、ともすれば語られぬままにされてもおかしくはない、感触、空気、感覚、匂い、目の焦点などが、スローモーション画像のように拾い挙げられ描写されている。私たちは、読んでいて、なんだか落ち着かなくなる。

読み進むと、主人公は、実は、このような目に遭ったのは、救護が緩慢だった衛生兵のせいだと考え、復讐心を抱いていることがわかる。衛生兵の後になっての謝罪が復讐心に火をつける。衛生兵の謝罪は主人公にとって、次のような意味で、受け容れられるものではなかったのである。

> 私は彼を憎んだ。彼に対する私の憎悪を（謝罪によって）奪い取ってしまったことで。（同：324。括弧内筆者補足）

この一文は、被弾直後の描写に追い打ちをかけるように、私たちをますます落ち着かなくさせる。戦場では避けられない重傷を負ったヒトと、立ちすくんでしまったヒトと。ヒトはヒトのせいだと考えるほかなく、ヒトは謝るぐらいしかできない。

が、ヒトは、謝られたことでかえって、憎悪を奪われた憎しみなるものまで感じることがある。その憎しみは、主人公の正義なのか、不正義なのか。重傷を衛生兵のせいと考えるところから理不尽なのではないのか。すべては戦争のせいかもしれないが、戦争するのがヒトの歴史でもあろう。

　私たちは、安直に答えなど出すことができず、穏やかではいられなくなる。

　だが、それによって、私たちは初めて、謝れば済むなどといった簡単な話ではないなにごとかがヒトにふりかかっていること、に思いを致す。ヒトであれば、そういうこともあると、多くのヒトは知らないわけではない。でも、多くの場合それは、言ってみても仕方のないこととして背景化されている。その方が、落ち着いていられるのかもしれない。

　オブライエンの短編小説は、語られぬままにされてしまいかねないこと、そして言ってみても仕方のないことを、そうであるからこそ、あらためて思考の中に送り込んでくる。それは、私たちにとって、不意打ちにも似た、不穏な手がかりである。それがなければ、私たちの正義と不正義の線引きは混乱させられることもなく、穏やかに日常をすごせるのかもしれない。だが、不意打ちをくらって、正義か、不正義かのそもそもを確かめずにすごす日々での正義とは、不穏なものだろう。

　こうして、正義への接近の手がかりの少なくともひとつとして、正義をめぐる不穏がありうることを示しておきたい。本章標題の企図したところである。

【参考文献】

阿部謹也（二〇一二）『ハーメルンの笛吹き男』ちくま文庫（初出は一九七四年、平凡社、引用はちくま文庫三〇刷）。

アレクサンドラ・イェルガコポロ（二〇一三）「ナラティブ分析」佐藤彰・秦かおり編『ナラティブ研究の最前線』ひつじ書房。

石井人也（二〇〇七）「政策的隔離草創期におけるハンセン病『療養』者の声」黒川みどり編著『〈眼差される者〉の近代――部落民・都市下層・ハンセン病・エスニシティ』解放出版社。

ティム・オブライエン、村上春樹訳（二〇一四）「ゴースト・ソルジャーズ」『本当の戦争の話をしよう』文春文庫一八刷。

アンソニー・ギデンズ、松尾精文・藤井達也・小幡正敏訳（一九八七）『社会学の新しい方法基準――理解社会学の共感的批判』而立書房。

後藤隆（二〇〇六）「習慣／慣習」大庭健編集代表『現代倫理学事典』弘文堂。

この「有限生身実体」というコトバは、次の報告書において初めて用いた後藤の造語である。後藤隆「ノマド――逃し続ける運動」後藤玲子編『ノマド・逃がす・ケイパビリティ』（トヨタ財団二〇一〇年度研究助成プログラム研究実施報告書、二〇一三年、第一章所収）。

佐藤健二（二〇一一）『社会調査史のリテラシー』新曜社（なお、この本は、社会調査における「資料批判」と「読む」「想像力」の重要性を一貫して強調した内容となっており、引用頁はその一例にすぎない）。

盛山和夫（二〇一三）『社会学の方法的立場――客観性とはなにか』東京大学出版会。

高山守（二〇一〇）『因果論の超克』東京大学出版会。

竹内啓（二〇一〇）『偶然とは何か』岩波新書。

ジル・ドゥルーズ、本間邦雄訳（二〇〇二）「ノマドの思考」『ニーチェは、今日？』ちくま学芸文庫（引用中二刷、二〇一〇年）。

内務省衛生局『癩患者の告白』『近代日本ハンセン病問題資料集成』（編集復刻版）不二出版。（なお、この『告白』はＡ４版上下二段組八ポイント程度の文字で一〇〇頁を超えるものであり、寄稿者は一〇〇名あまりを数える）。

浜野喬士（二〇一四）『カント「判断力批判」研究――超感性的なもの、認識一般、根拠』作品社。（なお、この引用は、カントが理性について試行錯誤的《プラグマティック》に割り切ったことを意味しない。むしろ、カテゴリーと対象との対応関係の妥当性の問題は、長引く課題だった。この点については、熊野純彦（二〇一五）『埴谷雄高――夢みるカント』講談社学術文庫、一四―一六頁）。

ブレッド・ド・バリー（二〇一四）「ジェンダー・空間的実践・惑星思考――森崎和江の筑豊」伊豫谷登士翁・平田由美編『「帰郷」の物語／「移動」の語り』平凡社。

第2章　家族の法と個人の保護

水野紀子

家族依存社会である日本では、「家」制度を定めた明治民法以来、家族自治を最大限に尊重して公的介入をしない家族法をもつ。憲法の要求する形式的平等という観点からのみ行われた戦後改正も、公的介入を保障する方向には働かず、ドメスティック・バイオレンス（以下、DV）や児童虐待に苦しむ家庭内の弱者を救済することはできなかった。

1　日本家族法の無力さ

法秩序が守る女性の地位

社会あるところ法ありと言われるように、人間社会は、それぞれの時代と民族によって差異はあるものの、その社会の基盤となる法をもってきた。近代以降では、ヨーロッパ近代がローマ法以来の伝統に基づいて構築した国家法の体系が、正義と秩序の法の基盤となっている。この近代国家法の体系は、個人の自由を前提としつつ市民の共存と人権擁護のために、国家権力の限界と個人の自由の限界を設定するものである。日本が明治時代に不平等条約改正のために近代法の体系を輸入したように、アジア・アフリカ諸国も、現在ではこの法体系を輸入して、法による支配と法治国家を目指してきた。

しかし女性の地位については、それぞれの社会が前提としている法的な常識には格差があり、またその常識を形成する法執行機関の実態がある。インド社会にダウリ（持参財）殺人や強姦致死傷が横行するのは、警察をはじめとする法執行機関が被害者が女性であれば加害者を検挙しようとしないことが大きな原因となっている。インドには一九六一年からダウリ禁止法が存在するが、抽象的な文言だけにとどまっていて、実効性をもたない。実効性が具体的に担保されない法は、無力である。

もちろん日本はインドのように女性の人身被害を軽視する社会ではなく、殺人事件は被害者が女性であっても男性である場合と同様に加害者は検挙される。私たちは、ダウリ殺人事件のニュースを聞いてインドの女性たちの不幸を思い、日本という法秩序の整った先進国に住んでいることを実感するかもしれない。しかし比較法的な観点、とくに西欧法的な観点から見たとき、日本の法的な常識が日本独特の非常識なものであって、同様に顰蹙されて驚かれるものであることを知る日本人は少ないだろう。

残念ながら、日本の法執行機関の実態は欠陥が多く、とりわけ家族法領域においては、実効的に女性と子どもたちを守れていない。日本国憲法は両性の本質的平等を保障し、日本民法は夫婦間の扶助義務や親による子の養育義務を規定するが、その実効性が担保されないとき、インドのダウリ禁止法のように、それらの条文は無力となるだろう。

ハーグ子奪取条約批准問題が意味したもの

「国際的な子の奪取の民事的側面に関するハーグ条約」は、一六歳未満の子を、親の一方がその常居所のある国から他方の親の同意を得ずに他国へ連れ去ったような場合に、迅速にその子をもとの国に返還するための条約である。子をどちらの親が監護すべきかなどの監護本案に関する裁判が子の常居所地国で行えるようにするとともに子の不法な連れ去りを防止することを目的としている。一九八〇年に採択されて以来、このハーグ子奪取条約は広く締結されてもっとも成功した条約の一つと言われているが、日本は西欧諸国の強い加盟要求圧力にもかかわらず、周知のようになかなか批准しようとしなかった。この批准難航の背景には、西欧諸国と日本においては、家族法領域における法規定の内容、法の実効力、法執行機関の実態などに大きな差があるという問題があったからである。

日本人の国際結婚率は増加しているが、大まかな傾向としては、夫が日本人で妻が外国人のカップルは、妻は途上国出身で日本在住の場合が多く、夫が外国人で妻が日本人のカップルは、妻が出国して西欧諸国である夫の国に移住する場合が多い。夫婦仲がうまく行かなくなったとき、日本人妻は子を連れて日本へ帰国するという行動、いわゆる子連れ里帰り帰国という解決方法をとることが少なくない。しかしこの行動は、西欧諸国では禁じられた自力救済であり、夫たちは怒って自国の政府を突き上げ、その要請を受けた諸国の政府が、明治維新の契機となった黒船に比して第二の開国要請といわれるほど、強力な外圧を日本にかけることになった。

とはいえ、日本では、この外圧の要請を直ちには受け入れにくかった。身代金目的のような刑事犯であれば、もちろん警察が動いて逮捕するが、ことは夫婦間の子の奪い合い紛争である。国内の子の奪い合い紛争においても、人身保護法や強制執行が用いられることはあるが、どちらも有効には機能していない。家庭裁判所はまず調停での話し合いを優先し、裁判所の決定は迅速性や強制力を欠いているので、実際には実力で子を手元に置いていた親が結果的に親権を得るケースが圧倒的である。子を連れて逃げてきた日本人妻から、強制的に子を引き離して夫の国に送り返す法的手段は、西欧法の基準では、国内には存在しなかったと言えるだろう。また国内の世論においても、外国のＤＶ夫から逃げてきた日本人妻と子を守るべきであるという理由で、批准反対の声は強かった。

しかし結局、外圧を受けて、二〇一三年五月に条約への加盟が承認され、同年六月にこの条約を実施するための「国際的な子の奪取の民事上の側面に関する条約の実施に関する法律」が制定され、二〇一四年四月一日から日本について条約が発効している。しかしこの法律は、子を引き渡さないことに対する刑事罰の威嚇を立法しなかったため、また返還請求を判断するにあたっては「身体に対する暴力その他の心身に有害な影響を及ぼす言動を受けるおそれ」を考慮できることにしているため、どれほど実効力があるかはまだ予断を許さない。日本がようやく加盟したことで安心した諸外国の親たちが、期待を裏切られることになる可能性は否定できない。

自力救済の禁止とその代替措置

自力救済の禁止は、近代法の原則の一つである。借金をした債務者が期日に返還しないからといって、債権者が債務者の自宅に押し入り勝手に借金額に相当する金銭を奪うことは、刑事犯罪になる行為であって、許されない。債権者は裁判所に救済を申し立てて、強制執行してもらうしかないのである。日本においても、財産法の領域においては、この原則は常識となっているといえるだろう。しかし残念ながら家族法においては、この自力救済の禁止原則は通用しない。

家庭裁判所の実務においては、むしろ当事者の自力救済が前提とされている。夫のDVに悩んだ妻が事態を何とかしようと思うと、自力で別居を敢行し、生活を立てなくてはならない。家庭裁判所が行うのは、その生活実態に「法的な裏づけを与える」ことであって、別居した妻が離婚を求めてきた場合に、離婚を認めて解決することであるとされている。DV夫と一緒に暮らしている妻が離婚と別居を願って家裁に申し立ててきた場合は、「解決できない」のであり、妻は申し立てを取り下げざるを得ない。「別居は、当事者が現実を見据えて、自ら作り出すべきものなのである。家裁（調停）は当事者に対しアドバイスはすることができるが、当事者の別居という新たな事実をつくり出すことはできない」（飯田 2005：138-139）、というのである。

この家庭裁判所の実務の実情について、日本人であれば、当然か、あるいは、いたしかたないことと思うかもしれない。外国で暮らす日本人妻は、このような日本の常識に従って自力救済をすべく日本に子連れ帰国を決行するのであろう。しかし欧米諸外国においては、そうではない。ハーグ子奪取条約の批准という難問が日本に突きつけていたのは、この彼我の大きな相違であった。

欧米諸外国においては、家事事件においても子を奪って別居する自力救済が禁止されている。自力救済を禁じるためには、国家が当事者に代わって確実に救済する仕組みを整えていることが、当然の前提となる。日本と違って、日本に条約批准を迫った欧米諸外国では、その前提が準備されている。つまりDVに悩む妻が救済を申し出れば、裁判所は夫に別居命令を出し、夫から扶養料を取り立ててくれる。扶養料債権の債権者は、通常の債権者と異なって弱者であるから、債権者が自ら強制執行をして債権を取り立てることは現実的ではなく、そのままでは扶養料債権は画餅に帰してしまうので、公的な取り立て支援が不可欠である。子の監護についても、専門家が調査をして、子の福祉にふさわしい措置を決定する。DVへの曝露は児童虐待の一態様であるから、子の救済のためにも公的介入は不可避である。それらの介入は、夫が従わない場合には刑事罰というサンクションを伴う、強力な公権力行使である。救済を求めれば、それは与えられ、したがって自力救済は禁じられる。

ハーグ子奪取条約は、国を越えて自力救済した当事者を、相互に各国内のこのような仕組みに乗せようという条約であった。国内にその仕組みがない日本では、批准するために、条約の対象となる紛争に対応する体制を、少なくとも渉外事件については作らなくてはならなかった。

法の支配の原則

日本人にとって裁判所は遠い存在である。いわゆる「裁判沙汰」にするのは、よほどのことであると考えるのが普通であろう。弁護士費用のかかる高価な訴訟利用は、避けられるにこしたことはない。少額の債権は、裁判所に訴えて判決をとって強制執行するのは、費用倒れになる。裁判紛争の数は少なく、国民人口あたりの裁判官の人数も、圧倒的に少ない。トム・ビンガムは、法の支配の一つの原則として「当事者が自分では解決できない善意の民事紛争は、法外な費用や過大な遅延なく解決できる手段が提供されなくてはならない」という原則を挙げる（Bingham 2011 : 85）。日本の民事紛争は、この原則にかなっているとはいえないだろう。

トム・ビンガムは、法の支配のまた別の原則として「法的権利と責任の問題は、通常、裁量の行使ではなく、法の適用によって解決されるべきである」というルールも挙げる。このルールは、三方一両損という裁量の行使による大岡裁きが名裁判とされている日本では、やや異質に感じられるかもしれない。日本人にとって、望ましい紛争解決方法として想定される伝統的なイメージは、まず当事者間の話し合いであり、それで決着がつかない場合には、人格識見ともに立派な上位の第三者が裁量によって解決するという方法であったように思われる。この方法は、法の支配を知らない原始的な時代で、メンバーがお互いを熟知している村社会のような少人数の共同体であれば、ふさわしいものであったのかもしれないが、近代以降の社会には公平な解決をもたらすことができない。

しかし実際に日本家族法の解決手法は、話し合いによる解決と裁判官の裁量に依存したものになっている。公的監督が一切入らない、世界にも珍しい協議離婚制度をはじめとして、日本家族法は当事者間の話し合いによる解決が無条件に原則とされており、家庭裁判所における解決も、その延長線上にある家事調停手続が第一義のものとして位置づけられる。離婚事件では、調停段階で離婚合意が成立しないと、離婚訴訟になる。離婚訴訟に適用される民法七七〇条は、離婚原因を列挙した一項で、五号に「婚姻を継続し難い重大な事由があるとき」を挙げ、二項は、裁判所は「離婚原因がある場合も一切の事情を考慮して婚姻の継続を相当と認めるときは、離婚の請求を棄却することができる」とする。つまり他国には例を見ないほど、裁判官の裁量権を大幅に認めている。裁判官の価値観によっては、長年精神的DVに耐えてついに離婚を求めた妻にさらなる忍従を説く判決が下されることもある。最高裁は、この条文の解釈として有責配偶者からの離婚請求を制限し、どちらの配偶者がより有責であったかを立証させて争わせる判例を構築しており、争点が限定されない独特の非常識な離婚訴訟は、あまりにも当事者の負担が大きい私的戦争になっている。かくして当事者は、離婚訴訟を避けるために、極力合意で離婚を成立させようとする。

たしかに家族間への国家介入を最小限に留めるこの日本法の構造は、国家にとってはもっとも安価な解決手法であったろう。しかしここで無視されてきたのは、法が保障すべき正義であり、また弱者保護である。DV夫と離婚したいと希望する妻は、離婚給付はもちろんのこと、ときには親権すらあきらめて、夫の離婚合意を得ようとする。話し合いの結果が正義となり得るのは、売買当事者間のように、当事者間に実質的な平等が成立していた場合に限られる。家族内部は、実際には決して平等ではなく、意思すら抑圧する力関係の差があり、当事者の相互依存は極めて強く、そこから離脱することは容易ではない。家族は、法による弱者の保護がなければ、実質的な平等が保たれないどころか、悲惨な抑圧や収奪も生じうる場所なのである。欧米の離婚法が現在に至るまですべての離婚を裁判離婚として、離婚時における法の介入をまんべんなく保障してきたのは、それが婚姻中の夫婦間の平等を保障する手段でもあったからである。

日本家族法の合意優先の特徴は、一八九八年に立法された明治民法以来であり、明治民法が創設した「家」制度を廃止した戦後の改正も、この特徴を変更するものではなかった。明治民法は、婚姻・離婚や養子縁組・離縁という「家」のメンバーの移動は「家」の協議に委ねて「家」の自治を尊重したが、現行民法は、「家」の自治に代えて当事者の自治を尊重するという改正をしたに過ぎない。そして明治民法の背景にあったのは、日本社会のイエの伝統である（明治民法が作り上げた「家」制度と区別するために、「イエ」とカタカナ表記する）。

2　イエ制度と「家」制度

世界における家族の多様性とイエ制度

社会は、当然のことながら、一人で生活できる強者ばかりによっては、成り立っていない。乳幼児も、病人も、障害者も、老人も、健常な成人がケアをしながら支え、共存して、社会は営まれてきた。その相互扶助のもっとも小さな単位は、夫婦とその間の子からなる家族であろうが、その単位を越えた大家族はもちろん、地域共同体もまた、支援と共存を支える役割を担ってきた。その仕組みは、時代によって、また国や民族や地域によって、さまざまである。家族共同体と地域共同体が果たす役割もその軽重も異なり、家族共同体そのものの内部も、エマニュエル・トッドが「世界の多様性」で描いたように、実に多様である（トッド 2008）。

同じ東洋文化圏であっても、中国や朝鮮半島の伝統的な家族形態つまり宗族は、日本の伝統的な家族形態とは異なる。宗族制度では、広範な男系血統集団が家族の外延として大きく広がり、その宗族が家族メンバーの生存を維持する役割を担って来たため、地域社会や村落共同体の果たす役割は、相対的に低かったといえよう。それに対して、日本の家族は、宗族のように血統で広がる連帯よりも、実際に住んで一緒に働く共同体、つまりイエの連帯が主になっていた点で、特徴的である。また村請制度や檀家制度によって、村落共同体であるムラは緊密な共同関係を形成しており、イエを取り囲む外延として、ムラというコミュニティは、共同体メンバーの生存と共存を維持する役割を担っていた。

イエ制度が確立したのは、明治維新前の長い武家政権の間である。渡辺浩が分析するように、近世日本は「家職国家」であった。近世の日本人は、一種の「機構」あるいは「法人」としてのイエに帰属し、武士も町人も百姓もそれぞれイエの家業・家職を営んで生きた（渡辺 2010：70 以下）。財産はイエ自体の家産であり、イエの代表者は当主であった。当主の地位には、イエの経営能力が不可欠であったから、能力ある他人を養子として次代の当主に迎えることや、息子がいても息子の能力が足りないときは、娘の配偶者に経営能力のある他人を選び、その娘婿を養子として相続させることも少なくなかった。商家には、男子相続を禁止し、相続はすべて養子相続とする「家訓」（イエの私的ルール）の実例があったほどである。家産は、当主の個人財産ではなかったのであり、当主の経営能力が疑われると、イエの存続のために当主が交代させられることもあった。

イエは、構成員にとって抑圧的であると同時に、彼らに職業とアイデンティティを与え、その生存を支える存在であり、社会の中で自律的に活躍する組織体でもあった。イエを離れると個人は生活できないため、嫁が姑に隷従する習慣にみられるような家族内の抑圧はあった。しかし反面では、イエの意思決定には、共同経営者であり「社員」でもある構成員の協力が不可避であり、妻は、夫の共同経営者として実質的な権力を握ることも多かった。現代の日本で、夫が給料を妻に渡して小遣いをもらう習慣は、この伝統に起源があろう。人々は、幾代にもわたり祖先が残した家屋敷を継ぎ、それとともに家名・家業を継いで、家族・親族の緊密な共同作業によって生活していた。死者が御先祖様となって子孫を守るという祖先教信仰は、イエの永続と繁栄を願う感情と重なって、イエの祖先への祭祀となった。

社会で活動するイエは、社会に受け入れられなければならず、「世間」は人々の行動に大きな力をもった。またイエは、武家では将軍家から足軽まで、商家では大店からかご担ぎの売り子まで、農家では庄屋から小作まで、それぞれピラミッドをなしており、奉行所の触書は町役人らによって周知されて、「お上」による安定した秩序を形作った。明治政府が国民把握のため維新直後に作った住民登録簿が、瞬く間に完璧な戸籍という身分登録簿となりえたのは、この江戸期の秩序を利用してはじめて可能なことであったと思われる。

イエ以来の文化的遺伝子は日本人の中に色濃く残っている。たとえば労働者の企業への一体的帰属意識、それに呼応する企業の労働者保護（とくにリストラ一般化以前）、中小企業における継承へのこだわりなども、イエの伝統と関連しよう。またいわゆる「世間」の圧力の強さも、この文化的遺伝子の一つの現れであるといえるだろう。「世間」の規制力に多くをゆだねているために、明文の法による規律を最小限度にとどめることが可能であるが、それは法が規制しない領域での自由が確立していないことであるとともに、いったん自由となると暴走を止めることができない。またあらかじめ困難や危機に対応できるように、法の適用によるチリング・エフェクトを考えつつ法規を作る立法の技術においても、日本人は劣るように思われ、日本の立法はとかくスキャンダル対応になってしまいがちである。そしてこのようなイエ制度がもたらした文化的遺伝子は、なにより家族法においては、家族の自律性を強く認め、家族内の意思決定を最優先して法は介入せず、結果として家族内の強者による弱者の支配や抑圧を承認する伝統として、今日まで引き継がれている。

明治民法の「家」制度

もとより近世の社会は、明治以降、日本社会の近代化によって大きく変容し、実体としてのイエは崩壊していった。明治政府が西欧法を継受して立法した明治民法は、個人の法主体性を確立し、所有権を定めて、法的に近代化の準備を整えた。民法は、西欧社会において形成されてきた近代法であるから、異なる社会である日本がその民法を受け入れたとき、日本社会に伝統的に存在していた家族形態との齟齬が問題になる。たとえば民法の世界では、イエの法主体性はもとより認められない。家産は、戸主の個人財産となった。

しかし明治民法は、立法段階で「家」制度を創設し、民法を日本社会に合わせて変容させて受容することで、ある程度その齟齬を解消させていた。つまりイエ制度は、明治初期に整備された戸籍制度を媒介として、明治民法の中に「家」制度として取り込まれた。明治政府が作った戸籍は、当初は物理的な屋敷ごとに全住民を列挙したものであったが、明治民法立法前の整備によって、雇い人などの同居人がはずされて家族だけの名簿になり、住民登録機能を寄留簿（現在の住民登録台帳）に移動させて、住民登録より安定的な身分登録簿として確立していた。婚姻や親子は定義できても、「家族」を法的に定義することは至難であるが、明治民法の家族法は、この戸籍に書かれていたメンバーを家族つまり「家」集団として定義した。「家」集団は、もともと同居家族として緊密な関係を持つ集団であったから、法と実態の相違は小さかった。イエ制度と「家」制度とは、制度としてはあくまでも別物であるが、文化やメンタリティは重なる。そして明治民法の家族法は、従来のイエの自治を大幅に取り入れ、家族を「家」の自治に委ねた。

明治維新の頃、日本人は、人口の約六%である武士階級しか氏を公的にはもたなかったが、明治政府は国民を特定するために、平民にも氏を称させるとともに、元服等の機会における改名を禁じた。明治民法立法前は、戸籍上は、妻は嫁しても出生時の氏を称するとされていたが、明治民法は、氏を家名として、夫婦同氏を立法した。誰にでも公開される戸籍は、人生で絶えず参照される身分登録であったから、その影響力は甚大であった。イエ制度の伝統もあったとはいえ、戸籍という書面上に現れた「家」は人々の意識に働きかけ、国民の家族意識を形成した。「家」制度のイデオロギーとしての重さは、現在まで影響が及んでいる。

イエ制度と「家」制度の崩壊

イデオロギーとしての重さと比較して、法制度としての「家」制度は、強いものとはいえなかった。明治民法は、イエを引き継ぐ「家」制度を創設したが、実体としてのイエは、日本社会が変化し、第一次産業から第二次、第三次産業へと産業構造が転換するにつれて、弱体化して崩壊の道をたどった。イエから独立して生活できるサラリーマン階層が増加すると、男性が氏を変更して女系のイエを継承する場合が減少した。イエの内部においても、自立可能な息子たちに対する戸主の権力は低下する。家族団体の拘束力は、経済的に自立できる者には、強力に及ぶことはない。家産と家業に生存を依存する時代にこそ、家督相続を定める相続法が家族団体の秩序を規律するものとして力をもったが、働いて賃金を得ることが出来ることになった大正時代には、すでに「家」制度のたがはゆるんでいた。大正時代に大正要綱といわれる民法改正案がまとめられたが、その機動力になったのは、このような崩れだした「家」の秩序を民法改正によって回復しようとする保守的な動きであった。

敗戦後、男女平等を定めた日本国憲法に合わせて、民法改正が行われた。「家」制度に関わる条文は削除されて、家督相続は廃止され、諸子均分相続となった。「家」を体現する戸籍制度も解体され、夫婦と氏を同じくする子ごとに編製されることとなった。しかし「家」意識は、根強く残った。とくに戦後改革に対して「家破れて氏あり」という批判がなされたように、夫婦同氏強制制度は、「家」意識の存続に力があった。男性が「家」から独立できる経済力を身につけるようになっても、女性が同様の条件を整えて女性にとっても家族団体の拘束性が薄れるには、さらにずっと時代が下らなければならなかったし、現在でもその条件はいったん結婚退職した既婚女性には必ずしも十分ではない。「家」意識の残滓は、妻が嫁として夫の家族に入り、夫の親を看取り、夫の家の祖先を祀る義務を負うという社会通念として、大きな力をもってきた。女性が社会に職業人として進出するようになると、夫婦同氏強制制度によって婚姻の際に意思に反して改氏を強いられる被害が表面化した。しかし選択的夫婦別氏制の立法は、「家」意識を温存してきた氏の機能を傷つけるものであったためか、激しい反対論を引き起こして、いまだに成立していない。

このような伝統は、子どもに限らず、障害者や老人など、自力では生活できない弱者を支える役割を、もっぱら家族に依存する社会を作り上げてきた。家族の内部にいる弱者は、保護されると同時に支配される。「家」ないし当事者の合意にすべてを委ねる日本民法の特徴は、家族内に公的介入の契機がないことを意味し、それは事実上の力関係がそのまま反映すること、つまり家族メンバーが家族の中に取り込まれて、家族内では弱者が強者の決定に従う従属構造をもたらした。家族内の弱者を守る機能が日本家族法においては大きく損なわれている（水野 2013）。

3　家族とケア労働

近代化による家族環境の変化

家族は、育児を担当し、老人や病人を看取って、生命を維持し再生産する舞台である。家族メンバーは、お互いに財とケアを持ち寄って生命をつないできたし、家族は今後もその舞台であり続けるだろうが、孤立した家族は、家族のみでこのような再生産を担うことができない。かつてはイエやコミュニティが家族を支援して生命の再生産を支えていた。育児の場面で親子間に葛藤があっても、大家族内で力関係が分散したり、地域共同体が家族内の不当な抑圧に介入したりするという安全弁があった。

近代化の過程でそれらの支援が失われたとき、本来なら社会保障がそれらに代替して支援を提供する展開が必要であった。家庭内の労働は無償労働であり、資本主義が進展するにつれて、賃金を得られない高齢者やもっぱら無償労働に従事する家族メンバーの立場は、脆弱さをより強くはらんだものとなる。福祉国家という政策は、このように脆弱化した家族を援助することを国家の任務として引き受け、財とケアを社会保障として給付するものである。しかしこのような社会保障は、日本ではなかなか発達しなかった。

サラリーマン階層が圧倒的になった高度成長期以降バブル崩壊まで、人々の生活は、企業による男性基幹労働者の長期雇用・企業内福祉などによって保障され、若者の社会へのインテグレーションは、教育段階ごとの選抜と新卒一括採用によって構築され、育児や介護などのケアは、専業主婦ないし低賃金の周辺労働力となった兼業主婦の無償労働によって担われて、日本社会の社会・経済システムが構築されていた。企業が基幹労働者を解雇しない一方、労働者もサービス残業をして会社に献身するという企業文化の背景には、日本の文化的遺伝子ともいえるイエ意識が働いていたように思われる。この時代の日本においては、生活を維持するために必要な財とケアについては、企業が財を、主婦がケアを提供していた。このシステムは、たとえば孤立した家庭内でDVが生じても、経済力を持たない主婦が子どもの高等教育費用のために忍耐せざるをえない等、問題を内包しているものではあったが、戦後豊かになった日本の安定的なシステムとして、人々に広く受容されていたものではあったろう。

「母性」の聖化と児童虐待

このような近代化の過程で、「母性」は、ケアをひとえに担う美徳とされるようになった。鹿野政直はこれを「残酷な詐術」と呼ぶ。近代化の結果として人と人との関係が切り離され解体や荒廃がもたらされたにもかかわらず、原因と結果が倒立したかたちで印象づけられるべく操作され、「母性」の不在に解体や荒廃の原因が押しつけられた（鹿野 1983）。

かつて農家や商家のおかみさんたちは、母であると同時に忙しい働き手でもあった。子どもを愛した彼女たちも、子どもにかかわる時間は限られており、年寄りや年長の子どもたちが子守をした。しかし社会と切り離されて孤立化した母は、自己愛と子どもへの愛を混同させ、わが子意識を増大させていった。「いい子であれば、愛してあげる」という条件付きの愛情しか与えない「優しい虐待」は、健全な自己愛を持てない病んだ子どもたちを生み出していく。

さらに悲惨なのは、家族内に暴力や虐待があったときである。大家族であれば、夏目漱石の「坊ちゃん」におけるお清のように、親の代わりに子どもに愛情を注いでくれる成人メンバーがいたり、近隣社会の交流が密であれば、近所のおばさんが縁側から駆け込んできて助けてくれるから、子どもはそこで人間らしい共感を感受する能力を培える。しかし閉ざされたコンクリートの箱の中で孤立して生活する家族には、そのような社会的安全弁はない。二〇一三年度に全国の児童相談所が対応した児童虐待の件数（速報値）は七万三七六五件で、統計を取り始めた一九九〇年度から、二三年連続で過去最多を更新している。児童虐待はエスカレートしがちであり、死亡事件の報道は後を絶たない。無事に生き延びた場合も、被虐待児の脳は傷つけられており、適切な救済と治療がなされないと、成人した後、本人にも社会にもダメージをもたらす深刻な後遺症が残る場合が多い（友田 2012）。

日本社会の社会福祉は遅れているが、児童虐待に対応する社会福祉はとりわけその遅れが顕著な分野であり、その遅れの弊害は現在の被害としてのみならず被虐待児の成長後の将来に深刻に現れる。親権という権利を持つ親が、介入という支援を拒絶するにもかかわらず、子どものために強力に行政権が介入して、ときには親子を引き離さなくてはならない。それは親子の病理に対応できるように訓練された専門家でなければこなせる仕事ではないが、その養成体制は出来ていない。さらに裁判所の不足によって、行政権の介入に本来ならば臨機応変にチェックを入れるべき司法がその機能を果たせないという構造的問題が、背景に横たわっている。フランスの人口は日本の約半分であるが、フランスでは年間約一〇万件の親権制限判決が出され、約二〇万人の子どもたちが判事とケースワーカーに親が監督される親権制限下で生活している。日本の親権制限判決（民法の親権停止・喪失審判と児童福祉法二八条審判）は、年間やっと三桁である。ただでさえ人手不足の児童相談所にとって、裁判所に親権制限を提訴する余裕はない。

日本型社会福祉の特徴

高度成長期に成立した男性基幹労働者と無償労働を担う女性パートタイム労働者というシステムは、近代化によって失われたイエや地域共同体に代わって家族に財とケアを供給してきた。そして、そのシステムからこぼれ落ちた困窮者を救うために、社会福祉のうちでも、財の給付については一定の充実が図られてきた。もっともこれらの給付そのものも大きな問題を抱えている。最後のセーフティネットといわれる生活保護は、家族法が保護できない妻たちにとって離婚後の生活を支える制度となる等、大きな機能を果たしてきたが、納税者の理解を得にくくスティグマとなるターゲット方式の仕組みをとっており、とりわけ現在の生活保護方式では、子どもの保護に特化した支援が著しく不足している。近年、男性労働者の雇用も崩壊したために、生活保護のニーズは非常に高まっており、セーフティネットも破れる危険がある。また企業を定年退職した高齢者に給付される年金制度は、若年層が多い時点で設計された欠陥の多い仕組みが是正されることなく維持されていて、高齢者の増加に伴って国家財政を圧迫している。

財の供給と比べると、ケアの供給については、日本の社会福祉は一層遅れており、とりわけ家庭にアウトリーチするケアは、介護保険制度等によってようやく端緒についたところであって、家庭内の無償労働に依存する度合いが大きい。医療と栄養水準の向上によって高齢者が高度障害者となって生き延びるようになると、高齢者の介護労働が家庭内の私的な無償労働によって担いきれないことが誰の目にも明らかになり、介護保険制度が設計された。しかし育児労働については、M字型の女性就業率が示すように、賃労働との両立は相当に困難なままであり、育児の支援や社会的な介入も極めて貧弱である。

男女共同参画社会基本法と性別役割分業

女性差別撤廃条約の批准（一九八五年）、男女雇用機会均等法の立法（一九八六年）などによって、職場における男女差別は以前より減少したが、女性労働者には二重労働の重い負担がかかり、婚姻からの逃避の一因となった。日本の婚外子出生率はごく低位で推移し、日本人は結婚しないと出産しない強い傾向を持つため、婚姻からの逃避すなわち晩婚化・非婚化は、少子化をもたらした。男女共同参画社会基本法の立法当時には、男性のワーキングプア問題はまだそれほど顕在化していなかったが、グローバリゼーションの進展によって、企業が基幹労働者を抱え込む余力を失うと、男性労働者も周辺労働力化する展開が進み、しかもケア労働と両立できない長時間労働の労働形態は是正されないから、さらに晩婚化・非婚化・少子化が進行している。

一九九九年に男女共同参画社会基本法が制定された後、バックラッシュといわれる動きが強まり、保守層は憲法二四条を改正して家族の保護を謳う改正案を提言した。現在も根強くあるこれらの動きには、「家」制度の復活を目指すものという側面も完全には否定できない。しかし同時に、生存保障を肩代わりしきれない福祉国家が追求する近似的社会保障としての家族再生であって、先進諸国に共通する傾向の一つという評価もできる。さらに男女共同参画社会基本法そのものも、「家庭生活における活動と他の活動の両立」をはかることによって晩婚化・非婚化・少子化を克服しようとするものだとすると、バックラッシュ派と同様に、近似的社会保障としての家族再生を目指したという評価も不可能ではない（水野 2011）。激しく対立するこの両者が家族再生を目指す点で共通するとすれば、両者を分かつのは、性別役割分業を肯定するかどうか、女性のみに無償労働としてのケア役割を担わせる方針を採るかどうかである。性別役割分業を肯定するべきではないと筆者も考えるが、より深刻な問題は、家庭内の弱者を救済できていないことである。子どもは絶対的弱者であるが、実際には女性がケア役割を担っている場合が圧倒的であり、ケア役割を担った結果、女性も弱者になる。それらの弱者を守る役割を果たすべき民法の家族法が、日本では機能していない。

4 家族の多様化と家族の法的保護

事実婚と法律婚

性別役割分業を否定する男女平等論の立場でも、民法の婚姻保護を強化すべきであるという問題意識よりも、むしろ事実婚の正当性と法律婚との対等性を主張する傾向がある。かつて足入れ婚が横行した時代に、内縁の妻を救済するために、婚姻の効果を事実婚に準用する内縁準婚理論という解釈論が創唱された。マスコミに流れる多くの言説と一部の家族法学説は、事実婚と法律婚の対等性を主張し、その対等性を保障する解釈として、この諸外国に類を見ない解釈論を、現在でも主張する。また民法の改正論としては、家族への公的介入を求めるよりも、民法にわずかに残る男女の形式的な不平等規定、具体的には待婚期間と婚姻適齢の相違を主に問題視する。そして欧米社会で言われる家族の多様化が、日本においてもあるべき方向性として主張される。

たしかに西欧民法は、法律婚のみを正統とするかつての民法から、事実婚を容認する方向に変化してきた。しかしこのような西欧法の変化は、婚姻の保障する強力な国家介入を嫌って、またキリスト教の伝統からの離脱もあって、事実婚を選択する当事者が増加したが、子を保護する必要から事実婚夫婦にも国家が介入するようになったことである。それでも事実婚当事者は法律婚の効果を望まないゆえに事実婚を選択しているのであるから、その意思を尊重して法律婚扱いはされない。また法律婚の効果は日本法と違って非常に重く、とても事実婚に準用できるような内容ではない。西欧諸国では、内縁準婚理論は、到底受け入れられない解釈論であろう。無力な家族法の下でせいぜい「世間の目」による秩序に依存してきた日本法とは、根本的に状況が異なっている。

はたして日本では、家族の多様化は生じているのだろうか。たしかに子世帯と独立して暮らす高齢者世帯は増加し、婚姻率は減少した。しかし事実婚はまだわずかであり、非嫡出子の出生率もごく低い。そもそも事実婚であれ法律婚であれ、家族を形成すること自体が困難になっており、少子化傾向に歯止めがかからない。

日本における家族の多様化、事実婚の容認の主張は、夫婦同氏強制制度と「家」意識が求める嫁役割への批判を主としている。それは、厳密に民法的な議論ではなく、依然として存在する「家」意識への抵抗として事実婚を位置づける、ある種の運動論的な主張である。このような議論の錯綜の背景には、「家」意識の残滓と、本来の家族法としてよりもイデオロギー宣明効果によって強力であった日本民法の伝統があるのであろう。

一般には、明治民法は「家」制度を定めた保守的な法典であり、戦後、日本国憲法の命じる自由と平等の原則に合わせて家制度を廃止した現行民法は、家族法の姿を一変させたものと理解されている。しかしそれは「家」制度を創設した明治民法のイデオロギー的な威力に着目した、一面的な真実に過ぎない。母法と比較したときに浮かび上がる民法としての日本法の特殊な性格、つまり家族内の弱者を守ることが出来ない無力さは、明治民法と現行民法に共通している。

要するに、民法が代表する近代法であるプロトモダンが確立したことのない日本では、家族の問題に対して、プロトモダンの限界への批判として現れるはずのポストモダン的主張として、実際には「家」意識に代表されるアンチモダンと前提が共通する主張がしばしば流れ込んで現れるのであろう（大村 1998）。

民法の意義と体系

民法は、人々の生活関係を規律する私法の一般法である。社会には、矛盾対立するそれぞれの正義がある。民法は、これらの対立する正義の間にそれぞれが主張できる限界を定めて正義間の調整を図り、その調整が全体として矛盾しないように全体を体系化する。不法行為法の過失責任主義は、被害者の賠償してもらう正義と、故意過失がなければ責任を負わずに自由に行動できる加害者の正義との均衡を図る工夫である。離婚法は、たとえば妻を愛せなくなった夫が離婚を求める正義、妻帯者である彼を愛した女性が主張する恋愛の自由の正義、二人の間に生まれた非嫡出子が差別されず両親にはぐくまれて育つ正義に対して、離婚したくない妻の正義、夫婦から生まれた嫡出子の両親に育てられることを要求する正義の対立を、どのような条件で調整するかという工夫である。従って、民法における正義は複雑で具体的であり、短い言葉による観念的な正義の対極にある。

そして民法には、財産法における契約の拘束力や時効、家族法における一夫一婦制や近親婚禁止や嫡出推定や相続権など、その根拠も守っている価値も明瞭に説明できないほど古くからのルールがあり、これらのルールにはそれが守られないとおそらく人類の共存が難しくなる正義が内包されている。たとえば近親婚禁止は、遺伝的弊害を避けるためだけではなく、家族を形成して子どもを養育する人類にとって、家族間では認められたカップル以外は性的対象として見ないというルールが不可欠だからと考えられる。婚姻制度は、ケアが必要な家族メンバーとそのケア労働を担うがゆえに弱者になるメンバーを保護するための、太古からの仕組みではなかったろうか（キテイ 2010）。

民法と社会保障法の齟齬

また民法は、基本的には、個人の意思決定を基盤として体系化されている。民法においては、意思決定ができない、つまり行為能力をもたない未成年者や成年者は、親権者・後見人によって代理される。本来であれば、児童保護や精神病患者・精神障害者の保護に関する社会福祉法の領域においても、基本法である民法と整合的に、未成年者らの支援が形成されているべきであった。民法に依拠していれば、一応、諸正義つまり他の尊重すべき法益との衝突が調整される構造が体系によって保障されているからである。

しかし日本の社会福祉法は、そのような発展をしてこなかった。たとえば児童福祉法による介入が「親権の壁」に阻まれる弊害が問題となってきた（水野 2010）。議員立法によって、「児童虐待の防止等に関する法律（以下、児童虐待防止法）」「ストーカー行為等の規制等に関する法律」「配偶者からの暴力の防止及び被害者の保護に関する法律」などの新たな諸法が立法されたが、これらの立法は、啓蒙効果はあったものの、必要な保護を提供できるものではなかった。その無力さは、司法インフラや行政インフラの不備が主原因であったろうが、民法や刑法のような体系的な法典と連絡のない個別立法であることも、法としての弱さになっている。

精神病患者は、一九五〇年の精神衛生法によって強制入院制度が整備されてから、収容主義と揶揄されるほど、精神病院に隔離される傾向が進んだ。民法の母法国であれば社会福祉と民法の後見制度によって社会で生活できる患者が、日本では精神病院に収容されており、受け入れる家族がないための社会的入院も多い。精神病院収容の現状を改革して患者が社会で生活できるようにするノーマライゼーションの政策転換が目指されるようになってはいるが、現状はおよそ諸外国の比ではなく、地域社会の受け入れ体制は、まだあまりに不十分である。

二〇〇〇年の成年後見法立法の際に削除された民法旧八五二条二項は、後見人が入院を決定するときに裁判所の許可を要求していた。裁判所によって選任された後見人であっても、入院という身上監護に関する決定は、改めて裁判所の判断を得なければならないとする条文であり、比較法的には標準的な立法である。しかし日本では、この民法の条文は顧みられず、精神病患者の入院について欧米諸外国にはみられない「保護（義務）者」の同意による医療保護入院という強制入院制度が採用されてきており、そのとき民法の成年後見（禁治産）と「保護（義務）者」制度との衝突を制度的に鳥瞰する視点は、みられなかった。そして精神保健法と均衡を失しているという理由で、民法の条文のほうが削除された。

「保護（義務）者」（以下、保護者）制度は、家族に患者に対する過剰な支配・代理権能を与える日本独特の制度であった。その弊害は大きく、ＤＶ加害者が逃げ出そうとする被害者を強制入院させるような事態もあった一方で、保護者となる家族の負担感も強かった。保護者の同意による強制入院制度は、患者との信頼関係を壊すという家族からの批判等を受けて保護者制度を廃止する改正が行われたが、その結果、二〇一三年六月に成立したのは、代わりに広範囲の家族に強制入院の同意権を直接与える立法であった。今後は、認知症患者が家族の同意によって精神病院に強制入院させられるリスクも大きくなるだろう。

しかしこのような社会保障法領域における民法の無視には、民法の側の問題もある。つまり民法が予定している制度的条件が、日本には準備されていなかったのである。

民法の制度的条件

民法が立法された頃、日本は貧しい発展途上国であった。嬰児の間引きは少なくなかったし、子どもが労働力や芸娼妓として売られることも日常であった。精神病患者も知的障害者も、地域社会の中に包摂されて生きていた。老人たちは、姥捨てされることもあり、医療水準も栄養水準も低かったから、働けなくなったらすぐに亡くなった。

明治政府は、諸外国との不平等条約を改正して治外法権を撤廃するために、各種法典を立法し、裁判所を設置した。フランス民法やドイツ民法などをモデルにして民法を立法するよりも、それらの母法国が持っていた制度的条件を備えることのほうが、より困難である。条約改正が成立すると、裁判所設置の勢いはすぐに衰えた。

母法国の制度的条件は、裁判所のほかにも、身分証書制度や公証人慣行等の条件もあり、それらも民法の親子法、不動産物権変動、贈与・相続法などの背景をなしている制度的条件であった。短時間の立法では、継受民法の前提条件と日本社会の齟齬を消失しきれるものではなく、異質な継受法をそのまま条文化した場合も少なくない。

それらの条文と日本社会の条件の齟齬は、解釈によってつじつまを合わせられることになった。親子法領域では、戸籍の訂正手続きとして発展した親子関係存否確認請求訴訟が民法の親子法の規定を大幅に死文化した。不動産取引においては、登記手続きに公証人が必ず関与することによって取引安全が保障されている母法と違って、物権変動の対抗要件主義がうまく機能せず、虚偽の登記名義が頻出した。この問題については、判例が、表見代理や虚偽表示の類推適用を活用して取引の安全を図ってきた。相続法の領域では、遺産分割や遺言実行などの相続手続きに公証人が関与する母法と異なり、相続人の自由に委ねられた遺産分割や遺言が困難な問題を頻出させている（水野 2015）。

なにより問題なのは、やはり司法インフラの不足である。母法は、身分行為に裁判所が関与することによって家族内の弱者の保護を図っていたが、日本にはそれができるほどの数の裁判官がいない。民法は、「家」ないし当事者の自治を大幅に認めることで、この不備が支障をもたらさないように対応してきた。また親権者の親権行使を制限して裁判所の許可を要求する母法の条文を立法せず、親権者の権限を非常に大きくして子の財産の処分権限をもたせた。

また、民法が母法にならって裁判所の関与を定めた規定をおいていても、実際には、使われない場合が少なくなかった。意思決定能力をもたない成年者を代理するために禁治産制度が設けられたが、わざわざ裁判所で禁治産宣告を受けることはごく例外的であり、事実上の代理人が意思決定を代行して契約を締結してきた。禁治産制度を使いやすくするために民法を改正して二〇〇〇年から成年後見制度を施行してきたが、現在でも認知症などで決定能力を持たない成年者の圧倒的多くには成年後見による後見人が付けられていない。また家庭裁判所は、増大する一方の成年後見人の監督業務に耐えられず、処理に困難を来している。

さらに日本では、検事の機能が異なっている。民法の家族法では、母法にならって、違法な婚姻取消しや親権制限の場面で検事の提訴権を規定しているが、日本では、母法国と異なり、検事は刑事事件だけにおいて活動し、民法が予定したように民事で能動的に働くことはない。その結果、親権喪失規定は、社会を代表して親権喪失を提起して子を守る役割を果たすべき検事がそれを提起しなかったため、児童虐待に有効に対応できなかった。

要するに残念ながら、まだ日本の法制度は、森鷗外の言ったように、近代への「普請中」の段階にある。その現実の認識を共有することから、話ははじまるのだろう。

家族を守り次世代を育てる体制の構築を目指して

次世代を健康に育てるために、家族に対して法が関与すべき領域は、多い。そしてその関与は、家族イデオロギーを鼓舞したり一罰百戒によって家族道徳を強制したりすることではなく、家族が安定的に生活できるように、実際に必要とされる場面で確実にまんべんなく法に基づいて社会が介入することによって、弱者を保護することである。児童虐待から子どもを守るために必要なのは、親の処罰ではなく、親の支援である。

家族内の悲惨から弱者を救出するための公的介入は急を要している。社会の安全弁を失った日本社会の変化は激しく、ゆっくり改善をしている余裕はない。公的介入を担うのは、実際には、行政権である。戦前の国家による人権侵害の歴史から、行政権による積極的介入に対しては警戒的な見解が法学界でも多かった。たしかに本来であれば、親権等の権利を行政権が介入して制限するのであるから、司法との協働が必要である。しかし、日本社会には、司法関与を必須とできる条件はない。児童虐待防止法には二〇〇四年の改正で臨検捜索制度が立法されたが、裁判所の許可を要件としたために、実際にはこの臨検捜索制度は使われていない。

しばらくは司法権に代わって行政権内部のチェックシステムを構築する等の対応で、なにより行政権による介入を励ます必要があるだろう。介入にあたっては、家族内の病理に対応できる専門家を養成する必要がある。個人情報保護法などによって萎縮しないように、ボランティアによる支援も、地域社会の再構築も、ありたけの手段を積極的に活用しなくてはならない。課題は大きいが、われわれの社会のおかれた状況を認識して、柔軟にしかし確実に一歩でも前進するしかないのであろう。

【参考文献】

飯田邦男（二〇〇五）『虐待親への接近——家裁調査官の目と技法』民事法研究会。

大村敦志（一九九八）「日本民法の展開(1)民法典の改正2）後2編」広中俊雄・星野英一編『民法典の百年I』有斐閣。

鹿野政直（一九八三）『戦前・「家」の思想』創文社。

エヴァ・フェダー・キテイ、岡野八代・牟田和恵訳（二〇一〇）『愛の労働あるいは依存とケアの正義論』白澤社。

エマニュエル・トッド、荻野文隆訳（二〇〇八）『世界の多様性』藤原書店。

友田明美（二〇一二）『いやされない傷・新版——児童虐待と傷ついていく脳』診断と治療社。

水野紀子（二〇一〇）「児童虐待への法的対応と親権制限のあり方」『季刊社会保障研究』四五巻四号、三六一頁以下。

——（二〇一一）「家族法の本来的機能の実現——男女共同参画社会へ向けて」『ジュリスト』一四二四号、四六頁以下。

——（二〇一三）「公権力による家族への介入」水野紀子編『社会法制・家族法制における国家の介入』有斐閣。

——（二〇一五）「財産管理と社会的・制度的条件」水野紀子・窪田充見編集代表『財産管理の理論と実務』日本加除出版。

渡辺浩（二〇一〇）『日本政治思想史』東京大学出版会、七〇頁以下。

Bingham, Tom (2011) *The Rule of Law*, Penguin Books.

第3章 不利な立場の人々の人権

横藤田　誠

不利な立場の人々は切実に人権を求めている。しかし、その願いが叶えられないことも多い。そこにはさまざまな要因がある。依存的であることや社会から排除されてきたことに基づく「社会関係上の弱さ」に加えて、意思決定能力が制約されていることから生ずる「主体としての弱さ」を持つ人々に、希望としての人権がなぜ十分に保障されてこなかったのだろうか。

1 希望としての「人権」

不利な立場の人々にとっての「人権」

重度障害者の自立生活運動を牽引した先駆者を描いた『こんちくしょう』（二〇〇七年）という映画の中で、重度脳性まひの六〇歳代の女性が、施設を脱走してから様々な辛苦の果てに一人で暮らし始めた頃の思いをこう語っている。「やっと借りたのは、おんぼろの、雨漏りがする町営住宅だった。徹底的貧乏生活だったけど、楽しかった、最高に。……自分でして、自分の力で、生きるっていうことが、どんなに素晴らしいことか、わかったわけ」。授業でこの映像を見せると、自立といえば〈自分が稼いだ金で暮らす〉経済的自立しか頭になかった学生たちの多くはショックを受ける。何時に起き、何を食べ、何をするかを決める……。そんな当たり前のことを重度障害者たちが奪われても衣食住を提供されることが正義だった時代に、自由・人権を武器のひとつとして社会に異議申し立てをした先駆者たち。ここには、確かに希望があった。

障害者に限らず、私たちの社会には、女性・子ども・高齢者・ホームレス・感染症患者・外国人など、法的、経済的、社会的に不利な立場に置かれている人々が存在する。このような人々の抱える問題に対して、現代国家は決して無為無策だったわけではなく、医療・福祉施策をはじめとするさまざまな配慮を法を通じて行っている。したがって、民主主義のプロセスに問題解決を期待すればよいとする考えもあるだろう。しかし、アメリカのある連邦最高裁判所判決が、「分離され孤立した少数者（discrete and insular minorities）に対する偏見が、通常なら少数者を保護することを期待できる政治過程の機能をひどく損傷する傾向がある」（United States v. Carolene Products Company. 304 U.S. 144［1938］の脚注四）場合にはより厳格な司法審査が必要とされると示唆しているように、多数決を骨格とする民主制の生み出す法が少数者に不利益や苦境を与えることは稀ではない。らい予防法の下で長年続いた強制隔離政策、精神保健福祉法による精神障害者の強制入院制度などは、その代表的な例である。多数派にとって当たり前の配慮（例えば、入院させて治療すること）が、不利な立場に置かれている人々にとって測り知れない苦痛（例えば、自分の意思に基づいた自由な生活ができないこと）をもたらすことはありうる。公権力が法令によって一定の人々に不利を強いるとき、法令を超える最高法規としての憲法によって保障される人権の存在意義が浮かび上がる。

保健医療福祉と人権

不利な立場の人々の（すべてではないが）多くに関する最も中心的な法的対応は、保健・医療・福祉であろう。私たち人間は誰もが、「健康で文化的な最低限度の生活を営む権利」、つまり生存権を保障されている（憲法二五条）。したがって、広義の福祉が生存権という憲法上の権利に根拠づけられることに異論はない。しかし、このことが「自由権的基盤を有しない無権利性と、自由権そのものを侵害しかねない一般社会からの排除ないし隔離的傾向をもたらした」（障がい者制度改革推進会議 2010 : 2）とも評されている。つまり、高齢者・障害者等はもっぱら「保護」される存在であり、「自由」の主体であるとはみなされていなかったために、保護するための隔離・排除に疑問を抱かれることがなかったのである。

一方、近年の保健医療福祉に関する法制度で注目されるのは、「自立」「自己決定」の強調である。この傾向はまず、保健・医療の分野で始まった。一九八二年の老人保健法が「国民は、自助と連帯の精神に基づき、自ら加齢に伴って生ずる心身の変化を自覚して常に健康の保持増進に努めるとともに、老人の医療に要する費用を公平に負担するものとする」（二条一項）と、（医療費の自己負担増大の要請を背景に）初めて「自助」を明示したのを皮切りに、「医療は、国民自らの健康の保持のための努力を基礎」とすると規定する医療法一条の二第二項（一九九二年改正）、そして、「医師、歯科医師、薬剤師、看護師その他の医療の担い手は、医療を提供するに当たり、適切な説明を行い、医療を受ける者の理解を得るよう努めなければならない」と定めて、努力義務としてのインフォームド・コンセントの原則を宣言した医療法一条の四第二項（一九九七年改正）へと続いた。

一方、福祉の領域では長らく、利用者はもっぱら保護される存在であった。ところが、一九九〇年代になると、福祉の目的として次第に「自立」や「社会参加」が強調されるようになった。例えば、障害者基本法（一九九三年改正）はその目的を、「障害者の自立と社会、経済、文化その他あらゆる分野の活動への参加を促進すること」（一条）とする。また、従来福祉サービスの提供は、利用者の申請の権利を認めることなく、行政の権限（福祉の措置）によって行われてきた。ところが、一九九〇年代の「社会福祉基礎構造改革」により、その構造は大きく変わり、利用者の選択を尊重する利用契約制度を機軸とするものとなった。それに伴って、サービス提供の理念として、「利用者の意向を十分に尊重」（二〇〇〇年改正の社会福祉法五条）することが明示されるようになったのである。

このような新たな潮流は、法理論の面でもあらわれている。福祉において生存権の重要性は失われることなく、社会保障制度に対する裁判による異議申し立てを事実上不可能にしている最高裁判所の判例理論に再検討を迫る試み（棟居 1995：藤井 1998：葛西 2011：尾形 2011）の意義は強調されなければならないけれども、「社会保障の目的を、単に物質的ニーズの充足による生活保障という物理的事象でとらえ切ってしまうのではなく、自律した個人の主体的な生の追求による人格的利益の実現……のための条件整備ととらえる」（菊池 2000：140）とするなど、福祉における自由・自律の重要性を強調する見解が有力になっている。その際、正義論による根拠づけとしてアマルティア・センの「潜在能力（capabilities）」論に注目する法学者も少なくない（西原 2009：尾形 2011）。福祉における自由・自律の意義を強調する見解に対しては、自立を強制し国家責任を弱化せしめるという批判もあるが（笹沼 2008：50-56）、自由・自律の重要性を改めて提起した意義は認めなければならない。

人権の普遍性？

このように自由の重要性が認識されるようになったとはいえ、不利な立場の人々の抱える問題に人権を適用しようとすると、実際上・理論上さまざまな障害がたちふさがる。人権は本来、「人であるかぎり」（固有性）、「誰でも」（普遍性）、「いかなる権力に対しても」（不可侵性）保障されるはずだ（芦部 2015：80-82）。ところが、「人は、自由、かつ権利において平等なものとして生まれ、生存する」と定めるフランスの「人および市民の権利宣言」（一七八九年）のもとで、女性、財産を持たない男性、ユダヤ人、有色人種、植民地の奴隷等は権利主体とは認められていなかった（辻村・金城 1992：32-34）。ナポレオンは「文明というものを持たず、植民地の何たるか、フランスの何たるかを知らぬアフリカ人に、どうして自由を与えることができようか」と述べて、人権宣言にいう「人」「市民」に黒人は含まれないと断じた（西川 1999：151）。つまり、人権理念が法概念となった当初から、事実上人権主体から除外される人々がいたということだ。その後、人権保障の機運が世界に広がり、それに希望を見出して自らの苦境を人権侵害と捉えて問題提起する人々が増えていった。一九六〇年代以降、黒人、女性、障害者等が直面する問題の改善に人権が果たした役割は極めて大きかった。それでも、現在もなお苦難の生を強いられている人々が多数存在する。人権がすべての人々を幸福にする魔法の杖でないことはいうまでもないが、人権にかけた希望が十分に叶えられなかったのはなぜだろうか。

なお、「不利な立場の人々の人権」というとき、ひとつ確認しておかなければならないことがある。例えば「女性の人権」というとき、①人間に固有の普遍的な権利（狭義の人権）を意味する「女性がもつ人権」、②参政権・社会権等を含む広義の人権概念である「女性がもつ権利」、③堕胎の自由等の女性固有の（男性にはない）権利を意味する「女性に固有の権利」に分けることができる（辻村 1997：9-10）。人権が「人であれば誰でも」享有しうる権利であるとするならば、③女性のみ（障害者のみ、子どものみ）が持つ権利を人権と呼ぶべきではないだろう。①、②いずれの意味に捉えるかは、人権概念を拡張的に捉えるか限定的に捉えるかという論争（渡辺 1997：74-85）ともからみ、理論上重要な問題であるが、本章では主として①の意味で用いる。表現の自由や自己決定権等、不利な立場の人々が人間として当然に持つ基本的な人権で、しかも不利な立場にあるが故に侵害されやすい人権の保障に焦点を当てたい。

2　不利な立場の人々にとっての人権・自由の諸相

「不利な立場の人々」とは？

社会学者のアンソニー・ギデンズは、「マイノリティ」の特徴として、①不利益の現存、②共属感情の共有、③社会からの物理的・社会的な孤立性の三点を挙げている（ギデンズ 2009：499)。障害者、感染症患者等はこれら三点すべてを備えているように思えるが、女性や高齢者はすべてに該当するとはいえないかもしれない。

これらの人に共通するのは、ある種の「弱さ」を抱えていることではないだろうか。人の「弱さ」には、他者や社会との不可避的な関わり合いを要する「存在としての弱さ」と、意思や人生理想を一貫して維持することが難しい「意思の弱さ」の二つがあるという見方がある（奥田 2006：333)。これを「社会関係上の弱さ」と「主体としての弱さ」と見ることもできよう。

不利な立場の人々は、自らの生を全うするために他者や社会との緊密な関わり合い（場合によっては依存）を必要とするという意味で、「社会関係上の弱さ」を持つ。もちろん、人は誰も一人では生きていけないという意味ではすべての人がそうだということになろうが、ある程度独力で生きることができ、必要に応じて他者・社会との関係性を作ることが可能な多くの人と、それが困難な人とは区別して考えることができる。困難の背景としては、子ども・高齢者・障害者・感染症患者等のように、監護・福祉・医療を要することが多いという意味でより依存的な生を強いられる場合（「依存型」と呼ぼう）と、女性・外国人・ホームレス等のように、本来は依存的であるわけではないが、必要に応じて他者・社会との関係を築くことから（さまざまな理由により）排除されている場合（「排除型」と呼ぼう）とがあるように思われる。また、不利な立場の人々のすべてではないが、子ども・高齢者・障害者の中には意思決定能力が十分でない人々がいる。このような「主体としての弱さ」を持つ人々の人権主張には、後述のように一層の困難がある。

権利実現のためには闘争が必要だといわれる（イェーリング 1982)。これらの人々は、「権利のための闘争」をすることが困難なことが少なくない。「不利な立場の人々の人権」を語る所以である。

人権理念が措定する人間像

不利な立場の人々になぜ十分に人権が保障されないのだろうか。そこには、近代人権理念が前提とする人間像が関わっていた。近代法が前提としていたのは「合理的に行為する完全な個人」であった（佐藤 1988：10)。つまり「強い個人」である。当時の社会意識からすれば、このような人間像から黒人、女性、子ども、障害者等の「弱い個人」が除外されたのも不思議ではない。その後、一九世紀後半から二〇世紀にかけて人権論におけるパラダイム・シフトが生じ、「具体的な弱い人間」像を前提とした権利論が主流となった。労働権・社会権の登場である。日本国憲法の人権条項はこうした時代の産物といえる。しかしその後、このパラダイム・シフトで注目された具体的人間像は結局「集合人」（労働者等）と捉えられ、まだまだ抽象化されたものであることに気づかれ、より具体的に人間を捉えようと「苦しみや挫折感をもつ弱き人間」に法の関心が及んできた。その表れが、日本では一九八〇年代以降に顕在化してきた自己決定権・自律権の強調である（佐藤 1983：313)。

近年の憲法学では、人権の主体たりうる人として、「理性を備えた各個人」（奥平 1993：24)、「自己決定をし、その結果に耐えることのできる自律的個人」（樋口 1996：72）であることが強調される傾向にある。これは、人権の主体を「強い個人」に限定することによって人権主張に「パンチ力」を持たせ、人権を「切り札として」用いようとする方向と結びついているもので、正当な問題意識によるものである。また、狭義の「人権」主体性を認めないからといって一切権利を認めないわけではなく、憲法が保障する権利は適用される。

しかしそれでも、この「強い個人」像が、不利な立場の人々による表現の自由や自己決定権といった狭義の人権の主張を真剣に受け止めることを難しくしている面があることは否定できない（笹沼 2008：47-49）。そもそも人は「強い個人」たりうるのだろうか。「強い個人」論者も、権利を主張する必要に迫られるのは「弱者」であることを知っている。にもかかわらず（あるいは、だからこそ）「弱者が弱者のままでは、それによって担われる『権利』は、恩恵的、慈恵的な性格にとどまる」から、「『権利のための闘争』を担おうとする弱者、その意味で、『強者であろうとする弱者』、という擬制のうえにはじめて、『人』権主体は成り立つ」と考えるのである（樋口 2007：68-69）。この見解が強い個人（強くなろうとする個人）を「擬制」と捉えていることに注目したい。この「擬制」が人権主張を真剣に受け止めるために有効であることはわかる。しかし、あえて「強さ」を前面に出すことで失われるものはないだろうか。

以下、不利な立場の人々の類型ごとに、なぜ人権にかけた希望が叶えられなかったのか検討していこう。

外国人の人権

外国人はかつて人権享有主体性自体を否定されていた（佐々木 1952：470）。しかし、「人であるかぎり誰でも当然享有する」という人権の特質からすれば、人権保障が「わが国に在留する外国人に対しても等しく及ぶものと解すべき」（最高裁判所大法廷判決、一九七八年一〇月四日、民集三二巻七号一二二三頁）と考えられるようになったのは当然である。ただし、憲法が定める権利すべてが保障されるわけではなく、「権利の性質上日本国民のみをその対象としていると解されるものを除き」とする権利性質説が通説・判例となっている。性質上外国人に適用されないと一般に考えられているのは選挙権・社会権・入国の自由であるが、社会権の場合、外国人に保障を及ぼすことに原理的な問題はなく、外国人のうち定住者については日本国民と同じ扱いをすることが憲法の趣旨に合致するとされている（芦部 2015：94）。いずれにしても、本来的な人権である自由権を制約することには慎重でなければならない。

ホームレスの人権

外国人以外の人々は人権享有主体性自体を否定されることはなかった。しかし、ホームレスの場合、市の保健担当者が「ホームレスに人権はあるのですか」と尋ねるように（平川 2005：227）、人権主体から排除されるかのように扱われている。公園に住んでいるホームレスのテントを撤去する際、市議会議員が「シェルターに強制的に入れるということは私は何も人権侵害につながらないと思うのですよ。むしろ、いいところへ入れてあげるのだから、しかも食事をつけてあげるのだから」（藤井・田巻 2003：305）と語ったことがある。ここでは、「ホームレスに人権がない」とは言わないけれども、ホームレスが持っている権利を重く捉えないことに多くの人が疑問を持たない現状を露にしている。ホームレスは、「主体としての弱さ」を持たないにもかかわらず、排除型の「社会関係上の弱さ」が極めて強固であるために、本来受けられるはずの人権享有の機会を奪われるという意味で「権利を持つ権利」を奪われているのである（遠藤 2007：107；笹沼 2014：19-27）。

女性の人権

女性は長い間、歴史的・社会的・文化的その他の理由で自由が制約されてきた。女性は本来「意思の弱さ」を持つわけではないから、問題となるのは「存在としての弱さ」だ。後述の子ども等と異なり、女性は本来依存的であるわけではない。それにもかかわらず、財産を持たない男性や有色人種等の少数者の多くが少なくとも法制上は権利の平等を保障されるようになった後も、女性は権利を制限され続けてきた。その理由についてはさまざまな見方ができようが、女性は差別の多重構造のもとに置かれてきたという見解が注目される

（辻村・金城 1992：48-50）。身分制社会を打ち破った近代市民革命は、身分差別から個人を解放したとはいえ、資本制社会のもとで女性労働者を抑圧する「階級差別」、市民社会の構成員としての公民権を拒絶する「公民権差別」、そして近代社会のもとで再編成された家父長制社会のもとでの「性差別」という「三重の差別」を受け続けてきたというのである。しかし、女性が持つとされてきた「弱さ」は「主体としての弱さ」ではなく、このような「社会関係上の弱さ」であり、社会的要因で権利が奪われてきたことが明らかになるにつれ、状況は次第に改善してきた。

子ども・高齢者・障害者・感染症患者の人権

これに対して、子ども・認知症高齢者・障害者・感染症患者等は、監護・福祉・医療を必要とする点でより依存的であり、依存型の「社会関係上の弱さ」がより際立つことを否定できない。精神障害者の強制入院制度や感染症患者の隔離が身体的自由等の制約であるにもかかわらず、長く正当化されてきた理由はここにある。ハンセン病患者は、意思決定能力を持ちながら、すなわち「主体としての弱さ」とは無関係に長年隔離を強いられてきた。自由剥奪の必要性・正当性がそれほど高度であると見なされてきたともいえる。しかし、熊本地方裁判所は二〇〇一年、強制隔離が居住・移転の自由のみならず憲法一三条に基づく人格権そのものを制限してきたことを認め、一九六〇年以降隔離の必要性は失われていたと断じた（二〇〇一年五月一一日判決、判例時報一七四八号三〇頁）。当然の判断であるけれども、これほど長い間人権侵害が放置されてきたという事実は、「社会関係上の弱さ」と誤った社会意識がいかに人権制約を永続化させるものかを悲劇的に示している。

子ども・高齢者・障害者の場合、依存的であることに基づく「社会関係上の弱さ」に加えて、意思決定能力が十分でないことから生ずる「主体としての弱さ」を持つ人々が存在するという意味で、人権保障上の障壁について、それ以外の人々の場合とは異なる考察を必要とする。

意思決定能力が十分でない人々の「自由」

精神的自由、職業選択の自由、自己決定権等の自由権は、一定の行為をするか否かの選択が自由になされることを目的とする。憲法学者のジョン・ガーヴェイによれば、そのような自由権は社会的・個人的に深刻な害をもたらすことのない理性的な決定を権利行使者がなしうることが前提とされている（Garvey 1981）。非理性的な選択によって予測しえない社会的・個人的コストが生じうるという実際的な要因、そして、選択をすること自体に価値のある自由を選択できない者に与えることは無意味だという理論的要因が背景にある。

しかし、ガーヴェイはそれでも、意思決定能力が限られている人々に自由権を保障することは可能であると考えている。第一に、人間の尊厳という理念からは、子どもや知的障害者等に対しても完全な意思決定能力を持つ人々と同じく配慮と尊重が与えられなければならないから、自由が保障される人の範囲を可能な限り拡大すべきだという。したがって、成熟した判断能力を持つ子どもには大人と同等の自由を保障すべきであるし、精神障害者すべてが治療の必要性に関する判断ができないわけではないから、治療を強制するには精神疾患以外の特定の要件を要する。第二に、自由を行使する能力を身につけるためには自由を行使する経験が必要とされる。したがって、例えば表現の自由を適正に行使できる成熟した大人になるためには（一定の制約は許されるとしても）子どもに表現の自由を認めるべきであるし、病院内の精神障害者に通信の自由を保障することは障害者の社会復帰に大いに役立つ。第三に、本人の選択に任せることができない場合でも、ただちに政府の介入が認められるわけではなく、まずは本人と密接な関係のある代理人（例えば子どもに対する親）の判断に委ねられることがある。

意思決定能力が十分でない人々が自由権を行使するには大きな困難が横たわる。しかし、はじめから自由行使の可能性を排除することは、人権の概念から見て正しい態度ではない。一方で、「強い個人」という擬制に全面的に基づいて、意思決定能力の程度を無視して事に臨むことも適当とは思えない。本章では、以下、「社会関係上の弱さ」と「主体としての弱さ」を併せ持つとされ、自由制約が当然視されてきた存在である精神障害者をめぐる「自由」と「保護（治療・健康）」の相剋に着目していきたい。

3　「自由」の制約と「保護」
——精神障害者の治療強制をめぐって

精神障害者をめぐる人権状況

近年にいたるまで人権が事実上・理論上保障されていなかった代表格が精神障害者であろう。精神障害者が人権を享有しないという者はいないが、精神科医療において長年人権が抑圧されてきたことは疑いのない事実であった。

日本最初の精神科医療関連法規である一九〇〇（明治三三）年の精神病者監護法は、いわゆる座敷牢に患者を閉じ込める「私宅監置」を合法化した。日本精神医学の開拓者・呉秀三をして「我邦十何万ノ精神病者ハ実ニ此病ヲ受ケタルノ不幸ノ外ニ、此邦ニ生レタルノ不幸ヲ重ヌルモノト云フベシ」（呉・樫田 1918）と言わしめる惨状が長年続いたのである（橋本 2011：金川 2012）。基本的人権の保障を基本原則の一つとする日本国憲法制定を受けて、一九五〇年の精神衛生法は私宅監置を廃止し、都道府県の精神病院設置義務と入院制度を定めたが、この法律では、精神科の患者が自らの意思で治療を受けることは想定されておらず、すべての入院患者が非任意（強制）入院であった。場所が座敷牢から病院に移ったのみで、精神障害者の自由が剥奪される状況にさほど変化はなかったともいえる。多くの患者が閉鎖病棟に収容され、電話・手紙・面会も制限され、「電パチ」と患者に恐れられた電気けいれん療法や人格を変容させるロボトミー手術が、患者本人の同意なしに行われることも稀ではなかった（立岩 2013）。そうしたなかで、一九八四年、患者が看護者のリンチで死亡するという信じがたい事件が発覚した（宇都宮病院事件）。国際的にも衝撃を与えたこの事件は、患者の権利をほとんど顧みない日本の精神科医療制度の問題性を白日のもとにさらすことになり、法改革の機運をようやく高めた。一九八七年改正（「精神保健法」に名称変更）、一九九五年改正（「精神保健及び精神障害者福祉に関する法律」に名称変更。以下、「精神保健福祉法」）等の数次の改正は、このような背景のもとで、患者の権利にも配慮した精神科医療制度を打ち立てるものとなったのである。

精神障害者の強制入院制度

現在、精神保健福祉法のもとで、患者本人の意思によらない代表的な入院形態として、措置入院と医療保護入院がある。措置入院は、「精神障害のために自身を傷つけ又は他人に害を及ぼすおそれがある」精神障害者を都道府県知事の権限で入院させる制度（同二九条一項）、医療保護入院は、「医療及び保護のため入院の必要がある者」であって、「任意入院が行なわれる状態にないと判定された」精神障害者を、精神科病院の管理者が家族等の同意を得て入院させるもの（同三三条一項）である。

これらに加えて、二〇〇三年制定の「心神喪失等の状態で重大な他害行為を行った者の医療及び観察等に関する法律」（心神喪失者等医療観察法）は、精神障害により心神喪失または心神耗弱の状態で重大な他害行為（殺人・放火・強盗・強姦・強制わいせつ・傷害）を行った者に対して、精神障害を改善するために、地方裁判所に置かれる裁判官と医師（精神保健審判員）の合議体の決定により、強制入院・強制通院という形で医療を受けさせて、社会復帰を促進することを目的としている。

このような強制治療システムは、憲法が保障する身体の自由（憲法一三条・一八条・三一条）、居住・移転の自由（同二二条）、自己決定権（同一三条）等を制約するものであるのは明らかであるにもかかわらず、長らくその正当性に疑いが持たれることすらなかった。これには複合的な要因があろうが、「主体としての弱さ」を持つ精神障害者は自ら声をあげることがあまりなく、また、治療を要し（依存型）、精神障害に対する強い偏見にさらされる（排除型）という二重の意味で「社会関係上の弱さ」が際立つために、一層不利な立場に置かれてきたといえる。治療のためであれば自由を制約することが本当に正当化できるのか。この点が問われ始めたのは比較的最近のことである。

精神障害者の強制治療——自由と健康の相剋

さて、強制治療システムの正当化根拠をめぐる議論の背景には、自由と健康という二つの価値の相剋が横たわる。アメリカにおいて、一九七〇年代を中心にした革命的な精神医療改革の中で重大な訴訟に関わった弁護士がこう語っている。「自由の本質的前提とは、人が自ら欲することを、自己に害あることを含めて、他人を害しない限りにおいて、なし得るということである。……何故人は自分の生命に関して自己の欲するままにできるのに、誰かが彼を精神病といった瞬間からその自由を奪われるのか？」と（エニス 1974）。これに対して、マサチューセッツ州精神保健センターの精神科医が、「医の論理」を印象的な言葉で語ったことがある。「精神疾患はそれ自体最も甚だしい強制的マインド・コントロールであり、最も激しい『人間の完全性への侵入』である。医師は患者を病気の鎖から解放しようとするのに対して、裁判官は治療の鎖から解放しようとする。この道は、患者にとっては『権利のうえに朽ち果てる』ことにほかならない」と。この一節を含む論文の題名は「真の自由の追求」であった（Gutheil 1980）。

ここで問われているのは、〈自由とは何か〉ということである。後者の精神科医がいう自由は法的意味の自由ではないと一応いえよう。では、これを無視して純粋に法的意味の自由を追求すれば問題は解決するのか。医師が重視する利益を「健康」「福祉」「真の自由」などのような言葉で呼ぼうと、この視点を無視しえないところに問題の複雑さがある。自由とそれに対立する価値のいずれが重視されるのか。強制治療システムの法的評価は、この点をめぐって紛糾するのである。

自由制約の根拠（1）他害の防止

人が意思に反する治療を強制されるのはどういう場合だろうか。強力な根拠としてまず思いつくのは、都道府県知事による感染症予防のための入院措置（感染症の予防及び感染症の患者に対する医療に関する法律一九条二項）のような「他害の防止」であろう。従来、措置入院は、感染症予防のための隔離と同列に扱われて合憲と解されるのが常であった。「自由を制限しないときに生ずる害悪の発生の蓋然性が高く、緊急性と必要性を認めるに足りる」から居住・移転の自由を保障する憲法二二条に違反しない（中村 1981：9-10）、あるいは、「明確に本人の権利・利益のためのものであり、かつ手段と程度が目的に相当であれば」意に反する苦役（憲法一八条）にあたらないとされた（杉原 1981：267）。前者はもっぱら精神障害者の危険性に焦点をあてて、自由制約を正当化する。後者は「本人の権利・利益のため」という理由も挙げるが、手段・程度の相当性の判断の前提に危険性が重視されていることが推測される。

しかし、精神障害者の「自傷他害のおそれ」は、感染症拡大のおそれと同等の正当化理由といえるだろうか。精神障害者は危険であるという観念が強制治療システムを支える大きな柱であることは現在でも変わりないが、そもそも精神障害者が一般に自他に危険であるとする根拠は存在せず、むしろ全体としては犯罪を起こす確率は低いことが統計上明らかである。行政解釈（昭和六三年厚生省告示一二五号）は、「自傷」を自殺企図等、自己の生命・身体を害する行為、「他害」を殺人・傷害・暴行・性的問題行動・侮辱・器物損壊・強盗・恐喝・窃盗・詐欺・放火・弄火等、他人の生命・身体・貞操・名誉・財産等または社会的法益等を害する行為としているが、この基準は広きにすぎないだろうか。

　アメリカにおいては、一九六〇年代後半以降、強制入院制度が身体的自由を侵害せず合憲であるというためには「危険」要件を前面に押し立てるほかないとの認識が一般的になった（横藤田 2004：106–108）。そして、「危険」の内実が問われるようになり、社会防衛の目的に真に適する者に強制入院の対象を厳しく限定する方策が追求された。まず予測される危害が重大でなければならない（要件の緻密化）。そこで、財産への危険を除外し、「人の身体への重大な危害」に限る傾向が生まれる。次に危害発生の確率が極めて高いことが求められる。ある判決は「自他に直ちに危害を及ぼす顕著な可能性」が必要だとしている（Lessard v. Schmidt, 349 F. Supp. 1078 (E.D.Wis. 1972)）。それでは、危険要件をこのように限定すれば合憲といえるのだろうか。公共の安全確保という観点からすれば、精神障害者であると否とに関わりなくすべての危険な者を収容することが最も適切ということになる。しかし、「自由と自律の価値を重く見る社会において、予防拘禁はたとえ人間らしいなど価値ある目的のためでさえ一般的には正当化されない」（Morse 1978：630）。

　「危険」要件の主流化は、問題を解決するどころか、さらに大きな議論を巻き起こすことになった。「危険」要件に合致しない精神障害者の中には、入院しなくても自分や他人を傷つけることはなく、また生命、健康に直ちに重大な危機が訪れるわけではないものの、受診を勧められても拒否し、家族に多大な経済的・精神的負担をかけるとともに、自らも社会的に深く傷つく人々がいる。このような人々によって提起される問題を社会がどう評価するかによって、法の態度も変わらざるを得ない。都市の片隅でホームレスとなっているかつての入院患者を目の当たりにした社会は、法改革の正しさに自信を失い、新たな道を模索しはじめる。

　現在でも「危険」要件が優勢であることは間違いないが、「重度障害」や「自身への危険」の定義を拡張するという形で、病状の深刻な悪化が懸念される場合に入院を可能にする改正が少なからぬ州でなされている。

自由制約の根拠（2）医療・保護の必要性

　強制入院のもう一つの根拠として、パターナリズムに基づいて、自ら受診しない患者本人の「医療・保護の必要性」を理由に治療を強制する場合がある。その典型例が医療保護入院である。医療保護入院（当時は同意入院）が憲法に違反するとの主張に対して、東京地方裁判所は違憲の主張を退けた（一九九〇年一一月一九日、判例時報一三九六号九五頁）。この判断は、「他の疾病と異なり、精神障害においては、本人に病気であることの認識がないなどのため、入院の必要性について本人が適切な判断をすることができず、自己の利益を守ることができない場合がある」という認識に支えられていた。たしかに、そのような患者もいるだろうが、一般に精神障害者が医療に関する判断能力を欠くということはできない。自由を享有する者を最大限にすべきというガーヴェイの議論からすれば、医療の強制が正当化されるのは判断能力を欠く者に限定すべきということになる。

　しかし、治療を提供することによって自由の制約が正当化されるという考えは、実は相当に根強い。精神障害者のみの「予防拘禁」が許されるかという議論でも、強制入院後に提供される治療は精神障害者に利益になるという点があげられている。すなわち、強制入院制度を合憲としうるのは「危険」よりもむしろ「治療」なのである。前述のアメリカの入院要件の拡大にもそれがいえるし、心神喪失者等医療観察法による強制治療も「再犯の危険防止」ではなく「社会復帰」が目的であるとされている。

日本の有力な学説は、危険性予測の困難性等を理由に危険防止のための強制入院は根拠薄弱であるとし、強制入院を医療保護目的に限定すべきとする（大谷 2010）。この場合、「他害」を要件とする措置入院についても、犯罪防止自体が保護の一種であるから、社会の安全保持は保護のための強制入院の反射的利益にすぎないとして、これもパターナリズムに立脚すると捉える。この考えの背景には、憲法二五条を根拠に、「社会的適応能力を十分に有しない精神障害者に対しては、その健康権を保障し福祉を図る見地から、一定の強制権限に基づき医療を加えることは必要であると解すべき」という認識がある。

しかし、健康権・治療を受ける権利を憲法二五条に基礎づけうるとしても、基本的人権の核心は自由権にあること、および社会権もまた請求権であることを踏まえると、身体的自由を制限する合憲的根拠として健康権等を援用することはできないのではないか。そもそも治療を受ける権利は、アメリカにおいて、強制治療を根拠づけるものではなく、強制入院の運用を規制し治療環境の改善を公権力に強いる役割を果たしてきた（横藤田 2002：72）。たしかに健康・治療の利益は非常に魅力的な根拠である。しかし、医療保護入院が親族間の争いに利用されて悲劇的な自由剥奪を招いた事例は、現代においても存在する（横藤田 2014：210–211）。自由の重要性を思えば、治療の利益は身体的自由の内在的制約を判断する際の一つの要素として位置づけられるべきであろう。

障害者権利条約と強制入院制度

二〇一四年に日本も批准した障害者権利条約は、強制入院制度のあり方にもう一つの光を当てている。同条約は、「身体の自由及び安全についての権利を享有する」（一四条一項（a））、「いかなる場合においても自由の剥奪が障害の存在によって正当化されない」（一四条一項（b））、「障害者が、他の者との平等を基礎として、居住地を選択し、及びどこで誰と生活する機会を有すること並びに特定の生活施設で生活する義務を負わないこと」（一九条（a））、「地域社会における生活及び地域社会への包容を支援し、並びに地域社会からの孤立及び隔離を防止するために必要な……地域社会支援サービス……を障害者が利用する機会を有すること」（一九条（b））と定めている。これらの規定は強制入院制度を完全に否定したものではないが、従来の憲法によるもの以上の制約を強制入院制度に及ぼすものである。ある論者によれば、強制入院が正当化されるためには、①客観的に必要不可欠な入院について自己決定支援を尽くしても判断能力が阻害されていること、②傷病が重篤で入院しなければ自己決定・自律性が永続的または長期的に不可能になること、③自己決定・自律性の回復のための治療が入院による方法でしか行えないこと、④地域生活を保障し入院を回避するためのあらゆる合理的配慮が尽くされていること、その他の要件が必要であるとされる（池原 2011：115–130）。

自由・自律は重要だが……

精神科医療に関する法を規定する最重要な要素は「自由」の位置づけである。一般論としては、自由の重要性を誰もが受け容れるだろう。しかし、「治療を拒否することで経験できるかもしれないどんな利益も、治療されない精神疾患が引き起こす計り知れない苦痛を正当化するに十分なものではないだろう」（Klein 2008：391）という指摘は無視できない。治療の強制をめぐる議論において、自由の尊重を徹底させればすべてうまくいくわけではないのはいうまでもない。自由の価値のみを主張して治療の利益を無視する態度や、専ら治療提供の善なる所以を説き、患者の自由を不当に軽視する立場が妥当とは思われない。そのような両極端の立場を排して、両者の折り合いをつけるほかないであろう。

4　不利な立場の人々の視線から見えるもの

下肢障害者である私は、一〇年におよぶ施設生活を経て入った普通高校のクラスで理不尽な劣等感に苦しんでいた。政治経済の授業で憲法の「基本的人権」に触れたとき、世界が少し変わって見えたような気がした。人は生まれながらに不可侵の権利を有する、個人は尊厳である。それは私にとって、苦痛に満ちた現実を超える、等身大ではない「世界」との出会いだった。大げさに言えば、希望と未来を手に入れた思いがした。

不利な立場の人々に人権が保障されるのは当然である。この当たり前のことが長年軽視されてきたことの問題性はいくら強調してもしすぎることはない。この点で、不利な立場の人々が人権に寄せる視線を踏まえて、学者・実務家双方が共有しているとされる「人権は、理論的には正しいけど、実践には役に立たない」という命題を乗りこえる理論的・実践的な対応が求められる（遠藤 2011：12）。もちろん、人権は特効薬ではない。あらゆる社会問題に対して人権が快刀乱麻を断つ力を持つわけではないことは、精神障害者の自由制限をめぐる法的議論からもうかがえる。

ある論者が憲法学におけるフェミニズムの意義についてこう述べたことがある。

> フェミニズムが今日の日本国憲法において意味のある存在として積極的に自己主張するためには、必ずしも可能ではない『強い個人』を前提とする憲法構造を思考するばかりではなく、周辺化された、最も不利な立場にある者からの視点を意識させる提言を組み込んでいくことが必要だと思われる。もちろん、そのような視点を、社会における弱者とは程遠いように思われる法学者たちが見いだし、あるいは、援用するようになるのはなかなかむずかしいのかもしれない」（紙谷 1996：88）。

本章の議論が、真に「不利な立場の人々の視点」に立ったものか、正直に言えば私には自信がない。それでも、自らの立ち位置を批判的に振り返りつつも、不利な立場の人々の人権を前進させるためになしうることをなしていくほかないと考えている。

【参考文献】


芦部信喜（二〇一五）（高橋和之補訂）『憲法　第六版』岩波書店。

ルドルフ・フォン・イェーリング、村上淳一訳（一九八二）『権利のための闘争』岩波書店、（原著一八七二年）。

池原毅和（二〇一一）『精神障害法』三省堂。

ブルース・エニス、寺嶋正吾・石井毅訳（一九七四）『精神医学の囚われ人「精神病」法廷闘争の記録』新泉社。

遠藤比呂通（二〇〇七）『市民と憲法訴訟』信山社。

――（二〇一一）『人権という幻　対話と尊厳の憲法学』勁草書房。

大谷實（二〇一〇）『新版　精神保健福祉法講義』成文堂。

尾形健（二〇一一）『福祉国家と憲法構造』有斐閣、第三章・第四章。

奥田純一郎（二〇〇六）「死の公共性と自己決定権の限界」井上達夫編『公共性の法哲学』ナカニシヤ出版。

奥平康弘（一九九三）『憲法Ⅲ』有斐閣。

葛西まゆこ（二〇一一）『生存権の規範的意義』成文堂。

金川英雄（二〇一二）『日本の精神医療史　明治から昭和初期まで』青弓社。

紙谷雅子（一九九六）「日本国憲法とフェミニズム」『ジュリスト』一〇八九号。

菊池馨実（二〇〇〇）『社会保障の法理念』有斐閣。

アンソニー・ギデンズ、松尾精文他訳（二〇〇九）『社会学　第五版』而立書房。

呉秀三・樫田五郎（一九一八）「精神病者私宅監置ノ実況及ビ其統計的観察」『東京医学会雑誌』三二巻一三号、七四頁（岡田靖雄・小峯和茂・橋本明編（二〇一一）『精神障害者問題資料集成　戦前編　第四巻』六花出版、一六一頁）。

佐々木惣一（一九五二）『改訂日本国憲法』有斐閣。

笹沼弘志（二〇〇八）『ホームレスと自立／排除』大月

書店。

――――（二〇一四）『臨床憲法学』日本評論社。

佐藤幸治（一九八三）「法における新しい人間像」岩波講座『基本法学一――人』岩波書店、三二三頁。

――――（一九八八）「日本国憲法と『自己決定権』」法学教室九八号、一〇頁。

障がい者制度改革推進会議「障害者制度改革の推進のための基本的な方向（第一次意見）」（二〇一〇年六月七日）（内閣府ホームページ）（http://www8.cao.go.jp/shougai/suishin/kaikaku/pdf/iken1-1.pdf）

杉原泰雄（一九八一）「刑罰権の実体的限界」芦部信喜編『憲法Ⅲ人権⑵』有斐閣。

立岩真也（二〇一三）『造反有理　精神医療現代史へ』青土社。

辻村みよ子（一九九七）『女性と人権』日本評論社。

辻村みよ子・金城清子（一九九二）『女性の権利の歴史』岩波書店。

中村睦男（一九八一）「居住・移転の自由」芦部信喜編『憲法Ⅲ人権⑵』有斐閣。

西川長夫（一九九九）『フランスの解体？　もうひとつの国民国家論』人文書院。

西原博史（二〇〇九）『自律と保護』成文堂、第四章。

橋本明（二〇一一）『精神病者と私宅監置』六花出版。

樋口陽一（一九九六）『転換期の憲法？』敬文堂。

――――（二〇〇七）『国法学 人権原論〔補訂〕』有斐閣。

平川茂（二〇〇五）「異質な他者とのかかわり」井上俊・船津衛編『自己と他者の社会学』有斐閣。

藤井克彦・田巻松雄（二〇〇三）『偏見から共生へ』風媒社。

藤井樹也（一九九八）『「権利」の発想転換』成文堂、第五章。

棟居快行（一九九五）「生存権の具体的権利性」長谷部恭男編『リーディングズ現代の憲法』日本評論社。

横藤田誠（二〇〇二）『法廷のなかの精神疾患――アメリカの経験』日本評論社。

――――（二〇〇四）「強制治療システムとその正当化根拠――アメリカの憲法判例を中心に」町野朔編『精神医療と心神喪失者等医療観察法（ジュリスト増刊）』有斐閣。

――――（二〇一四）「医療保護入院の要件」甲斐克則・手嶋豊編『医事法判例百選　第二版』有斐閣。

渡辺康行（一九九七）「人権理論の変容」岩波講座『現代の法1　現代国家と法』岩波書店。

Garvey, John H. (1981) *Freedom and Choice in Constitutional Law*, 94 Harvard Law Review 1756.

Gutheil, Thomas (1980) *In Search of True Freedom: Drug Refusal, Involuntary Medication, and "Rotting with Your Rights On,"* 137 American Journal of Psychiatry 327.

Klein, Dora (2008) *Autonomy and Acute Psychosis: When Choices Collide*, 15 Virginia Journal of Social Policy and the Law 355.

Morse, Stephen (1978) *Crazy Behavior, Morals, and Science: An Analysis of Mental Health Law*, 51 Southern California Law Review 527.

第4章 住所・住民登録・居住

長谷川貴陽史

本章では、ホームレスが住所や住民登録を確保すること、安定した居住環境を獲得することの意義について扱う。住所や住民登録は、人を同定し、法関係・社会関係を取り結ぶ客体として扱う基礎となる。住所や住民登録を奪うことは行政サービスを受ける機会や基本的人権を否定することにもつながる。このことを踏まえた上で、安定した居住環境を確保することの意義についても触れる。

1 住所及び住民登録の意義
——法制度の概要

ここでは後述するホームレスの住所の剥奪の事例の理解に必要なかぎりで、法制度における住所・住民登録の意義を瞥見する。

住　所

わが国の民法二二条は「各人の生活の本拠をその者の住所とする」と規定する。ローマ法に遡れば、origo（出生）と domicilium（住所）という二つの概念を見出しうる（Savigny 2010〔1849〕）。前者は市民権の行使（政治的空間）に関わり、後者は生活や居住（私的空間）に関わる。しかし、今日では origo の重要性は消失し、domicilium が生活の本拠＝住所の概念として残存した（川島 1944 をも参照）。日本民法二二条は直接的にはフランス民法典一〇二条（「全てのフランス人の住所は、その私権の行使に関しては、生活の本拠を有する地にある Le domicile de tout Français, quant à l'exercice de ses droits civils, est au lieu où il a son principal établissement.」）に由来する（原田 1954：13）。住所は債務履行の場所を定める標準となり（民法四八四条）、相続の開始地（同法八八三条）、裁判管轄の標準ともなる（民事訴訟法三条の二）。

民法上の住所は「生活の本拠」である以上、届出を要しない（「実質主義」）。実務上は、住所は

「客観的居住の事実を基礎とし、これに当該居住者の主観的居住意思を総合して決定」される（住民基本台帳事務処理要領第一の三）。すなわち、人が建築物・工作物に居住することや当該土地に占有権原を有することは、民法上の住所をもつために必要ではない。ある場所が「生活の本拠」であるか否かは、客観的に居住の事実があるかどうかで（それに居住意思を加味して）判断される。行政実例では、寄宿舎、合宿研修所、刑務所、児童福祉施設、精神病院を住所としたものがある（昭和四三年三月二六日自治振四一号通知問二・問三、昭和四六年三月三一日自治振一二八号通知問一・問八、昭和五〇年一〇月二日山口県地方課あて電話回答）。

住民登録

住民登録とは、住民の氏名や住所等を住民票に記載することをいう。住民票の記載は「地方公共団体が地方公共団体組織の構成員として人に「住民たる地位」（地方自治法一三条の二）を承認する意味を持つ」（山本 2012：54）。

この住民登録制度は、明治期に整備された「寄留簿」にその起源をもつ（中川 1941）。明治政府は戸籍によって血縁に基づき、また寄留簿によって住所地に基づき、人民を二重に掌握した（一八七一年に戸籍法において寄留制度が規定され、一九一四年に「寄留法」が制定された）。寄留法は戦後、「住民登録法」（一九五一年）に受け継がれ、一九六七年に「住民基本台帳法」へと継受される。

住民基本台帳法四条は「住民の住所に関する法令の規定は、地方自治法……第一〇条第一項に規定する住民の住所と異なる意義の住所を定めるものと解釈してはならない」と規定し、地方自治法一〇条一項は「市町村の区域内に住所を有する者は、当該市町村及びこれを包括する都道府県の住民とする」と規定する。そして、この地方自治法一〇条一項にいう住所は、民法二二条の住所（すなわち生活の本拠）と同一であると解されてきた。

問題は、住所及び住民登録が様々な行政法令と連動していることである。たとえば、選挙人名簿に登録されるためには、特定の市町村の区域内に住所を有し、かつ住民登録日から引き続き三ケ月以上登録市町村等の住民基本台帳に記録されていなければならない（公職選挙法二一条一項）。住所や住民登録は、国民健康保険や介護保険、国民年金の被保険者資格の取得・喪失（国民健康保険法五条、介護保険法九条、国民年金法一二条一項、同三項）、旅券の申請（旅券法三条三項、同施行規則二条一項）、自動車免許の申請（道路交通法八九条、同施行規則一七条二項一号）、学齢簿の編成（学校教育法施行令一条二項）、日雇労働被保険者手帳（いわゆる「白手帳」）の交付（雇用保険法四四条、同法施行規則七一条一項）などとも結びついている。生活保護申請についても、現在地主義（生活保護法一九条一項二号）及び居宅保護の原則（同法三〇条一項本文）にもかかわらず、住所又は住民登録がなければ申請を受理しない行政実務が存在した。さらに、携帯電話の購入や就職にあたっても、住所や住民登録がしばしば必要となる。

このように、住所や住民登録が複数の法制度、行政実務、社会的慣行と連関しているため、住所や住民登録を認めないことは、地方公共団体の住民としての地位を否定するとともに、様々な行政サービスの受給を否定し、市民的権利を剥奪することにもつながる。

2 住所・住民登録と社会的排除
——社会システム理論からの考察

ここで視点を変えて、社会学の観点から、住所や住民登録と社会的排除との関わりについて眺めてみる。

社会の機能分化と包摂・排除

ドイツの社会学者ニクラス・ルーマンは、独自の社会システム理論に立脚しつつ、包摂と排除について論じている。かれによれば、包摂とは人が人格（Person）として社会的に顧慮される機会をもつことであり、排除とはそうした機会をもたないことである（Luhmann 1997：620）。かれは全体社会の構造が歴史的にみて①環節社会、②成層社会、③機能的に分化した社会（近代社会）へと変化してきており、かつそれぞれの社会において包摂と排除とがみられたという仮説を提示している（Luhmann 1995）。

環節社会においては、人は家族や部族といった環節に所属することによって社会に包摂された。排除とは、他の部族への移動や追放を意味していた。成層社会においては、人は特定の階層や身分に属することによって社会に包摂された。排除とは特定の階層や身分、かれらによる家政から排除されることであり、排除された者は浮浪者、海賊、修道士になった。

これらに対して、近代社会においては、法・政治・経済・教育・家族・宗教・科学といった諸領域が、全体社会の内部で固有の機能を果たす領域（部分システム・機能システム）として分化した。各機能システムはコミュニケーションを構成要素とし、人はコミュニケーションを通じて機能システムに関与し、社会に包摂される。すなわち、人は選挙に行き（政治システム）、訴訟を提起し（法システム）、教会に通い（宗教システム）、愛によって結婚する（家族システム）。ここでは排除の余地はないようにみえる。すべての人はあらゆる機能システムに参与することができるし、コミュニケーションを行うかどうかは自己責任なのであるから（Luhmann 1997：625）。

機能システムからの排除

しかし、今日の社会においても大規模な排除が観察できる。たとえばブラジルのファヴェーラの住民やインドのムンバイの路上生活者を見るならば、住所をもたない者は子供を学校に入れることができない。証明書がない者は結婚できないし、社会保障給付を申請できない（Luhmann 1993b：584）。人は一つの機能システムから排除されることによって、他の複数の機能システムからも同時に排除される。このように社会的排除が多重的・累積的になるという指摘は、アマルティア・センの考察にもみられる（Sen 2000：2009）。センは社会システム理論に依拠してはいないが、不利な条件が結合し、一つの排除が複数の排除を帰結することを指摘している。

ルーマンによれば、排除の側にいる人々を――ドイツの社会哲学者ユルゲン・ハーバーマスが指摘するような――「理性的討議」によって包摂することはできない。なぜなら、そうした人々は討議に参加する余裕や能力がないからである。

「［討議に参加しようと］決して思わない人々、思えない人々、抑鬱に苦しむ人々、先行きに否定的な見通しをもつ人々、放っておいてほしい人々、生きのびるために必死で、それ以外の事柄に割く時間もエネルギーも残っていない人々、こうした多くの人々はどこに行ってしまうのか？」（Luhmann 1993a：53）。

また、排除は包摂に論理的に付随するものであり、特定の機能システムに排除の責任を帰することもできない。人が排除に直面しているという事実は、I・M・ヤングのいう「構造的不正義」（structural injustice）の一例でもあるが（Young 2011）、ヤングもまた、この不正義が制度や主体の行為実践によって再生産されており、特定の主体にその責任を帰することができないとしている。

住所及び住民登録の機能

ルーマンは明確に指摘していないが、社会的排除の契機となるのは、人格を同定する諸要素の剥奪ではないか。ここで住所及び住民登録は、氏名や国籍と同様に、個人＝人格を制度の上で同定する要素の一つである。そうした要素はまた、複数の法制度・社会制度の連関の結節点ともなる。したがって、住所や住民登録を奪うことは個人を同定する要素を剥奪し、複数の社会・法制度の連関から―したがって各機能システムから―人を排除し、ひいては基本的人権を毀損することにもつながる（フランスの法学者ジャン・カルボニエも、浮浪者は非‐人格（non-person）とされがちであると指摘する（Carbonnier 1992 : 84））。欧米の国民国家の成立と発展においても、証明書・パスポートによる臣民ないし国民の同定や掌握、移動規制が重要であった（Torpey 2000）。

　もちろん、住所や住民登録を確保しさえすれば社会的包摂が実現するわけではない。しかし、それらは人の社会関係・法関係上の存在を承認し、一つの結節点を確保する意味をもつ。安定した居住環境への移行はその先の課題である。

　もっとも、多重債務者など住所を知られることがリスクになる場合もある。問題は住所をもちたい者が住所をもちえない場合である。

3 日本の事例
――公園内テント所在地は住所になるか

　では、わが国の近年の判例は住所をどのように扱っているか。

住民票転居届不受理処分取消訴訟事件

　大阪市北区の扇町公園内テントに五年間居住し、缶集めや渋滞調査、日雇労働で生計を立てていた野宿者（ホームレス）が、当該テント所在地を住所とする住民票転居届を区長に提出したところ、不受理処分がなされたため、同処分に関する取消訴訟を提起した事案がある。

　第一審の大阪地裁（大阪地判平成一八年一月二七日判タ一二一四号一六〇頁）は、住民基本台帳法四条にいう住所は「生活の本拠、すなわち、その者の生活に最も関係の深い一般的生活、全生活の中心を指すものであり、一定の場所がある者の住所であるか否かは、客観的に生活の本拠たる実体を具備しているか否かにより決すべきものと解するのが相当である」と述べた（参照、最三小判昭和三五年三月二二日民集一四巻四号五五一頁）。その上で、原告がテント所在地について「占有権原を有するものとは認められないとしても、同所在地は、客観的にみて、原告の生活に最も関係の深い一般的生活、全生活の中心として、生活の本拠たる実体を具備しているものと認められる」とし、転居届が提出された場合、「転居届に住所として記載された場所が客観的に当該届出をする者の生活の本拠たる実体を具備していると認められる限り、市町村長は、当該転居届を受理しなければならない」と判示した。

　しかし、控訴審である大阪高裁（大阪高判平成一九年一月二三日判時一九七六号三四頁）は、第一審判決と同様に住所を生活の本拠と解しながらも、「『生活の本拠としての実体』があると認められるためには、今日においては……単に一定の場所において日常生活が営まれているというだけでは足りず、その形態が、健全な社会通念に基礎付けられた住所としての定型性を具備していることを要するものと解するのが相当である」［傍点引用者］と判示して、原判決を取消し、被控訴人の請求を棄却した。

　さらに、上告審である最高裁（最二小判平成二〇年一〇月三日集民二二九号一頁）も、「原審の適法に確定した事実関係の下においては、社会通念上、上記テントの所在地が客観的に生活の本拠としての実体を具備しているものと見ることはできない」［傍点引用者］と判示し、上告を棄却した。

　この最高裁判決に対しては批判がある。たとえば行政法学者の塩野宏は「最高裁判所平成二〇年判決の如き判断の結果、当該原告の法律上の生活の本拠がどこにも存在しなくなるとすれば、選挙権等の基本的人権の否定をもたらすことにもなる。事柄の重要性に鑑みれば、立法上の手当てを講ずる必要性があるのはもとよりのことであるが、裁判過程の場面においても、いずれかの住所を認定するという解釈論を展開する余地があるように思われる」と指摘する（塩野 2013：34）。また、社会学者の岩田正美も「まず住民票を受理して社会へ包摂する現実的なプロセスの中で、不法占拠それ自体を解消していく途もあったのではないか。「社会通念」にこだわって、かえって社会的包摂の芽を摘んでしまったような気もするのである」と指摘する（岩田 2008：176）。

　では、なぜ原告は公園のテント所在地を住所とする住民票転居届を提出したのか。原告はそもそも大阪市内のホームレス支援団体「釜ヶ崎パトロールの会」の会員宅に住民登録をしていた（同会員宅には三三名分の野宿者の住民票がおかれていた）。しかし、二〇〇四年二月一七日、大阪府警はこの会員を電磁的公正証書原本不実記載罪（刑法一五七条一項）の幇助犯として現行犯逮捕し（二日後に不起訴で釈放）、その後も同支援団体に対し「起訴されたくなければ住民票をおいている野宿者全員を転出させろ」と告げ、さらに北区長は原告の住民登録を職権で消除する旨を通告してきた。だが、野宿者の中には前記会員宅に住民登録をして生活保護を受給している者もいた。そこで、原告は支援団体・弁護士に相談し、民法上の「生活の本拠」である公園内テント所在地を住所とする転居届を提出したのである（上記について永嶋 2006：長谷川 2006）。

　第一審判決の認定した事実によれば、原告は日雇い労働の仕事のために本件テントから外出することはあるが、仕事が終われば本件テントに戻っており、本件テントで郵便物を多数受け取っていた。また、筆者の面接調査によれば、原告は訴訟提起時から、公園の占有権原と住民登録とは別であることを認識していた。ただ、住民登録の喪失を防ぐために、公園を住所とする転居届を提出したのである。したがって、これは公園に居座りたいという主張ではない（山内 2010：114をも参照）。第一審判決後、一般人から「ホームレスを公園に住まわせるのか」といった非難が数多く浴びせられたが、これは誤解に基づく。また、ホームレスは仕事をしない怠け者でもない。大阪市内の野宿者の七六・三％は廃品回収など何らかの仕事に就いていた（大阪市 2004：5）。

　野宿者は自立支援センターやシェルターを住所として利用すべきだったという批判もある。しかし、当時、自立支援センターは大阪市内に三ヶ所しかなく（西成、淀川、大淀）、長期の入所待ちであった。シェルターも一ヶ所しか開設されておらず、入所は原則六ヶ月であり、また、入所すれば廃棄物収集等の仕事にはかえって不便になった。

　法ドグマーティクの観点からは、本件大阪高裁判決・最高裁判決が法令に規定のない事項に関する審査権を市区町村長に認めた点に疑問が残る。転居届において届出事項は限定列挙されており、長は当該届出の内容が事実であるかどうかを審査しうるだけであり、当該内容が事実である限り、長はその内容にしたがって住民票を調製する義務を負うものと解すべきである（転入届の事案ではあるが、最一小判平成一五年六月二六日集民二一〇号一八九頁）。この点、高裁・最高裁判決はいずれも「社会通念」という曖昧な概念を挿入し、北区長による他事考慮を実質的に容認しているように思われる。ここでいう「社会通念」とは、公園内テント所在地の占拠が都市公園法・大阪市公園条例に違反しているかどうかに関わっている。しかし、住民票転居届の受理にあたって都市公園法等への適合性をも吟味することは、住民基本台帳法の解釈を超えるものであり、正当化できないのではないか。

　また、実際には、本件原告は最高裁判決後、生活保護を受給してアパートに入居した。しかし、もし原告が生活保護を受給できず、かつ大阪市北区長が職権で住民登録を消除した場合どうなっていたか。

　私は公園内テント所在地を住所として認める余地はあったと考えるため、第一審判決を支持する。住所の有無と土地の占有権原の有無とは別である。

住所を認めることは公園の不法占拠にお墨付きを与えることではない。むしろホームレスが社会関係及び法関係を形成するための橋頭堡《きょうとうほ》を築かせ、野宿生活から脱却するきっかけを与えるものである。

ちなみに、大阪市は二〇〇七年三月一九日、同市内にある釜ヶ崎解放会館、ふるさとの家、NPO釜ヶ崎支援機構の三施設におかれていた日雇労働者二〇八八名の住民登録を——数十年間黙認していたにもかかわらず——職権で消除した（行政事件訴訟法三七条の五第二項に基づく仮の差止めの申立ては却下されている。大阪地決平成一九年三月二八日判タ一二七八号八〇頁）。これらは二〇〇七年四月八日に予定されていた大阪市議会議員・府議会議員選挙に備えた住民登録の「適正化」措置であったという。しかし、それは野宿者や日雇労働者の選挙権の行使を阻止し、かれらの政治参加を排除する意味をもった。

4 米国の有権者登録に係る判例

米国には住民基本台帳制度はないが、有権者登録制度がある。一九八〇年代半ばから、ホームレスが公園を住所（domicile）または居住（residence）として登録することを認める判決が現れてきた。

Pitts v. Black 事件判決

第一に、*Pitts v. Black* 事件判決（608 F Supp. 696, 709-10 (S.D.N.Y. 1984)）が注目される。原告らはニューヨーク州の公園に三年間居住するホームレスであり、ニューヨーク州選挙委員会に対して、ホームレスの選挙権を完全に否定する態様で州選挙法を適用することを禁ずる終局的差止命令と宣言的判決とを求めて出訴した。

ニューヨーク州南部地区連邦地方裁判所は、ホームレスである個人が「政治共同体内部に、自らが本拠地（home base）であると考える特定の場所——すなわち、定期的に立ち戻り、さしあたり居住する意思を示し、郵便や連絡を受け取る場所——を同定した場合、かれは居所（residence）より厳格な住所（domicile）の基準を満たしたことになるから、たんに非伝統的な居所をもたないという理由だけから選挙権が否定されてはならない」と判示した。その上で、同裁判所は被告らによるニューヨーク州選挙法の規定（1-104 (22), 5-102, 5-104）の適用は、ホームレスの選挙権を事実上否定するかぎりにおいて、連邦憲法修正一四条の平等条項等に違反すると判示した。

Collier v. Menzel 事件判決

第二に、*Collier v. Menzel* 事件判決（176 Cal. App. 3d 24, 221 Cal. Rptr. 110）が注目される。同判決は、サンタ・バーバラ市の市立公園に居住するホームレスが市担当者を相手方として提起した訴訟である。市条例は公園での宿泊等を禁じていたが、ホームレスらは公園を有権者登録の居所（residence）とする宣誓書を市に送付した。市は公園は居所として不十分であり、適切な選挙区を認定できない、新たな居所が確定するまでは従前の居所で投票できると回答した。これに対して、ホームレス側はこの不受理処分は連邦憲法上の平等条項に反するとして訴訟を提起した。

カリフォルニア州控訴裁判所は、市立公園は有権者登録を行うための居所となりうると指摘し、控訴人（ホームレス）に投票権を否定することは平等条項に反すると判示した。

同判決は、居所については、①固定した居所であること、②その場所に滞在する意思があることが必要であることを指摘した上で、次のように判示した。「市条例によれば、控訴人が自らの居所として指定している市立公園は、居住に用いることが禁ぜられている。控訴人は公園を居住に用いる「権利を全くもたない」にもかかわらず、公園にとどまる意思をもちうるだろうか。然り。控訴人が公園にとどま［り有権者登録をす］るという意思は、条例に反しようという意思とは、法的に見て別（independent）である……われわれが述べているのは、中立人が実際に公園に居住しているかぎり、当該選挙区において有権者登録ができるということである」。

本判決は、公園の占有権原の有無と有権者登録の可否とを明確に区別している。この点で本判決は、公園の占有権原の有無と住民登録の可否とを峻別した日本の住民票転居届不受理処分取消訴訟事件第一審判決と類似している。

日米の差異

現在、米国ではシェルター、公園、道路、街角を居所（residence）として有権者登録を行うことが可能である。ただし、二〇一四年現在、一六の州が有権者登録にあたり、写真入り身分証明書を州法で要求している。また、少なくとも一六州は、出生証明書のような市民権を証明する書類を要求する州法を制定しており、ホームレスにとってはこうした書類を保持することが困難な場合がある（Zhao 2012）。こうした州法はマイノリティ一般を排除しうるものであり、共和党による民主党支持層の排除措置として受け止められることもある（New York Times 2014）。

もっとも、米国の有権者登録に関する判例及び法令の対応は、日本の住民登録に関する諸判決に三〇年ほど先行しているように思われる。この背景にはいくつかの事情が考えられる。第一に、日米ではホームレスの絶対数に相当な懸隔がある。米国のホームレス数は二〇一四年一月時点で一夜あたり五七万八四二四名である。これは人数でみると日本の約八八倍であり、対人口比でみても約三五倍である。また、ホームレスには退役軍人などが含まれ、その性格も異なっている。第二に——正確な数字は不明であるが——ホームレス支援団体数にも相当な懸隔がある。一九八〇年代には有権者登録に係る訴訟をはじめとして、ホームレスの権利を確立するための訴訟がニューヨーク市を中心に複数提起されたが、それもホームレス支援団体とそこで活動する弁護士の努力によるところが大きいと思われる。第三に、（ホームレスに対する）寄付やボランティアの観念が日本よりも発達しており、各種の租税優遇措置（NPO法人の所得税控除や、寄付を行う個人・法人の所得税控除等）も制度化されている。

5　近年のホームレスの現状と排除の動向

ホームレスの現状

厚生労働省によれば、二〇一五年一月現在、日本全国には六五四一名のホームレスがいる（厚生労働省 2015）。「ホームレスの自立の支援等に関する特別措置法」（二〇〇二年。以下「ホームレス自立支援法」と呼ぶ。）によれば、ホームレスとは、「都市公園、河川、道路、駅舎その他の施設を故なく起居の場所とし、日常生活を営んでいる者」を指す（法二条）。ホームレスの実数を都道府県別でみると、大阪府（一六五七名）、東京都（一四九八名）、神奈川県（一二〇四名）の順に多い。起居の場所は河川（二〇二二名）、都市公園（一五八三名）、道路（一一九四名）、駅舎（三一一名）、その他施設（一四三一名）となっている。二〇〇三年調査では全国に二万五二九六名のホームレスがいたが、この一二年間でその総数は約四分の一に減少したことになる。減少の理由は明らかではないが、生活保護受給者の増大、自立支援事業の一定の成果などが考えられる。

大阪を中心とするホームレスは、釜ヶ崎（西成地区）の寄せ場を中心に働く日雇労働者が多い。一九九〇年代後半以降、釜ヶ崎の日雇労働の変化及び減少により、木賃宿にさえ住めない人々が公園や路上のホームレスとして可視化したとされる。

ホームレス排除の動向

近年、わが国でしばしばみられるのは、ホームレスを地方公共団体が排除する動きである。既にみた公園内テントを住所とする住民票転居届の不受理処分、住民登録の（「適正化」措置と呼ばれる）職権消除の動きはその例である。

また、公園内テントを行政代執行により除却したり、ホームレスを公園から事実上排除する動きもある。二〇〇六年一月一三日、大阪市長は市内の靭公園に居住するホームレスらのテントについて、都市公園法二七条一項に基づく除却命令を発し、同月三〇日には行政代執行を行った。これらに対して、除却命令の執行停止の申立、申立却下決定に対する抗告、損害賠償請求などがなされたが、いずれも退けられている（大阪地決平成一八年一月二五日、大阪高決平成一八年一月二九日、大阪地判平成二一年三月二五日）。ただし、行政法学者の太田匡彦は、ホームレスにテント設置公園区画に対する占有（占有権原ではない）を認める。太田によれば、テント除却によりテント設置区画を「再取得」する行政代執行は違法な自力救済である（太田 2009）。

こうした公園内テントの除却やホームレスの排除は、大阪市だけの問題ではない。二〇〇九年には東京都渋谷区が宮下公園を有料公園として再整備する計画を立案し、同年九月二四日、野宿者を公園から排除すべく行政代執行を実施し、テント等を強制的に撤去し公園を封鎖した。これに対して、野宿者一名及び支援団体「のじれん（渋谷・野宿者の生存と生活をかちとる自由連合）」を含む三団体が渋谷区を相手方として損害賠償請求訴訟を提起した（東京地判平成二七年三月一三日判例集未登載は、原告野宿者に対して一一万円を支払うよう渋谷区に命じた。区は控訴した）が棄却された（東京高判平成二七年九月一七日判例集未登載）。

さらに、二〇一三年の年末には、前記「のじれん」が野宿者のために宮下公園で炊き出し（「共同炊事」と呼ばれる）と医療相談とを実施していたところ、渋谷区は支援者による公園での火器使用と閉園時の不退去を問題とし、一二月二九日（厳冬の夜間）、ホームレス及び支援者に対して公園からの退去を命じ、かれらを強制的に公園から退去させ、私物を撤去させた上で同公園を数日間施錠した。このため支援団体は近隣の神宮通公園で炊き出しを継続した。しかし、退去は任意であったのか、退去命令を直接強制したのではないか、疑問が残る（行政代執行を用いずに私人の物件等を事実上排除した先例として、駅地下通路上生活者段ボール箱撤去事件（最決平成一四年九月三〇日刑集五六巻七号三九五頁）を参照（塩野 2013：234））。

たしかに、公園や道路は公の施設であり、私的に占有してはならない公的空間である。しかし、ジェレミー・ウォルドロンが指摘するように、ホームレスは私的生活を営むべき住居をもたず、公的空間を私的空間として（起臥寝食や排泄行為のために）利用せざるを得ない。したがって、ホームレスの公的空間利用を、住居を有する一般人と同様に制限することは、かれらの存在を否定し、行動の自由や尊厳を剥奪することになる（Waldron 1991-1992：2000）。

なお、近年では米国においてもホームレスが公共の場で寝る行為を処罰する市条例が数多く制定されているが（アイダホ州ボイシ市など）、二〇一五年八月、司法省はボイシ市条例を修正第八条違反とする意見書を提出した（Department of Justice 2015）。

6 対応
——安定した居住環境の提供へ向けて

前節で瞥見したわが国のホームレス排除の動きに対しては、どのように対応すべきか。

住民登録・有権者登録

繰り返しになるが、第一に、ホームレスに対しては、道路や公園における住民登録を認め、法的・社会的な結節点を確保することが望まれる。同時に、公共施設の利用に関して、過剰な規制を行わないことも必要である。

住民登録についていえば、ヴァーチャルなものでもよい。たとえば、市役所に住民登録をさせることが考えられてよい（この場合、「生活の本拠」ではない住民基本台帳法固有の住所を観念することになろう）。米国のアリゾナ州やネブラスカ州では、カウンティの庁舎を住所（mailing address）として有権者登録ができる。

　イタリアでは日本と同様に、住所がない者はIDカードを取得できず、選挙権の行使や年金の受給ができない。このためイタリア国立統計研究所（ISTAT）は各自治体に対し、住民登録を行うための架空の通りを設定することを指示した（Council of Europe 2013：80）。

　また、フランスの「反排除法（Loi n° 98-657 du 29 juillet 1998 d'orientation relative à la lutte contre les exclusion）」八一条（選挙法典L一五一一）によれば、ホームレスは認可受入団体がある市町村を住所として、選挙人名簿への登録ができる。

　さらに、ドイツにも住民登録法が存在し、選挙権行使と一定程度連動しているが、住所のないホームレスは、通常滞在している選挙区の選挙事務所に選挙人登録を行うことができる（Bundeswahlgesetz §§ 12ff. Bundeswahlordnung § 16 Abs. 2）。

住居の提供

　もっとも、ホームレスに住民登録を認めることは、社会的生存の最低限の承認にすぎない。さらに社会的包摂を目指すためには、就労支援に先立ち、まずは安定した住居を提供することが有用である（「ハウジング・ファースト・アプローチ」と呼ばれる）。

　だが、そもそも低所得者層一般に対する居住支援施策は、日本の住宅行政では最も立ち遅れた分野の一つである。戦後の日本の住宅政策の特色は、持家を購入する中間層への支援を優先する点にあった（平山 2011：6）。つまり、社会賃貸セクターを民間賃貸セクターから切り離す dualism 政策を採用し、前者を残余化する――いわば「貧乏人は切り捨てる」（川島博）方針で臨んできた（大本 1991：275-276）。その結果、公営住宅のストックは不十分なまま新規建設はなされなくなり、公的な家賃補助制度は整備されず、高齢者や低所得の若年層の居住は著しく不安定になっている。

　また、生活保護法における住宅扶助等を得られたとしても、野宿から直ちに民間賃貸住宅に入居することは、連帯保証人が確保できない、家賃保証会社が利用しにくいなどの理由から困難である。さらに、ホームレスの中には適切な介護や治療を受けることが必要な障害者も少なくない。そこで、一時的・過渡的な通過施設・中間施設を充実させることも重要となる。

通過施設・中間施設

　ホームレスが宿泊する場所としては、駅舎や道路のほか、簡易宿泊所（ドヤ）や無届施設、ネットカフェ、ファーストフード店、カプセルホテルなどがある。それらを除くと、医療機関、無料低額宿泊所、シェルター、自立支援センター、救護施設、更生施設などに収容されることが多い。

　このうち無料低額宿泊所とは、社会福祉法の第二種社会福祉事業の一つ（法二条三項八号にいう「生計困難者のために、無料又は低額な料金で、簡易住宅を貸し付け、又は宿泊所その他の施設を利用させる事業」）としてNPO法人や社会福祉法人が運用する施設である（小川 2010：2012：鈴木 2010）。二〇一〇年六月末日現在、施設数は四八八、定員は一万四九六四名であり、食事や入浴サービスの提供、自立支援などを行っている（厚生労働省 2011）。無料低額宿泊所が中間施設として一定の役割を果たしてきたことは否めないとしても、劣悪な居住環境を提供するものも少なからずあり、改善が期待される。

　また、シェルターとはホームレス自立支援法に基づく「緊急一時宿泊事業」の一環として、自立支援センターとは同法に基づく「ホームレス自立支援事業」の一環として、それぞれ運用されている施設である。シェルターは緊急一時的な宿泊施設であり、就労支援なども行われる。自立支援センターにおいても食事の提供、生活支援、就労支援などがなされる。都道府県レベルでも、たとえば東京都はホームレス自立支援法に先行して、二〇〇一年から「緊急一時保護センター」「自立支援センター」を運用してきた。これらは二〇〇七年度には「自立支援住宅」を含む「新型自立支援センター」に一本化された（東京都 2009）。

　さらに、救護施設・更生施設は、いずれも生活保護法上の保護施設（生活保護施設）であり、前者は「身体上又は精神上著しい障害があるために日常生活を営むことが困難な要保護者を入所させて、生活扶助を行うことを目的とする施設」（法三八条二項）、後者は「身体上又は精神上の理由により養護及び生活指導を必要とする要保護者を入所させて、生活扶助を行うことを目的とする施設」（同三項）である。二〇一三年一〇月現在、救護施設の施設数は一八三、定員は一万六四四五名であり、更生施設の施設数は一九、定員は一四二七名であった（厚生労働省 2013）。いずれの施設でも、就労支援、生活支援、食事の提供などが行われている（水内 2010）。

　こうした各種施設には利用期間があり、また十分な数の施設が整備されているとはいえない。とりわけ生活保護施設は、常に満床状態であるといわれる（五石 2011：360）。二〇一〇年に無料低額宿泊所が、また、二〇一三年に「脱法ハウス（違法貸しルーム）」と呼ばれる、建築基準法や消防法に違反する狭小な民間賃貸住宅（シェアハウス）が、低所得者層を搾取する貧困ビジネスとして問題視されたのも、生活保護施設の脆弱さと無関係ではないであろう。生活保護施設を始めとする通過施設・中間施設の整備・拡充は喫緊の課題である。

近年の動向

　近年では、空き家の増加に伴い、自治体や労働組合が空き家を借り上げ、定期借家契約でホームレスや低所得者層に賃貸する手法が目立っている。たとえば、東京都は二〇〇四年度から二〇〇七年度にかけて「ホームレス地域生活移行支援事業」を行った。これは福祉団体に委託し、借上げアパートを月三千円で原則二年間ホームレスに貸し付け、就労・生活支援を行うものであった。また、労働組合のとりくみとしては、フリーター全般労働組合住宅部会が借り上げアパート「自由と生存の家」を月額三万五千円から七万円で低所得者層に定期借家契約により貸し付けた例がある。後者は、既存の福祉施設制度に依拠しない自助のしくみとして注目に値する（清水・園 2009：171）。

　なお、二〇一三年、「生活困窮者自立支援法」が制定・公布された（二〇一五年四月一日施行）。同法は「生活困窮者自立相談支援事業の実施、生活困窮者住居確保給付金の支給その他の生活困窮者に対する自立の支援に関する措置を講ずることにより、生活困窮者の自立の促進を図ること」を目的とする（法一条）。ここで「生活困窮者」とは「現に経済的に困窮し、最低限度の生活を維持することができなくなるおそれのある者」（二条一項）であり、生活保護法の要保護者以外の生活困窮者を指している。同法によれば、福祉事務所を設置する自治体は、離職により住宅を失った生活困窮者等に対し、家賃相当額の「住居確保給付金」を支給する（二条三項・五条一項）。また、住居のない生活困窮者に対して一定期間宿泊場所や衣食の提供等を行う「一時生活支援事業」もある（六条一項二号）。しかし、これらの制度の運用については、現時点ではまだ評価できない。

社会扶助システムの生成

　ルーマンは、機能システムから排除された人々を包摂するのは分化した機能システムの課題ではなく、むしろそうした人々を救済する新たな機能システムの課題ではないかと述べている（Luhmann 1997：633）。実際には、かれは宗教システムの役割に期待を寄せていたと思われる（Luhmann 2009：277-278）。たしかにドイツではキリスト教系の民間福祉団体の活動が活発であり、ホームレス支援の中核をも担っている（嵯峨 2010：86）。しかし、わが国のホームレス支援については、宗教システムのみに期待することは難しい。他方で、ルーマン門下の社会学者ディルク・ベッカーは、ソーシャル・ワーカーなどを念頭に置きつつ「社会扶助（Sozial Hilfe）」が二次的・補完的な機能システムとして——支援するか／しないかをコードとする機能システムとして——成立しつつあることを指摘した（Baecker 1994：小松 2013：144 以下）。

　ここで前述した「構造的不正義」についてみると、ヤングは構造的不正義を生み出す制度や社会実践を公正なものへと変革する責任は、社会構成員に分有されているとした（Young 2011：186）。ベッカーのいう社会扶助システムも、複数の組織や機能システムの協働によって実現されうるのではないか。

　すなわち、日本のホームレス支援については、まずかれらに安定した居住の場を与え、就労の機会を提供し、（必要であれば）介護や治療といったケアの機会を提供することが必要である。ここでは「国」「地方公共団体」「社会組織（NPO、宗教団体、さらには民間企業）」の三者の協力（いわゆる「公私協働」）が求められる。国家内部の行政施策の遂行にあたっても、国土交通省と厚生労働省との縦割り行政を超えた協働が必要となろう。そうした支援の主体を横断して、一つの機能システムの発現を見出すことができるか。この点の判断は、今後のわが国の社会扶助の展開に俟たざるを得ない。


【付記】

本章は、日本学術振興会二〇一四～二〇一六年度科学研究費・基盤研究（C）「ホームレスの居住空間の実証的研究——貧困地区・市民団体・税制・住宅政策の再検討」（研究代表者：長谷川貴陽史）の成果の一部である。


【参考文献】


岩田正美（二〇〇八）『社会的排除——参加の欠如・不確かな帰属』有斐閣。

大阪市（二〇〇四）「大阪市野宿生活者（ホームレス）の自立の支援等に関する実施計画（平成一六年度～平成二〇年度）(http://www.kobe-fuyu.sakura.ne.jp/jissikeikaku/osaka-city.pdf)（二〇一五年七月三〇日アクセス）。

太田国彦（二〇〇九）「明渡しか、除却か——『占有』と『事実上の排他的支配』の間に立つ大阪地裁第2民事部」『東京大学法科大学院ローレビュー』四号、八五頁。

大本圭野（一九九一）『「証言」日本の住宅政策』日本評論社。

小川卓也（二〇一〇）「無料低額宿泊所の現実——行き場のない人を支える最後のセーフティネット」『都市問題』二〇一〇年七月号、七二頁。

——（二〇一二）「困窮者支援における無料低額宿泊所の機能と役割」『ホームレスと社会』六号、一〇二頁。

川島武宜（一九四四）「民法体系における『住所』規定の地位」『法学協会雑誌』五八巻八号、一一二二頁。

五石敬路（二〇一一）『現在の貧困　ワーキングプア——雇用と福祉の連携策』日本経済新聞出版社。

厚生労働省（二〇一一）「住居のない生活保護受給者が入居する無料低額宿泊施設及びこれに準じた法的位置付けのない施設に関する調査結果について」(http://www.mhlw.go.jp/stf/houdou/2r98520000017kb-att/2r98520000017m1.pdf)（二〇一五年七月三〇日アクセス）。

——（二〇一三）「平成二五年社会福祉施設等調査の概況」(http://www.mhlw.go.jp/toukei/saikin/hw/fukushi/13/index.html)（二〇一五年七月三〇日アクセス）。

——（二〇一五）「ホームレスの実態に関する全国調査（概数調査）結果について」(http://www.mhlw.go.jp/stf/houdou/0000083546.html)（二〇一五年七月三〇日アクセス）。

小松丈晃（二〇一三）「社会的排除のリスクに抗する機能システムはありうるのか——ルーマンの『宗教』論ならびに福祉領域でのルーマン理論需要の動向」高橋徹・小松丈晃・春日淳一『滲透するルーマン理論——機能分化論からの展望』文眞堂、一二九頁。

嵯峨嘉子（二〇一〇）「ドイツにおける公的扶助改革とホームレス支援——『ホームレス』支援から『住宅難』支援へ」『ホームレスと社会』二号、八二頁。

塩野宏（二〇一三）『行政法I［第五版補訂版］行政法総論』有斐閣。

清水直子・園良太（二〇〇九）『フリーター労組の生存ハンドブック——つながる、変える、世界をつくる』大月書店。

鈴木亘（二〇一〇）「無料低額宿泊所問題とは何か」『ホームレスと社会』二号、二二頁。

東京都（二〇〇九）『ホームレスの自立支援等に関する東京都実施計画（第2次）』（http://www.fukushihoken.metro.tokyo.jp/seikatsu/rojo/jissikeikaku2.files/keikaku.pdf）（二〇一四年三月一四日アクセス）。
中川善之助（一九四一）『戸籍法及び寄留法』日本評論社。
永嶋靖久（二〇〇六）「『占有権原がなくても生活の本拠たる実体があれば住所』は当然の判決――大阪市扇町公園住民票転居届不受理処分取消請求事件・大阪地裁判決（平成一八・一・二七）の経緯」『賃金と社会保障』一四一二号、五三頁。
長谷川貴陽史（二〇〇六）「ホームレスの『居住権』――大阪地判平成一八・一・二七・ホームレス住民票転居届不受理処分取消事件に接して」『都市住宅学』五三号、二九頁。
原田慶吉（一九五四）『日本民法典の史的素描』創文社。
平山洋介（二〇一一）『都市の条件――住まい、人生、社会持続』NTT出版。
水内俊雄（二〇一〇）「居住保障とホームレス支援からみた生活保護施設」『都市問題』二〇一〇年七月号、五一頁。
山内勇志（二〇一〇）「公園に住みたいわけではない」小久保哲郎・安永一郎編『すぐそこにある貧困――かき消される野宿者の尊厳』法律文化社、一一四頁。
山本隆司（二〇一二）『判例から探究する行政法』有斐閣。
Baecker, Dirk (1994) "Soziale Hilfe als Funktionssystem der Gesellschaft," *Zeitschrift für Soziologie*, 23 (2), S. 93-110.
Carbonnier, Jean (1992) *Droit civil 1 / Les Personnes*, Presses Universitaires de France.
Council of Europe (2013) *Living in dignity in the 21st century, Poverty and inequality in societies of human rights: the paradox of democracies*, Council of Europe. (http://www.coe.int/t/dg3/socialpolicies/socialcohesiondev/source/GuideLivingDignity.pdf)（二〇一五年七月三〇日アクセス）
Department of Justice (2015) *Statement of Interest of the United States* (http://mediaidahostatesman.com/smedia/2015/08/06/13/26/40eblSo.36.pdf#storylink=relast)（二〇一五年八月七日アクセス）
Luhmann, Niklas (1993a) "Quod omnes tangit... Anmerkungen zur Rechtstheorie von Jürgen Habermas," 12 *Rechtshistorisches Journal*, S. 36-56.
—— (1993b) *Das Recht der Gesellschaft*, Suhrkamp.（ルーマン、馬場靖雄・上村隆弘・江口厚仁訳『社会の法』法政大学出版局。）
—— 1997 *Das Gesellschaft der Gesellschaft*, Suhrkamp.（ルーマン、馬場靖雄・赤堀三郎・菅原謙・高橋徹訳『社会の社会』法政大学出版局。）
—— 1995 "Inklusion und Exklusion," in ders. *Soziologische Aufklärung 6: Die Soziologie und der Mensch*, S. 226-251.（ルーマン、村上淳一訳「インクルージョンとエクスクルージョン」『ポストヒューマンの人間論［後期ルーマン論集］』東京大学出版会。）
—— (2009) *Einführung in die Theorie der Gesellschaft*, Carl-Auer: Auflage: 2., Aufl.（ルーマン、土方透監訳『社会理論入門――ニクラス・ルーマン講義録』（1）（2）、新泉社。）
New York Times (2014) "Voter ID Is the Real Fraud," The Editorial Board, April 29, 2014. (http://www.nytimes.com/2014/04/30/opinion/voter-id-is-the-real-fraud.html?_r=0)（二〇一五年七月三〇日アクセス）
Savigny, Friedlich Karl von (2010 [1849]) *System des Heutigen Römischen Rechts*, Vol. 8. Nabu Press.（サヴィニー、小橋一郎訳『現代ローマ法体系　第八巻』成文堂。）
Sen, Amartya (2000) "Social Exclusion: Concept, Application, and Scrutiny," Social Development Papers No. 1, Office of Environment and Social Development, Asian Development Bank.
—— (2009) *The Idea of Justice*, Penguin Books.（セン、池本幸生訳『正義のアイデア』明石書店。）
Torpey, John (2000) *The Invention of the Passport: Surveillance, Citizenship and the State*, Cambridge University Press.（トーピー、藤川隆男監訳『パスポートの発明――監視・シティズンシップ・国家』法政大学出版局。）
Waldron, Jeremy (1991-1992) "Homelessness and the Issue of Freedom," 39 *UCLA Law Review*, pp. 295-324.
—— (2000) "Homeless and Community," 50 *University of Toronto Law Journal*, pp. 371-406.
Young, Iris Marion (2011) *Responsibility for Justice*, Oxford University Press.（ヤング、岡野八代・池田直子訳『正義への責任』岩波書店。）
Zhao, Jin(2012) "Why We Should Care About the Homeless Vote." (http://www.alternet.org/activism/why-we-should-care-about-homeless-vote)（二〇一五年七月三〇日アクセス）

第5章 自尊の理念

長谷川　晃

自尊（self-respect）は現代の正義論において中核となっている理念である。自尊は個人の善き生の基盤であり、その尊重と配慮が正義の目的となる。しかし、この考え方には幾つかの有力な批判もあり、そこから自尊にも深浅があると考えられるようになってきた。本章では、この議論状況を踏まえながら、自尊の理念を重層的に捉え直すと共に、それが正義や法のあり方にもたらす理論的インパクトについて考えてみる。

1 社会秩序の目的

人間社会と法

人間の生と社会は一定の秩序の下で存立している。この秩序においては、法、倫理、道徳、そして慣習などが様々に関連し合って網の目を作り、人々の様々な活動を規整している。なかでも、法は、法律を中心とした、政府や社会の人々の権力的関係に関して社会的に肯認された規範の集積であり、またそのこと自体において誰もが遵守すべき公共性を有し、時に強制を伴って人々の活動を規制する。このような法の役割は社会秩序の全体に亘る規範の網の目の中で条件づけられている。法は基本的には倫理や道徳に反するものであってはならないし、また時には慣習や先例も尊重しなければならない。

このような法のあり方は、法の支配の観念によって表現される。法の支配は、人の支配に対抗する重要な政治的正義の原則であり、政府や社会の人々に対する制約を指している。このとき特に重要なのは、一つには成文憲法を通じて政府権力の濫用や恣意的運用を制約することであり、そこでは司法による憲法の擁護に重きが置かれる。今一つは、憲法に則して制定された法律によって人々の社会生活を公平に規制することであり、ここでは立法や司法による憲法の実現が重要となる。勿論、現代社会では以前にも増して国家や社会の有りようが変化し、それに応じて法の支配のあり方もまた変容している。現代では、憲法には新たな人権保障や政治制度が付加されて国家の役割がより積極的なものへと変化すると同時に、法律においては様々な個別立法や特別法の制定を通じて、人々の社会的関係のより多面的な規制が進んでいる。

法の目的

それにしても、法を中心とする人間社会の規範の網の目はいったい何のために存在しているのだろうか。一つの答えは、人間の社会秩序を維持するためであるということかもしれない。だが、それは確かではあるものの、決して十分な答えとは言えない。そこではさらに、社会秩序は何のためにあるのかという問い、そして法の目的への問いが現れ、答えがさらに求められる。後者の法の目的については、平和の維持、紛争解決、正義の実現、社会統制、社会変革など様々なものが考えられるが、おそらく究極的に重要なことは正義の実現であり、しかもそれは、社会に生きる人々の善き生（good life）の実現ということ以外の何ものでもないだろう。社会全体の平穏や安全の保障は確かに重要な法の目的ではあるが、しかし、このような保障は、最終的には当の社会に生きている個々人の価値や利益の保全に帰着する。前者だけを重んずる秩序は力に頼りがちであり、後者の実質を保障する秩序こそが永続的に安定することになろう。敷衍すれば、法を通じた社会秩序における規整の意義は、その対象となっている人々の社会関係や利害関係が人間の福祉（human well-being）の充実という見地からどう評価できるかによって定まるということである。まさに、人々の善き生や人間の福祉の実現に最もよく適合する法のあり方、すなわち正義の実現を追求すべきであるということは、人間の道徳に深く胚胎する理念であるだろう。

確かに、正義はその重要な一側面で多く人々の利害の権衡を主旨とする。とりわけ交換の正義や矯正の正義は利益や損害の等価性の保障に関わり、そのように見える。また、分配の正義とても、利益や損害のバランスが重要であるだろう。しかし、なぜそのように正義が重要なのかと言えば、それは利益や損害の権衡そのものに価値があるからではない。むしろ、このような利益や損害の権衡は、その実現によってさらに深い価値に資するのである。それは言うまでもなく、社会に生きている人間にとって最も重要な事柄の権衡であって、それが人々の善き生や人間の福祉の実現ということである。では、そのような善き生や人間の福祉の実現とは、何について言われるのだろうか。その答えは、最終的には社会における人々の人格（person）のあり方に関わっている。ただし、ここで言う人格とは、現実に生きている個々人とは異なり、法という規範の角度から見られている存在としてあくまで一般的な人間のあり方である。法の保護は、誰であれ一般に人格にとっての価値や利益に関わっている。この点で、法は、すべての人々が同様な形でその生き方にとって重要な価値や利益を享受できることを保障する、公共的な規範の体系であるとも言える。

正義・法・人格

では、人間が法によって注視される対象としての人格であるというとき、そこで考えられる人格とはどのような存在であるのか、換言すれば、公共的に尊重し配慮されるのは個々人のいかなる側面なのか。この問題を考える場合に出発点としなければならないことは、現代では個人の生き方や価値観は多様であり、それら全ての完全な実現のために社会的に対応することは不可能だということである。そうであれば、法が人格に対応するという場合には、個々人がいかなる生活、価値観、あるいは利益を有するにしても、誰にも共通して認められるはずの根本的な価値や利益があるという前提に立って考えなければならない。

正義に適った法の目的が、人々の根本的な価値や利益を等しく保全することに存するということは、現代のリベラルな正義論の到達点である。もちろん、一定の人格のあり方に係る等しい保障を法の中核に据える考え方は、今に始まったことではない。古代のストア学派、中世の自然法論、近世の社会契約論、近代の功利主義といった思想の流れにおいても、また近現代の法制度、特に立憲主義や代議制民主主義の確立や現代の福祉国家体制の形成といった社会制度の変遷においても、平等の実現ということは、自由の保障と並んで根本的な重要性を持ってきたし、そうであればまた、人間の福祉も法の最も重要な焦点となるものであり、またそのことから具体的な社会福祉や社会保障も重要となるということも予想できるであろう。さらに、二一世紀の社会においては、単に個人の様々な次元での平等のみならず、社会階層の間や文化的多数派と少数派の間での平等、そして世代間の平等に至るまで、平等の保障が新たな広がりを持ちつつあることは多言を要しない。

しかしながら、ここで言われている人々の人格に係る根本的な価値や利益の平等とはいったいどのようなことなのか。平等の保障ということが重要になればなるほど、そのより本質的な意義が問われよう。その一方で、法において人々の基本的な価値や利益が等しく保障されなければならないということは、いかなる意義を持つことなのかという問題も重要である。そしてそこではさらに、法が人格を等しく保護する場合に、それはいかなる幅や深さの事柄について、またいかなる財を通じて保護することになるのかといった問題も見逃せない。

以上のような一連の問いに対する現代正義論の重要な答えの一つは、正義や法の目的たる人格のあり方は、その人自身が誇りをもって自らの生をより善きものにすべく活動できるということ、すなわち自尊（self-respect）とその帰結するところに即して考えられるはずだというものである。本章では、以下、この自尊の理念の意義の検討を通じて、人間の福祉とそれに係る正義と法の問題に一条の光を当ててみたいと思う。

2　自尊の理念とその現代的意義

ジョン・ロールズの自尊論

自尊の理念は、今や現代の古典となったジョン・ロールズの正義論において重視されている。ロールズによれば、自尊とは、各人が自己自身の善き生の計画を構想することができる能力と共に、それを適確に実行する能力を持っていることを指している。そして、これら以外にも、各人がそれぞれの善き生を構想し実行することが社会の他の構成員によっても認められていることもまた重要である。結局、自尊とは、各人の活動の内的条件と外的条件とが基本的に充足されている状態であり、そのことにおいてまた各人は自己の存在についての確信を有しつつ、充実した個々の生を送ることができるのである。

ロールズの言う自尊に関して、さらに補足すべきことは、一つにはこのような自尊のあり方はロールズの言うアリストテレス的原理に適っていることである。つまり、ロールズによれば、人は、自己自身が望む事柄についてはそれを自ら作り出し、発展させ、そしてさらに拡充して、自己の生を完成させてゆくことを目指すという成長する存在であり、この原理と連動して自尊も重要なのである。ここには現代心理学でいう自己評価（self-esteem）の重要性と対応するものが看取される。人間は自己の基本的なニーズが満たされていると意識できることで、自分自身に自信を持ち、様々な活動に向かうことができることは経験的に確証されており、ロールズの言う自尊はこの自己評価を可能にする道徳的条件でもある。さらに、ロールズにおいては、自尊が各人を取り巻いている社会秩序の基本構造を整序するところの正義の二原理が目指す最も根源的な目的に関わっていることは言うまでもない。ロールズの言う正義の二原理が特に保障しようとする社会的優先財としては、自由権、機会、そして富の基本的に平等な保障が重要であるが、ロールズの考えでは、これらの社会的優先財の平等な配分の重要性それ自体は、それらの財が人々に等しく整うことで各人の自尊の平等が達成されることにある。この意味では、正義の究極の目的は自尊の平等の保障にあると言える。

このような自尊の見方は、思想史的に見れば、特にイマヌエル・カントの議論に端を発する。カントは、人間が実践理性によって道徳的に判断し行為することの条件を探求しているが、人間が勝義において道徳的に判断し行為するということは、端的に善なる意志を通じてただ義務の声に従ってのみ判断し行為するということだと捉え、そのような端的に道徳的な判断や行為はいかにして可能となるかということを考察した。そして、カントに、道徳的な判断や行為が可能なのは道徳法則に対する尊敬のゆえであり、そのような法則は最終的には彼の言う定言命法として定式化され、さらにその命法そのものの成立を支えているのは、各人が人格として意志の自由と自律を有すること（カントはそれを尊厳と呼んだ）とそのような人格の間の相互尊重の成立（カントはそれを目的の王国と呼んだ）だと考えたのである。この議論の中では、特に自尊という点で見れば各人の意志の自由と自律が重要であるが、同時にカントの議論ではそのような各人が目的の王国と呼ばれる根源的な相互関係の下で相互に尊重し合っていると言われていることも見逃せない。そこでは尊厳が等しく人々に備わっていることが重要であり、ここには人間の根本的な価値に係る平等の一端が示されているのである。

先に述べたロールズの議論は、このようなカントの考えを下敷きにしながら、後者の些か形而上学的な想定を排したより経験的な見方を与えると同時に、人間の尊厳のあり方についても、人格の存立という静態的な面だけではなく、人格の活動性や成長といったより積極的な像をも提示している。もっとも、ここではカントとロールズの間の思想的・理論的相異に立ち入る余裕はない。ここでは現代におけるロールズの自尊の議論は、近代において特にカントによって考察された人格の尊厳の思想に連なるものであることだけを確認しておこう。

ロナルド・ドゥオーキンの自尊論

ロールズのこのような自尊への見方は、他の現代の論者によっても共有されている。その一例はロナルド・ドゥオーキンである。ドゥオーキンの考えでは、人間は社会において倫理的な主体性を持った行為者であり、各人は自らが有する性格や習慣、欲求などをまとめ上げながら自己の選好を生み出し、自らの生のための選択や決定を行うが、そこではさらに人生の成功への見通しや他人に対する公正な活動のための道徳的確信も含まれている。

ドゥオーキンによれば、人生における福祉には二つの種類があり、それは意志的利益と決定的利益である。意志的利益とは単に当人が欲するものの実現であるが、それに対して決定的利益とは、それによって生が重要な意味をなすべく各人が欲するものである。ここで、重要なのは後者の決定的利益である。決定的利益は、理性的な判断が介在することで、各人の生において基底的なものであり、誰にとっても共通の不可欠の意義を有している。ドゥオーキンが例として挙げるのは、健康や身体能力、物質的資源、家族や友情へのコミットメント、知的な機会、憲法・法律体制、知的、文芸的あるいは哲学的な機会、言語と文化、そして正義などと広範であるが、これらの利益はそれなしにはおよそ人生の意味が無になるものである。また、これらの決定的利益は、個人の生における チャレンジとしての活動において重要となる。ドゥオーキンの言うチャレンジとは、各人が善き生を目指して善き術を発揮して適切に行為することであり、各人を取り巻く問題状況への正しい応答を求められるものでもある。そして、一連のチャレンジにおいては、個人の活動全体のインテグリティも求められる。

このような見方を基点として、ドゥオーキンは、社会が保全すべきことは、個人の倫理的な生のあり方であるチャレンジであると捉え、その実現のための社会的条件を考察する。ここで言われているチャレンジとは、明らかに自尊の一つの表現である。個々人は、このチャレンジにおいて各自の生を善く生きるに値するものとして追求する。そして、チャレンジの実現のための様々な条件は、チャレンジそのものを構成する基本的なパラメーターであり、これらはチャレンジの基盤となる資源として、各自の倫理的なアイデンティティを毀損しないように同等に保障されるべきものである。それ故、法や政治の役割は、多様な可能性に開かれている個々人のチャレンジにとって適切な環境を維持することであり、それは自尊の等しい保全でもある。また、このような枠組みのもとで、法と政治においては平等を軸として自由の保障も接合される。ドゥオーキンは、このような見方を各人の善き生の追求に対して「等しい尊重と配慮」を軸とする「倫理的リベラリズム」と呼ぶ。

リベラルな自尊の理念の特徴

以上のようなロールズやドゥオーキンの自尊の思想に現れているのは、人々の様々な活動の基底は常に自己の善き生の真摯な追求そのものに存し、それは誰においても等しい状態であって、そしてその保全こそが社会の正しい秩序の目的であるという見方である。換言すれば、社会の誰もが等しい形で様々な財の保障や支援を受け、それによって各自の善き生の追求が適正に支えられることが、法の目的なのである。そして、この点では、法には二つの機能が期待される。それは、各人に対する支援と人々の間の社会的関係の形成である。各自への支援という場合には、一つは自由権や社会権などの様々な個人の権利の等しい保障であり、もう一つは公共的規範のあり方を考え決定していく熟議の過程に参加するための等しい条件を保障することである。前者の権利尊重と後者の民主的決定過程の維持とは、相俟って、社会における人々の間の市民的で相互的、共同的な関係を形づくってゆくことにつながり、最終的には各人の善き生活の十全な実現へとつながる。

その一方で、法秩序においてはそのあり方を導いている正義の理念が重要である。正義そのものの内容は基本的には価値や利益の均衡にあると同時に、その均衡のあり方は道徳的価値によって規定される。正義の働きに介在している価値や原則のあり方に関しては様々な捉え方があるが、上で述べたロールズやドゥオーキンのそれは、最終的には自尊の保障を軸とする自由と平等との調和が正義の実質であり、それがまた法の基調を定めているというリベラリズムの見方であり、そこでは法の支配、権利や参加、あるいは責任と相互性などとの関わりで限定された意味で社会的な共同性が成り立つことになる。確かに、正義や法の内容規定にあたっては様々な考え方が成り立つ余地があって、その中でいったい何が重要な価値であり、何が重要な意味での正義であり、そして法はいかなる形のものたるべきなのかという問題は、そもそも価値的な争いの的である。しかし、自尊に基礎を置いた正義と法に係る議論は、近代以来の基本的価値である個人の尊厳をさらに積極的かつ現代的に展開したものとして、現代の法‐政治哲学では重要な潮流の一つとなっている。

3 二つの構成的批判
──「潜在能力」と「イマジナリーな領域」

アマルティア・センの「潜在能力」論

ロールズやドゥオーキンに代表されるこのような自尊の観念の把握に対しては有力な批判もある。まず重要なのは、アマルティア・センの議論である。センの見方に従って端的に言えば、自尊は単純に誰もが有すると想定することはできない。そのためには一定の潜在能力が備わっていることが重要である。

ロールズの考えでは、人々の善き生の多様性があれば各人の利益の満足は同じではないので、誰にも共通する基本資源である社会的優先財だけを人々に等しく保障することが重要となる。しかし、センによれば、社会的優先財は重要ではあるが、その意義が誰にも等しいわけではない。人々の多様性はそのニーズの多様性に結びついており、この多様性の故にこそ各人は異なった財を必要とする。特に各人は体的な栄養代謝率、年齢、性別、妊娠、精神的な心理的安定や知力、環境的な気候条件、そして、社会的な所得、権利、資産、労働条件、風土の地域差などの相異に応じて異なるニーズを有している。それ故、ロールズの言う社会的優先財の保障だけでは人々のニーズに応えるのに十分ではない。

加えて、センの考えでは、社会的優先財は個人の生活の単なる手段にすぎない。社会的優先財が個人の善き生活を的確に実現できるためには、資源から達成への転換を媒介する能力が重要である。同じ資源が与えられても、能力に差異があれば、資源の転換に差が生じて同等な満足が達成されなくなる。例えばある食物の栄養が同一であっても、それが個人にもたらす滋養は、個人の代謝率、身体のサイズ、年令、性別、栄養学的知識、気候などで変化する。また貧困の場合には、貧困者に一定の所得が与えられたとしても、年齢やハンディキャップによる生活力の相異のために貧困から脱することができないこともある。センによればこれらの能力は、潜在能力と呼ばれる。人間の存在と行為の態様は、種々の潜在能力の発揮によって示され、福利もその結果として示される。また、潜在能力は、その人間の自由の状態を示している。自由とは、選択と決定ができる潜在能力が確保されてその人間がそれによって一定の達成を目指すことのできる状態である。それはまた、個人がなしうる活動の中で現実にどれを選択でき、個人の善き生活をどの程度まで実現するかという意味での「何かができる自由」の問題でもある。

こうして、ロールズのような正義の原理による社会的優先財の均しい分配だけでは人々の間で現実に生じうる不平等を改善することはできない。そこではなお、潜在能力の不平等という問題がありうるからである。それ故、正義の焦点が等しい自由の保障にあるのであれば、それは資源を超えて潜在能力の適切な保障にまで進む必要がある。その潜在能力の具体的指標のリストをつくることは、文化的要因にも依存するので容易くはないが、しかし、人々のニーズの精査によって客観的な内容を定めることは不可能ではない。

もっとも、ここで確認しておきたいのは、問題はロールズとセンのいずれが正しいかということではないということである。むしろ、ロールズとセンいずれの議論も、正義の名によって等しく保障される事柄の指標を特定することで適切な保障の範囲を定めようとしているのであり、その際にそれぞれの指標には相対的な深浅の相異がありうるということが、ここでは重要である。ロールズの正義による保障の指標は個人のあり方の把握に関して個人の選択や決定における自尊に焦点を当てている点で相対的に薄く、センのそれは個人のあり方の把握に関して選択や決定の前提条件となっている潜在能力に焦点を当てている点で相対的に厚いので、その分だけ前者は財の一律の分配に、後者は個人の多様性に応じた財の分配に傾斜する。

そして、この相異は、結局、両者にとっての個々人の本来的なあり方の把握に依存している。ロールズにおいては誰もがその善き生の追求において共通の合理性を維持しているという側面が重要である一方で、センにおいては各人がその固有の活動状態においてそれぞれの発展方向へ向かっているという側面が重要である。

D・コーネルの「イマジナリーな領域」論

以上のようなセンによる批判の一方で、現代のフェミニズムや批判的人種理論においては、人格の基礎となるアイデンティティ形成が重視されていることもまた重要である。これらの議論においては、ロールズやドゥオーキンが示すリベラルな人間像への批判として、個々人のアイデンティティ形成への尊重と配慮の重要性が提起される。道徳的人格として一定の特性を有する個人があるというリベラルな主体像は、実際はその道徳的人格の形成それ自体において様々なアイデンティティの獲得を通じて初めて可能になる。とりわけ個々人のアイデンティティにおいて簡単には取捨選択され得ない条件として、セクシュアリティや民族集団などは重要な構成要素であって、しかもそれらは往々にして社会的少数派として不当に抑圧される理由にもなる。そうであるならば、重要なのは確立した道徳的人格の特性よりも、それ以前に経過しなければならないアイデンティティ形成における様々な特性であり、これを正義の関心対象として必要な尊重と配慮を与え、様々なアイデンティティ形成を等しく保障することでなくてはならないであろう。

このような見方を特に印象深い形で提起しているのは、フェミニストのドゥルシラ・コーネルである。コーネルは、各人がその自己に様々な性的アイデンティティを与えようと試みる根元的な心的活動に焦点を当てる。コーネルによれば、人間は自己の基礎となる性的なアイデンティティやその現れとしての身体的統合性の感覚を、人格形成の基礎となる「イマジナリーな領域」において自由に構想する存在である。それ故、性差別は、このような根元的な領域での各人の自由を否定し、またそのことで様々なアイデンティティを有する人々の尊厳を侵害するものである。このとき、コーネルは、この領域とその原動力となる想像力の重要性を強調し、それがロールズやドゥオーキンの見る自尊やチャレンジよりも基底的な意義をもつ人格のアスペクトであると捉えている。

もっとも、ここではロールズやドゥオーキンの議論が全面的に否定されるわけではない。コーネルは、彼らの言う人格的自由の意義は再確認しつつも、それが自由なアイデンティティ形成の場面でいっそうの深さをもって把握されると言う。尊厳や自尊は、単に善き生をいかに追求するかという問題においてのみならず、そのような善き生をいかなるアイデンティティの下に追求するかといういっそう深い次元で考えられる必要がある。そしてまた、そうであるからこそ、コーネルはセンの潜在能力の見方を改めて評価する。コーネルにとっては、センの潜在能力の議論は単に善き生を支える前提条件となる能力の問題に止まらず、いっそう根元的な「イマジナリーな領域」でのアイデンティティ形成にも預かって力のあるものとして関連づけられ、これら二つの条件は相俟って同じ人格の基礎的な次元への尊重と配慮にとって有意義なものとなるのである。

さらに、コーネルの考えでは、そのような人格の深層のあり方に対する感受性に富んだ尊重と配慮は、個人の権利‐義務関係を律することを対象とした近代的な法的規整によっては十分には果たされない。というのも、ロールズの言う自尊やドゥオーキンの言うチャレンジが、近代立憲主義的な個人の権利や法制度を通じて保障されると考えるとすれば、それは個人の人格の表層だけについて一般的で中立的な保障を与えるのみであり、そのことによってかえって逆に、人々の根元的な自由に対して権力的な規律を課してしまう危険を払拭できないからである。例えば、男女平等の原則はそれ自体もちろん意義があるが、そのことによってかえって男女の二元的なジェンダー理解だけを重視することになり、同性愛やトランス・セクシュアルのような他の性的アイデンティティのあり方を排除してしまう。また、セクシュアル・ハラスメントのように、市民としての法的利益と同時にジェンダーの問題にも係るような複合的な権利侵害を救済すべき場面でも、権利侵害の基準の理解が通常の不法行為規制の下でジェンダー面での中立性を標榜するときには、かえって既存の社会的偏見が紛れ込みやすい。このように単純な形での法的規制では、かえって様々なアイデンティティを有する人々に対する抑圧が発生する。近代法の原則だけでは、人々が真に要求する各人の尊厳を把握できないばかりか、その承認の要求に不適切な形で対応することで、人々の真摯な自由の要求を閉塞させかねないのである。

　ただし、このようなコーネルの批判も、先に述べたセンのそれと同様に、必ずしもロールズやドゥオーキンの見方の否定ではない面がある。確かに、このことは、コーネルの見方の批判的な面、特にジェンダー理論からする近代的な個人や主体性への批判という角度からすれば、必ずしも適切な理解とは言えないかもしれない。しかし、このことは、コーネル自身がロールズやドゥオーキンと理論的な連帯を図るべく示唆しているところから看取されるように、彼女の見方はロールズやドゥオーキンが展開した自尊の理念をさらに深いレヴェルで捉え直すことのできるものである。そしてまた、そのような自尊の広がりの面で、彼女はセンの潜在能力論との接合について示唆していることも重要であろう。

「潜在能力」・「イマジナリーな領域」と自尊

　センやコーネルの問題提起の要諦は、個人の道徳的人格としての一般的な特性を端的に出発点として社会秩序の基本線を規定しようとする見方に対して、そのような人格がさらに深い次元で有している条件としての潜在能力やアイデンティティ形成をも射程に入れた形でその基本線を改めて捉え直す必要があるという指摘である。これらの点は、ロールズやドゥオーキンに代表されるリベラルな正義や法の見方における人格や自尊の重視、そしてそれらに対する等しい尊重と配慮の要求にとって、それが見逃している人格と自尊のより根元的な条件を剔り出したものとして捉え、既存の正義や法の目的の理解に関して再考を迫っていると見る必要がある。

　しかし、このことは従前からのリベラルな正義や法、そして自尊の見方が全く否定されるべきであるということを意味するわけではないであろう。むしろ、既に幾ばくか触れたとおり、センやコーネル自身もしばしば示唆するように、彼らの批判はむしろ従前の見方をより深化させる可能性を示す構成的批判でもある。そして、この場合には、自尊のあり方については勿論のこと、それ以外にも自由や平等についても新たな深い意味が与えられる。つまり、選択や決定の自由ばかりではなく、そもそも自己を形成するというより根元的な自由が、また近代的な法の下の平等や両性の平等ばかりでなく、そもそも自己を様々な性的・民族的アイデンティティを有する存在として形成することの平等が、ここでは重要になる。そして、自尊の理念が深まることに応じて自由や平等の意味も深まるとき、そこではさらに法のあり方も深まる可能性が開かれることになろう。

4 自尊・福祉・法

自尊と人間の福祉

自尊の理念を重視するリベラルな見方に共通しているのは、現代社会において不可避の価値観の多様性という事実の下で個々人に共通するのは、各人の選択や決定の内容ではなく、活動のための一般的条件に止まるということである。それ故、ここではあくまで、選択や決定の際に誰もが必要とする資源のみが一般的に保障されるべきことになる。しかし、その一方で、潜在能力やアイデンティティ形成それ自体への尊重と配慮の必要性という問題提起をめぐって看取されることは、個人の選択や決定の可能性そのものに関わる前提条件として、能力や文化の文脈における自尊のあり方も重要だということである。そして、その場合には、選択や決定を支える様々な各人の能力やアイデンティティに関する保障が必要となる。

このような議論状況に鑑みると、自尊にも二層、すなわち浅い自尊と深い自尊とがあり、特に後者の意義に改めて注目する必要が出てくる。浅い自尊とは、一定の能力や社会的条件を既に備えた自由な個人が選択や決定を行う場合に関わるものであり、深い自尊とは、そのような能力や社会的条件が欠けてしまっている個人が必要としているものである。この意味で、個々人は、各々の善き生き方がどのような形態や内容であれ、およそ生きようとすることにおいてお互いに等しい倫理的な存在理由を保持している。これは時に個人の尊厳とも表現されることに関わるが、自尊は尊厳と重なりつつも、個々人の主体的な生の活動という積極的側面を強調している。尊厳は自尊のポテンシャルであり、自尊は尊厳の積極的な発露である。

かくして、自尊の理念は深浅二つの層において、個人の存在が等しい尊重と配慮に値することを含む。換言すれば、自尊の理念は、単に個々人が自律的な選択や決定ができるというだけでなく、そもそも人間として生きていることそれ自体に関する尊重や配慮も含むことになる。自尊への等しい尊重と配慮は、単なる自由や機会の平等の問題を超えた、より深い人間的次元にも向けられたものなのである。特に、深い自尊の尊重と配慮は、単に各人が人間であるということのみならず、人間として生きてゆこうとしていることに対するものであり、その意味で人間の福祉への尊重と配慮である。そして、このとき、まさに自尊へのより深い尊重と配慮の一環として、精神や身体の障害を持つ人や老齢者、女性、社会における少数人種・民族、あるいは性的マイノリティなど、各人の責任には帰し得ない能力や地位の格差と差別に苛まれている人々に対して保護をすることの必要性も改めて浮かび上がってくる。これらは、通常の人々のそれとは異なる例外的事情としてではなく、自尊の理念の本来の帰結として位置づけられる。

このような深さと広がりを有する自尊の理解とそこに発する人間の福祉の確保の要請が広く柔軟な法のあり方ともつながりうることは、もはや言うまでもないであろう。

〈権利＝法〉の意義

一般に、「法は道徳の最小限」と言われ、法は道徳の中の最も重要な部分を規律していると言われるが、その意味は単に法が道徳の一部分であり、法と道徳とが内容上重なり合うことがあるということに止まらない。いっそう重要な意味は、法は道徳の中でもその根幹部分をさらに強化するということである。その点をもう少し探るならば、次のように言えるであろう。すなわち、道徳は倫理と共に人間や社会の理想を示すが、人間は決して理想的な存在であるわけではないし社会秩序も理想どおりに成り立つことはなく、多く道徳を毀損したり欠いたりするものである。そうであれば、理想の道徳の見地からは、当の理想とそれに反する現実との一定の距離が理想の側の忍耐や寛容の限度を規定し、その範囲内では現実に対して妥協もなされ理想が堅持されうる一方で、現実が理想の許容範囲を超えそれが常態化して理想の絶対的な否定につながるときには、理想は強靭な反応を示し、裏切られた価値の復元を要求するであろう。そして、このとき理想はその復元のために力を必要とし、一定の強制措置の助けを求めることになるであろう。このような意味で、道徳はその価値的な復元において法の力を必要とする。法は道徳の毀損や欠落を匡正し、秩序を理想に近づけるための補助装置である。また、このとき、正義は、社会秩序の根本原則として、人々が道徳に則して生きることを実現するために法を司る要となる。

その一方で、現代における人間や社会の道徳の核は、人々の存在を等しく意義あるものと位置づけることであり、その動的な表現が自尊の理念である。このことと上に述べた正義と法の役割に関わる考えをつなげるならば、道徳と法と自尊とは、道徳と法とが相俟って保全しようとする目的が自尊であり、自尊はその道徳的意義の維持のために法を必要とすることにおいて、正義に則した関係にあることになる。また、そうであれば、自尊をいかに捉えるかが道徳や法の広狭を定めることになる。この点では、上に述べたように、自尊に二層が考えられるとき道徳の視界もそのように広がり、またその保全のための法の必要性もそれに対応して考えられることが、正義の求めるところだということになろう。

ここでもう一つ重要なことは、法の規整の態様を〈規則＝法〉と〈権利＝法〉との対比として捉えることができることである。〈規則＝法〉とは、法の全体は規則の集合体であるとする見方に立つ法のあり方であり、〈権利＝法〉とは、法の全体が権利保障の網の目であるとする見方に立つ法のあり方である。前者においては、法は権威を以って人々の行動を律する決まりとなるが、後者においては、法は人々の様々な権利を保障する基準の集まりとなる。後者の見方に立つならば、例えば憲法で信教の自由が保障されているということは、市民は信教の自由の権利を有し、その権利の保護のために政府による侵害を防ぐということである。他にも、例えば家族生活における両性の平等が言われるときには男女共に同等の権利を有していることが、また生存権の保障が言われるときも個々人の文化的生活の権利の実現が表明されている。これらの憲法上の権利が近代から現代への歴史的変化の中で自由権、平等権、そして社会権の順に拡充されて来たものであることは、周知のとおりである。自由権は他者からの不当な干渉を免れる権利として、信教、思想、良心、表現などの自由を含み、平等権は他者から等しい処遇を受ける権利として、法の下の平等や両性の平等、政治参加の平等などを含み、そして社会権は他者が個人の活動基盤を支えるための権利として、生存、教育、労働などに係る基本的権利を含む。これらの権利の歴史的拡大は、一方では時間的な変化であるが、しかし、その保障次元の変容に注目してみるとき、特にここで論じている自尊の理念との関係では、まさに深い自尊の次元への深まりとしての権利の保障の次元の深まりを示していることも見逃せないであろう。

しかし、ここで重要なのは、単に権利保障の拡充が法の基軸であるということに止まらない。むしろ、ここではその拡充の方向性がどこにあるのかという問題が重要であり、そしてこの点で、すでに述べた二層的な自尊の理念の重要性が改めて見えてくるのである。〈権利＝法〉は、個々人をかけがえのない存在として重視し、その重要な利益に焦点を当てて、優先的な保護対象とする。このとき、〈権利＝法〉の網の目の要は、自尊の等しい尊重と配慮であり、それを基軸にさらに様々な制度や組織が組み立てられることが求められる。しかも、自尊には深浅二つの次元があるとすると、〈権利＝法〉による自尊の保全にも深浅二つの次元があることとなり、その内で重要なのはまずは深い自尊の保全であるということになるであろう。この場合、権利の形としては「自尊の等しい尊重と配慮への権利」が肯認され、そのために必要な多角的で重層的な保障が要請されることになろう。

また、〈権利＝法〉においては、「自尊の等しい尊重と配慮の権利」を軸にして様々な権利の序列が形づくられることになる。つまり、そこでは、まず深い自尊と等しい尊重と配慮に係る権利保護が基盤となり、そのうえで浅い自尊の保全のための権利が付加されよう。このことは、具体的には、憲法上、人格権や社会権が基礎となり、そのうえで平等権や自由権が保障されるという見方がなされるだろうということである。ここでは、他者が個人の活動基盤を支えるための権利たる人格権や生存、教育、労働などの分野に係る権利が基盤となり、それから他者から等しい処遇を受ける権利たる法の下の平等や両性の平等、機会の平等などが意義づけられ、そのうえで他者からの不当な干渉を免れる権利である信教、思想、良心、表現などの自由が保障されることになる。このような順序立ては、先に触れたように、歴史的拡大の順とは異なった、自尊の理念からもたらされるものである。

　以上のような自尊と法との密接な関わりそのもの、それがここでの正義の要求である。法の目的は正義の実現であり、それは現代では自尊に対する等しい尊重と配慮に存する。法の視点から言えば、法は自尊を根元的な権利として等しく尊重し配慮することにおいてこそ、正義の実現としての徳を有するのである。

自尊と福祉の保障

　このように自尊の理念を重んじ、またそれを深い次元にまで広げて捉えながら、正義に適った法制度を構築・再編成してゆくことは、二一世紀の福祉理論の大きな課題の一つである。その詳細について立ち入るためにはもはや紙数が尽きているが、その要諦について約言するならば、自尊の等しい尊重と配慮を軸に人間の福祉の実現を考えるとすれば、特に自尊の具体的表現としての自己形成を支え、促進し、そしてその達成を可能にし、そして新たな自己形成の段階へと向かわせる諸条件の整備が緊要であると言えるかもしれない。

　そこでは、まず、自己形成の基盤に係る活動資格、自己形成の過程で望ましい自己を形づくる活動能力、そして自己形成の結果として生まれる利益に関わる活動成果という三つの局面の区分が重要であろう。その一方で、自己形成に必要な条件は人々の社会における活動領域に応じて様々に異なり、そこでは、家族や教育、雇用、医療・福祉サービスなどに関わる文化的活動、権力関係に関わる政治的活動、そして経済的な生産や消費に関わる経済的活動の三つを区分でき、それに従って、各活動に特有の財や資源と能力が確保されることが重要となろう。ここから、自尊の保全に向けられた人間の福祉のあり方は、これらの活動局面と活動領域との組み合わせにおいて構想されうる。とりわけ、そこでは、家族、教育援助、労働保険、医療補助、年金、社会福祉などの生活保障の問題について、様々な境遇にある人々の生との関連性を再考し、その適正なあり方を探ることが重要となる。その際には、これと連動して、政治の透明化を軸に、基本的人権の保障、行政手続の拡充などによって人々の利益が政治の中で広く考慮されることや、経済活動における独占や不正競争の防止などによって、市場の暴走を抑える公正で自由、かつ民主的な経済が確立されることも重要となるのは言うまでもない。

　〈権利＝法〉の枠組みの下でかけがえのない各人の自己形成を促進し、そのような人々が共に生きることを支えることは、個々人が自尊を持って生きることを可能にし、各自の自由や平等を相互に実現し、救済することである。そしてまた、このことは、各人の根元的な自尊を尊重し配慮したところに成立する公共性の表現でもあり、誰にも等しい自尊の尊重と配慮を軸とした友愛の精神の表現でもある。そこでは、単に社会全体の利益の効率的配分を求めることや人々の活動やその結果を自由放任のままに放置することは決して正義と法の精神に適合しない。そこで必要なのは、自尊の深浅を見極めた多角的で重層的な分配基準と方法を可能にする正義と法のあり方であることは論を俟たない。たとえその理想が容易くは実現できないとしても、〈権利＝法〉を基礎とした自尊の保全は、正義と真の幸福を求めてやまない人間の希望の現れであろう。

【参考文献】

尾形健（二〇一一）『福祉国家と憲法構造』有斐閣。
イマヌエル・カント、宇都宮芳明訳（二〇〇四）『道徳形而上学の基礎づけ』以文社。
ドゥルシラ・コーネル（石岡良治他訳）（二〇〇一）『自由のハートで』情況出版。
アマルティア・セン＝後藤玲子（二〇〇八）『福祉と正義』東京大学出版会。
アマルティア・セン、池本幸雄訳（二〇一一）『正義のアイデア』明石書店
竹内章郎（二〇一〇）『平等の哲学』大月書店。
立岩真也（二〇〇四）『自由の平等』岩波書店。
ロナルド・ドゥウォーキン、小林公他訳（二〇〇二）『平等とは何か』木鐸社。
ロナルド・ドゥウォーキン、木下毅他訳（二〇〇三）『権利論』木鐸社。
長谷川晃（二〇〇一）『公正の法哲学』信山社。
ホセ・ヨンパルト（一九九〇）『人間の尊厳と国家の権力』成文堂。
ジョン・ロールズ、川本隆史他訳（二〇一〇）『正義論』紀伊国屋書店。

第6章

差別・貧困と障害者の権利

内野正幸

「真の平等に必要なことは、身障者も就労可能という想定にしたがって、建物や職を可能なかぎり設計しなおすことである。」（W・キムリッカ（千葉眞ほか訳）『［新版］現代政治理論』日本経済評論者、二〇〇五年、六〇一頁）。この言明は、正義論として読むかぎり、支持できる。しかし、憲法上の要請という枠組みを導入すると、そうは単純に言えなくなる。

1 法律と憲法

法律という言葉は、漠然とした広い意味では、あるいは一般市民向けには、その中に、憲法、政令、（各省の制定する）省令、（各地方自治体の制定する）条例などを含めたものとして使われる。法律学という場合の法律が、それである。

しかし、法律という言葉は、より厳密な狭い意味では、国会で制定された法をさす。その一例としては、障害者差別解消法をあげておこう。この場合の法律は、憲法、省令、条例などと異なったものとなる。以下では、法律という言葉は、このような狭い意味で使いたい。

差別解消といえば、平等については、憲法だけでなく法律などにも規定がある。まずは、有名な憲法一四条一項についてであるが、そこには、「すべて国民は、法の下に平等であって、人種、信条、性別、社会的身分又は門地により……差別されない」、と定められている。次に、法律について代表例をいえば、地方自治法二四四条三項には、「普通地方公共団体は、住民が公の施設を利用することについて、不当な差別的取扱いをしてはならない」、と書かれている。また、国家公務員法二七条や地方公務員法一三条には、「すべて国民は、この法律の適用について、平等に取り扱われ……」、と書かれている（公務員の場合、差別は厳しく禁止されるが、民間の場合はそうでもない、ということであろうか?）。

確認のため一言。第一に、平等や差別は、「扱い」という言葉とセットにして理解されるべきである。人と人との間に自然的差違があるのは当然であり、このことは平等に反したり差別に当たったりするわけではない。法律の条文を読むと、「扱い」という言葉がよく伝わってくるが、憲法一四条にいう「差別」も、差別的扱いという趣旨に読むべきである。第二に、憲法や法律の規定の正体は、「である」という存在文ではなく、「べきである」という規範文である。憲法一四条の「差別されない」という定めは、「差別されてはならない」という規範文として読まれるべきである。

　さて、法律学の分野で最も盛んなのは、法解釈論であるが、その場合、憲法解釈と法律解釈と条約の解釈などとを区別する必要がある。

2　憲法と正義論の関係

憲法の論じ方

　憲法学といえば、それは憲法（主として日本国憲法）を扱う学問分野をさす。より広くは、憲法学者であるかどうかを問わず、法律家、政治家や社会運動家など誰かが憲法に関して行う議論・論調というものもある。ともあれ、憲法学界では従来、障害（学）への関心は必ずしも高くなかった（「障害」や「人権」をタイトルに含む本は多いにしても）。

　さて、「憲法上の要請」という言い方と「憲法上望ましい」という言い方を区別したい（内野正幸『憲法解釈の論理と体系』日本評論社、一九九一年、復刊二〇一三年、第一章第二節参照）。「憲法上望ましい」という言い方は、「憲法（の特定の条文）の理念」といいかえうる。その際、憲法の特定の条文の意味そのものとは区別したい。

　障害者の権利についていえば、障害者にとって、とくに情報授受の自由や移動の自由を現実化するための各種の援助が大切になる。このような援助の要請は、関連条文である憲法二一条一項や二二条一項の解釈によって導かれないにしても、憲法上望ましいこととして、憲法の理念から主張されるべきであろう。

「正義」の意味

　日常用語で「正義」というと、「正義感が強い」とか「正義の味方」という言い方や、独善などを連想しがちである。しかし、法哲学その他の領域では必ずしもそうではない。そこでは、典型的には、近時における「正義」と「善」の区別という枠組みが想起される（西洋思想史を眺めると、このような区別は従来あまり行われてこなかった、ということに気づかされるが。また、それとは別に、今日でも、この区別を強調すべきでないと論じる説もあるが）。

　さしあたっていえば、「正義」とは、各個人が主観的に抱く「善」の感情を超えたところに客観的に成立しうる基礎的な社会設計の規範であり、その中身としては、自由・平等のほかに適正手続などがあげられる（ときに社会正義といわれることもある）。だとすると、法に従うことが正義なのか、という質問を受けそうである。答えとしては、原則的にイエスであるにしても、つねにイエスとは限らない（悪法というものもありうるから）、と述べておこう。このような形で語られる正義については、正義論という言葉も使いたい。なお、正義論は、国・地方自治体だけでなく民間もカバーしうる。ただ、甲氏が乙氏を差別してはならないのは正義の問題か善の問題か、ということは議論されうる。

　それとは別に、正義の倫理とケアの倫理をめぐる議論もあるが、割愛したい。

　最近、「幸福」ということが経済学や心理学などの分野で注目されつつある（たとえば橘木俊詔編著『幸福』ミネルヴァ書房、二〇一四年）。（なお、憲法一三条に見られる「幸福追求」という言葉は一応無関係である。）「正義」との関係について一言述べよう。「最大多数の最大幸福」という標語がある（イギリスの功利主義者ベンサムの言葉として知られているが、より古くは、イタリアのベッカリーア『犯罪と刑罰』の中に出てくる）。しかし、不幸の最小化こそ「正義」にふさわしいであろう。

なお、効率性については、自由・平等とともに正義に組み込まれるとみるか、それとも正義と緊張（対立）関係にあるとみるか、という問題もある。いずれにしても、効率性をどの程度まで重視するのか、が問われる。

不正への怒り（著しい不正の除去）

喜怒哀楽という言い方が時々みられるが、その二番目には、〝怒り〟という言葉が出てくる（なお、〝怒る〟は〝憤る［いきどおる］〟にも通じる）。世の中には、怒りっぽい人もいれば、怒りっぽくない人もいる。また、何に怒りを感じるのかは、人によって違いがある。自分が傷つけられたり害されたりした場合もあれば、他人や社会の不正を見聞きして〝これは許せない〟と思う場合もある。

いずれにせよ、〝怒り〟は、正義論について述べようとする場合の出発点（きっかけ）になりうる。この場合、〝憤り〟の方がふさわしいかもしれないが（〝私憤から公憤へ〟といわれることもある）。ただ、このような正義論への接近法は、広く見られるわけではない。

正義は最も望ましい社会のあり方を指摘するが、憲法（近代立憲主義憲法）は必ずしもそうであるとは限らず、いわば最低限の要求を掲げる。とくに平等、差別禁止や生存権について、そういえる。ただ、正義論にも、（著しい）不正を除去したり減少させたりするタイプのものもある。それは、A・センのほかJ・シュクラー『不正義の諸相』などに示される（なお、後者は、障害者について取り上げていないが）。

3　平等の捉え方

この節では、断りのない限り、憲法の理念ではなく憲法上の要請に関する話をしよう。

いろいろな平等（形式的平等かつ相対的平等）

平等といっても、そこには各種の概念がある。それについて説明する前に、確認のため一言しておこう。平等は〝均等〟といいかえうるが、〝同一（同じ）〟とは異なっている。また、前節で述べたように、法律の分野で平等といえば、平等な扱いのことである。

そこで、実質的平等という言葉を持ち出そう。実質的平等は、形式的平等の対義語（反対語）である。といっても、言葉の捉え方は、論者によって違ったものになりうる。この言葉は、一方で、漠然とした広い意味では、形式的平等（一律扱い）ではない実質的公平をさす。この点、異なった者は異なり方に応じて異なったように扱うべきである、と説明されることもある（このような説明は、憲法の平等条項の理念についてのものである、ともいえる）。その場合、実質的平等は相対的平等に類似してくる。参考までにいえば、甲氏と乙氏の間には、つねに同じ側面と異なった側面とがある（たとえば、両氏は、日本国籍者という面では同じであるが、性別という面では異なる）。前述した「異なった者」という言葉も、〝異なった側面をもつ者〟という意味合いのものである。

なお、相対的平等は、絶対的平等の対義語であり、形式的平等を絶対的に貫くことなく例外として合理的な区別を許容する、という種類の平等をさす。

実質的平等という言葉は、他方で、厳密な狭い意味では、実質的公平の中でも、劣った者をより有利に扱うことをさす。この場合、実質的平等は、相対的平等とは明確に異なった概念となる。実質的平等（推進策）の例としては、社会保障給付における所得制限条項の導入や、積極的格差是正措置（後述）などがあげられる。

広狭いずれに捉えるにせよ、実質的平等という考え方は重要である。そして、憲法一四条にいう「平等」に実質的平等の考え方が採り入れられる

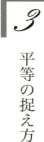

ことになる。ここで注意すべきは、採り入れ（られ）るとはどういう意味か、ということである。前述したように、平等の大原則は形式的平等を貫くことにあり、そこには例外が伴う。ここでの例外は、形式的平等を犠牲にする（そこなわせる）、といいかえうる。もちろん、それが合憲になるかどうか、すなわち合憲の合理的区別か違憲の差別か、は別問題である。

やはり、実質的平等を狭義に捉えておこう。実質的平等を図るために形式的平等を犠牲にすることは、憲法上の要請にならないが、憲法上許容される（＝合憲になる）ことが、わりと多い。消費税は、二〇一四年四月現在、八％である。貧富や所得のいかんにかかわらず、すべての消費者に一律にそうである。これは形式的平等の姿である。もしも将来、低所得者に限っては金銭の給付などの特別の配慮を行うということになれば、それは実質的平等を図るために形式的平等を犠牲にしたことになる。

形式的平等と狭義の実質的平等についての、このような話は、この二種類の「平等」は明確に区別できる、ということを前提としている。ただ、受験の機会や選挙権行使の機会につき、そこで求められるアクセス（利用可能性）の平等は形式的平等および実質的平等のうちどちらに属するのか、ということが問題になりうる。憲法の理念としては、できるだけアクセスの平等を推進せよ、といえる。この場合、〝機会の実質的平等〟という言い方がなされていい。なお、〝機会の平等〟といえば、それは（〝結果の平等〟の対義語であるが）典型的には、機会の形式的平等をさす（ちなみに、資本主義社会では結果の不平等がもたらされるが、そこでも機会の平等は確保されている、と論じられることもある）。

積極的格差是正措置

アメリカ合衆国などでは、従来から、黒人（ないしアフリカ系の人）の社会進出を促進させるため、雇用にあたり黒人を白人よりも〝有利〟に扱う、という類いのことが行われることがあった。〝有利〟という場合、やり方としては、たとえば、採用予定人数につき（人口比を参考にして）四割などの黒人枠をあらかじめ設定し、その上で採用を行う、とするものが考えられる。それは、以前に黒人が不利な状況におかれがちであった、ということを少しでも是正しようとする。また、暫定的に行うべきものとされてきた。

この種の社会進出促進策は、一方で、黒人以外のマイノリティ集団（女性や障害者なども含まれうる）についても語りうるし、他方で、雇用以外の場面（大学入学、社会的地位の高い職への採用など）についても話題にしうる。

積極的格差是正措置と他の実質的平等推進策との区別は、主として、形式的平等を犠牲にするにあたって、人種・性別などのマイノリティ集団という属性に着目するのか、それとも貧富・所得の違いに着目するのか、という点から行いうる。

なお、積極的格差是正措置は、積極的差別是正措置とよばれることが多い。しかし、そこで積極的に是正されるべき対象となっているのは、差別というよりも格差である。対応する英語は、アファーマティブ・アクションやポジティブ・アクションである。

優先主義（prioritarianism）

それは、貧者を含め不利な状況におかれてきた人たちを、それ以外の人たちよりも優先させよう、とする主義である。その対義語は普遍主義である。優先主義については、その主唱者たるパーフィットを離れて一般論的に検討するのも一案となるが、ここでは割愛したい（宇佐美誠『その先の正義論』ランダムハウスジャパン、二〇一一年、一七一頁以下など参照）。

4　障害者問題へのアプローチ

障害者関係の法律

最も広い意味での法律といえば、国際社会における法律（ルール、取り決め）も含まれ、それは、国際法とよばれる。国際法に属するものは、二国間条約や国際条約などである。ここで国際条約として重視すべきものは、障害者権利条約（「障害のある人の権利条約」）である。この条約につき、日本は二〇〇七年に署名し、二〇一四年に批准した。以前から日本でみられた国内法をいくつか概観しよう。

障害者基本法は、一九七〇年の旧法を発展させる形で二〇〇四年に成立し、二〇一一年に改正された（その四条で差別禁止関係、一六条三項で「交流及び共同学習」関係が盛り込まれた）。また、二〇〇五年には、障害者総合支援法が制定され、各種の給付などが一応整備された（支援区分のあり方など残された事柄もいろいろあるが）。

障害者差別解消法は、二〇一三年に成立し、二〇一六年施行となったが、主務大臣による対応指針など具体化は今後の課題である。

なお、これまでの話を読んで、障害者に関する「権利」、「平等」、「差別禁止」などの概念の関係づけについて質問されるかもしれないが、ここでは検討する余裕はない。

以上で言及した法律や、それ以外の法律の規定については、次の項目でも軽く扱う。

各種の障害者

〝障害者〟という言葉は、おもに便宜上のものである。〝障がい者〟と表現してもいい。また、〝障害のある者〟と言いかえるべきである、という主張も多いが、ここでは〝障害者〟をその略語として受けとめたい（なお、このような発想によれば、〝同性愛者〟も〝同性愛の体質・傾向のある者〟と言いかえるべきである、とされかねない）。

〝障害〟の捉え方については、医療モデルから社会モデルへ、という主要な枠組みの変化がある。医療モデルによれば、障害は当該個人に対する医療の対象として捉えられるが、社会モデルによれば、障害者が生活しやすい環境を十分に整備しない社会の側にこそ対処すべき問題がある、とされる（とりわけ藤岡・長岡［2013：33］など参照）。

ノーマライゼーションという言葉もよく使われる（坂田［2009］など参照）。この言葉は、ノーマル化（通常化）を意味するが、障害者も健常者と同じように普通の生活をしやすいようにしよう、という考え方をさす（それは、高齢者について使われることもある）。

関連して、障害者に関して自己決定や参加を強調するのもトレンド（主要な流れ）になっている。ただ、自立に関して次のような指摘も行われている。「とりわけ重度重複障害者や重度知的障害者の中には、自己責任への認識や自己選択する力の乏しい者も」おり、「たとえ一部の障害者であっても最初から排除してしまうような『自立』の定義は、障害者の自立を考える上では充分なものとは言い難い」（愼英弘《シンヨンホン》『盲ろう者の自立と社会参加』新幹社、二〇〇五年、二一頁）。その場合、パターナリズム（父性的温情主義）も考慮されてよかろう。

これまで、障害（者）は、「身体」「知的」「精神」の三つに区分されてきた。一言すれば、障害者雇用促進法は、一定割合での障害者の雇用を事業者に義務づけたりするが、そこにいう「障害者」は、一九六〇年の制定当時は、「身体」だけであったが、一九八七年に「知的」が加わり、二〇〇六年に「精神」が加わった。ただ、障害者差別解消法二条一号によると、「障害者」は、「身体障害、知的障害、精神障害（発達障害を含む。）その他の心身の機能の障害……がある者であって、障害及び社会的障壁により継続的に日常生活又は社会生活に相当な制限を受ける状態にあるものをいう」、と定義される。いずれにせよ、重複障害者の存在も軽視しえない（とくに重度の障害者の場合）。とりわけ盲ろう者（とくに全盲全ろう者）への生活支援は重要である。

身体障害者という場合、車いす利用者がイメージされやすい。その場合、いろいろな移動経路（道など）を車いすで通行しやすいものにする（段差が障害にならないようにする）ということが大切となる（バリアフリーの一形態）。それとは別に、指に障害をもつ者に対する配慮も重視すべきである（なお、六本指という多指症は、障害として扱われていない）。（また、低身長［症］の位置づけいかんという問題もある。）なお、内部障害者は、内臓の機能に障害をもつ者であり、見た目ではわかりにくいが、身体障害者に属する。

難病患者は、障害者差別解消法二条一号の規定に照らせば、「障害者」に含まれることが多い。また、障害者総合支援法の段階では（二〇一三年に）、別表で列挙された数多くの難病が、障害に追加されて支援の対象となった（なお、別表には筋萎縮性側索硬化症も含まれているが、それは本来の障害に当たろう）。しかし、支援の対象に組み込まれない〝制度の谷間〟という問題もあり、また、そもそも難病患者に対する医療費助成は不十分である。

憲法一四条はどこまで使えるか

障害の有無が（最近の各種の憲法改正草案では差別禁止事由として挿入されるにしても）憲法一四条後段の列挙事由から漏れているのは、当時（歴史的に）障害の有無を差別禁止事由として重視しようという法意識が弱かったからであろうか。また、憲法で禁止される差別について語る場面では、〝生まれによる差別の禁止〟というスローガンが使われる傾向にあるが、その場合、先天的な障害と中途の障害の区別をめぐる問題も出てくるであろう。なお、学界では文献が少ないが、身体の「異形」（たとえば顔の醜さ）を理由とする差別をめぐる議論もありうる。

合理的配慮

障害者権利条約においては、障害者差別への取り組みにかかわって、合理的配慮という言葉が重視される。そこでは、障害者に合理的配慮を行わないことをもって障害者差別とみなす（障害者に合理的配慮を行うべし）、といった考え方が打ち出された。それは、国内の法令などにも反映されつつある。ここで求められる合理的配慮とは何か、と聞かれれば、障害者にとって不便にならないよう（たとえば車いす利用者でもスムーズに移動できるように）生活環境を整備することである、と答えうる。前述のノーマライゼーションも、深くかかわる。このような合理的配慮論は、主として正義論のレールにのりやすい。

なお、合理的配慮は、前述の積極的格差是正措置とは異なった議論である（重なり合うこともありうるが）。この点を検討する余裕はないが、さしあたっていえば、障害者雇用促進法における障害者雇用率の設定は、積極的格差是正措置に属する。また、大学等の入試や各種の資格試験などで障害者に対して試験時間を延長することについても、当然なされるべき措置である。

これに対して、美術館などの入場の際に入館料や、電車、バス、タクシーなどの運賃において、障害者を優遇することについては、プラスに評価すべきだとしても、その正当化理由をどのように考えるべきであろうか。障害者の外出や社会的交流を促進するため、ということか。あるいは、障害者は人生のある面で損しているように感じられるから別の面で得させていい、という見方は、まずいであろうか（障害者を気の毒な人とみるのは問題だとされたりするが）。なお、積極的格差是正措置の場合、これまでの不利益に対する補償のような考え方がそこに含まれている可能性もある。

障害者による法的手段の行使の容易化

憲法の理念から出てくる障害者の人権としては、情報授受の自由や移動の自由（それらの積極的給付請求の側面）などを語りうるが、そのほかに法的手段の行使を取り上げうる。

障害者が行政・施設側の対応に不満をもつ場合、まずは相談や苦情がありうるが、さらには法的手段の行使も考えられる。ここで法的手段という場合、裁判がイメージされやすいが、裁判は、お金や労力（面倒臭さ）の面で便利であるとはいえない。裁判の前の段階のものとしては、行政不服申立ても活用されていい（成功例として、藤岡・長岡 2013：136-37）。もっとも、「不服審査手続に申立人代理人が多大な労力を費やしてもそれに見合う結果を生まないことが多い」（同：127）ともいわれているが。

優生思想との関係

優生は、典型的には、良い遺伝的素質の人々を生存・生殖させ、良くない遺伝的素質を淘汰しようとする主義である。その際、断種や選択的中絶などの手段がとられる。ただ、広い意味では、そこに、（遺伝的原因の有無にかかわらず）良性の健全な子供を産み、不良な子孫を残さないように努める、という主義も含ませうる。

かつての優生保護法（一九四八年制定）は、その一条で、「優生上の見地から不良な子孫の出生を防止する」とうたっていた。それは、前述した広義の「優生」に対応するであろう。この法律は、後に、優生関係の条項が削除され、一九九六年に母体保護法へと変わった。

この間、胎児条項の提案が行われたりした。胎児条項とは妊娠中に胎児の異常を発見した場合に選択的中絶を認める、とする規定である。選択的中絶の際に活用されているのは、経済条項（ないし身体・経済条項）である。経済条項とは、妊娠の継続または分娩が身体的経済的理由により母体の健康を著しく害するおそれがあるものである場合に中絶が認められる、とする規定である。この規定を文字どおり読めば、胎児の異常を理由とする中絶は、そこに含まれない。それを含むように、この規定は拡大解釈される傾向にあるが。

胎児条項であれ経済条項であれ、問われるべきは、胎児の異常を理由とする中絶は認められていいか、ということである。胎児の異常というとき多くの場合、障害のある子供が生まれてくる、ということがイメージされやすい。かりにエコー（超音波）検査により胎児が四肢（一部）欠損であるとわかったとする。ここで中絶を認めたり実施したりすると、四肢（一部）欠損の身体障害者の生存の価値との関連が問われる。また、検査により胎児が顕著な頭蓋骨陥没骨折を起こしているとわかったとしよう（この場合、脳にも重大な損傷がある、と推察される）。その際、産婦人科医としては妊婦に中絶を検討させる可能性がある（死産も予想されるが、そうならなかった場合その後の治療が大変になる、などと説明して）。ここでは、より軽症の頭蓋骨陥没骨折の患者に対しては治療に努めるべきである、ということとの関連が問われる。

ダウン症は、大部分の場合、遺伝子そのものというより染色体の異常にかかわる。出生前診断の結果、胎児がダウン症の疑いがある、とされた場合に中絶は認められていいであろうか。（着床後）出生ダウン症児として育った人たちのことを考えると、安易に肯定できない。

筋萎縮症の中でも、先天性の筋ジストロフィー（後天性の筋萎縮性側索硬化症［ＡＬＳ］とは異なる）については、出生前診断が話題になりうる。

要するに、優生思想は、障害学の見地から原則的に否定すべきである（人権の理念とも調和しにくい）が、ただ、着床前診断における受精卵の選別となると、話はむずかしくなる（重篤な遺伝子疾患の場合など）。

なお、産もうとする側の自覚的選択に基づく生殖技術の活用（いわばリベラル優生主義）については、ここでは検討する余裕はない。

5 障害児の教育を受ける権利

憲法二六条一項には、「能力に応じて、ひとしく教育を受ける権利」が定められれている。それは、障害児に固有のものではないが、ここでは障害児を念頭に話を進めよう。

インクルーシブ（包括的）教育に向けて何をどこまで行えるかは、憲法二六条の要請や理念から多くのことを導き出すことはできないであろう（ただし中川〔2013〕参照）。この点、憲法二六条にいう「能力に応じて、ひとしく」の捉え方も関連してくる。

学校教育の分野では、特別支援や通級指導が話題になる。一方で、特別支援教育は、従来から養護教育などの名の下に広く実施されてきたものであり、現在は、特別支援学校（かつての養護学校）か、普通学校の特別支援学級（学校教育法八一条参照。以前は特殊学級などとよばれていた）で行われる。その場合、「交流及び共同学習」が重視される。それは、特別支援学校よりも特別支援学級に通う子供について推進しやすいが、たとえば給食、体育、音楽などの時間帯に限って普通学級の子供と特別支援学級の子供がいっしょに学校生活を送る、という形をとる。

他方で、通級指導教室は、最近になって注目されている。この場合、いわば軽度の発達障害児など（特別支援学級の子供は除かれる）は、大部分の時間、普通学校の普通学級で学ぶが、障害の種別に応じ独自に指導してもらえる、というわけである（学校教育法施行規則〔省令〕一四〇条参照。なお、二〇〇六年の法令改正で、これまでの「自閉症」等々に加えて「学習障害」や「注意欠陥多動性障害」が追加されるなどした）。

特別支援の関係に戻ろう。学校教育法施行令〔政令〕一八条の二によると、就学前健康診断の結果に基づき、個々の子供について、市区町村教委は、専門的知識を有する者と保護者の意見を聴いて、障害児である旨を都道府県教委に通知し、特別支援学校を就学校として指定する、とされる（二〇〇七年の改正で「保護者の意見」が追加された。それは、おそらく障害者権利条約の批准に向けられた国内法整備の一環であろう）。「保護者の意見」条項の解釈ともかかわって、保護者が子供を特別支援学校・学級に入れることに反対した場合、その意見に学校側はどこまで従うべきか、という問題がある。学校ごとに扱いは異なる。

障害児教育に関する裁判例は各種あるが、ここでは、知的障害児がらみのものとして、大阪地判平12・2・17（『判例時報』一七四一号、一〇一頁以下）にふれておこう。大阪市の小学校に入学した知的障害者につき、特殊学級に在籍させて交流教育を行おうとする学校側の措置を不服とし、普通学級での教育を求めて提訴。判決によると、学校側は、諸般の事情を総合的に考慮して、障害児をどの学級に入れるかを決定するなどの教育環境整備義務があるが、本件事例では義務に違反していない、とされる。

少なくとも車いすを使うなどの身体障害児の場合は、普通学校の普通学級で教育を受けられて初めて憲法二六条の「教育を受ける権利」の要請が全うされる、とみるべきである。

6 貧困との関係

この章や節のタイトルで「貧困」という言葉を使った。それは、文字どおり、貧乏とか貧窮という意味で受けとめて頂きたい。最近よく主張される「反（アンチ）貧困」こそ、ここでの問題関心に合致する。なお、「心の貧困」などは、わきにおきたい。

福祉とは何か

戦後の日本で、福祉三法といえば、生活保護法、児童福祉法および身体障害者福祉法をさす。その後一九六〇年代になって、精神薄弱者福祉法、母子福祉法（ともに当時の名称）および老人福祉法が加わり、福祉六法となった。さしあたっては、ここに例示した法律の名前から、「福祉」とは社会福祉のことである、とイメージして頂きたい。なお、「福祉」に似た言葉として「幸福」があるが、福祉はつねに幸福に通じるとは限らないであろう。

　従来、日本国憲法の基本原理の一つとして「福祉主義」があげられたことがある。福祉国家（論）のイメージである。（なお、憲法一三条には、人権制限とのかかわりで「公共の福祉」という言葉が出てくるが、それは社会福祉とはあまり関係ない。）

　国家（政府）が社会福祉に予算をたくさん使うべきかをめぐっては、「大きな政府」か「小さな政府」か、という論争がある。最近（一定の政治勢力の間に）みられる「小さな政府」論（新自由主義）の潮流は、福祉国家の政策と緊張関係にあろう。社会福祉に関して、自助か共助か公助か、といわれたりするが、「小さな政府」論（福祉「民活」論）にあっては、公助の比重が減らされることになろう。

　なお、自由権と並ぶものとして社会権という概念もある。社会権には、生存権のほかに、教育を受ける権利、労働基本権などが含まれる。社会権という場合の「社会」は、〝個人〟と対比された〝世の中〟といった意味ではない。貧困、劣悪な労働条件（低賃金、長時間労働など）、失業といった生活上の困窮の解決をめざす、という意味である（この点は、社会政策といわれる場合も、福祉国家とほぼ同義で社会国家といわれる場合も同様である）。なお、精神上の深刻な悩みや、盗み等の犯罪の多発は、ここでの直接的なテーマではないが、その中には、生活上の困窮に起因するものも、かなり含まれているであろう。

生存権とは何か

　憲法二五条は一項で、「すべて国民は、健康で文化的な最低限度の生活を営む権利を有する」、と規定している。その二項には、「国は、すべての生活部面について、社会福祉、社会保障及び公衆衛生の向上及び増進に努めなければならない」、と書かれてある（ここで「国」という場合、地方自治体をも含むであろう）。

　引用した一項の条文は、もしかしたら、各人が（家族などの助けを借りながら）自分たちの力で生活を営む自由権（あるいは、まずまず以上の水準の経済社会で一定の賃金などの収入が得られること）を定めたもののように読めるかもしれない。しかし、それは二項とセットにして読むなどすれば、国に対して社会保障上の給付などを要求する権利を定めたものとして理解される。なお、憲法前文にいう「平和的生存権」は、積極的給付請求をメインとしない点で、二五条にいう生存権とは異なる。

　「権利」を明記する二五条の生存権条項は、日本国憲法制定過程における当時の革新政党の提案が結実したものであるが、その後の最高裁判例によって、法的権利性を弱められた。

　そこに見られる「最低限度」という言葉は、終戦直後の貧しい状況に影響されたものではない。社会保障のぎりぎりの要求を憲法で定めようとした結果として出てきた言葉として、受けとめて頂きたい。いずれにせよ、「健康で文化的な最低限度の生活」とは何か、が問われる。その内容を積極的に示すのはむずかしい。生理的な最低限度ではない、といえるが。また、「健康で」とは、病気にならない、という意味ではなく、（病院などが完備されている、といった形で）多くの人々の健康を維持したり回復させたりすることを可能にさせる社会状況が整った、という意味である。

　ともあれ、生存権の保障といわれると、衣食住の物質面で欠乏（不自由）しなくてすむ、ということがイメージされやすい。そういう中で、生存権にとって生活の「機能」こそ重要である、という指摘（金澤誠一編著『現代の貧困』とナショナル・ミニマム』高菅出版、二〇〇九年、八頁）、も注目される。だとすると、ある人が貧困であるという場合、その人の居場所・役割やその人への承認という物質面以外の事柄も、考慮すべきことになる。

ただ、この点を憲法二五条の解釈にどう生かすべきか、も問われるが。参考までに引けば、ある憲法学者は、二五条に言及しつつ次のように述べる。「モノだけを提供するのではなく、物的手段や諸種の制度などを整えることにより、社会のなかで自由に自己実現する生き方（自立）を保障していくことが生存権保障の意義である。」（笹沼弘志『ホームレスと自立／排除』大月書店、二〇〇八年、一五〇頁）

障害者に即した考案については、今後の課題として、さしあたり、ある憲法学説を引用しておこう。「障害者に確保されるべき憲法上の最低生活水準」については、「社会関係の維持・形成が人間の生における不可欠な構成要素であることから、……空間的移動への支援も、最低生活の内容に位置づけられる必要があろう。」（遠藤 2006：338）

憲法学では「差別」と「貧困」の違いは明瞭であったとしても、憲法学を少し離れると、そうはいえなくなる。社会的排除（社会的孤立）も貧困の一形態である、といった見方も出てくるからである。ただ、このような見方は、憲法二五条の解釈のレールにのりにくい。やはり、衣食住の面で不自由を感じないP氏が社会的排除を受けていたとしても、P氏は生存権の満たされない貧困な状態にある、とはいえないであろう。

貧富の格差

格差は差別と区別されるべきである。貧困は貧富の格差にかかわる。貧富の著しい格差については、一方で、市場経済ないし資本主義社会である以上は当然である、という意見も出てくる。他方、混合経済、修正資本主義などとよぶかどうかはさておき、政府が積極的に介入して、社会保障給付や累進課税により貧富の格差の縮小化（所得の再分配）に努めるべきである、という主張も合理的である。要は程度であろう（なお、大まかにいえば、高額所得者への課税は、一九六〇～七〇年代の時期には約七～八割という厳しいものであったが、それは、その後、累進税率の大幅な緩和により、約三～四割という甘いものになった）。

ただ、障害者の場合、健常者間における貧富の格差にはつきない問題も出てくる。

ちなみに、運・不運の位置づけについては、ここでは検討する余裕がない。

【参考文献】


阿部彩（二〇一一）『弱者の居場所がない社会』講談社。

内野正幸（二〇一二）『人権の精神と差別・貧困』明石書店、三章二（そこに掲げられた文献）。

遠藤美奈（二〇〇六）「憲法に二五条がおかれたことの意味」『社会保障研究』四一巻四号、三三四頁以下。

小畑清剛（二〇一〇）『「一人前」でない者の人権』法律文化社、（とくに第七章）。

柏葉武秀（二〇一〇）「リベラリズムと障害者」『応用倫理』三号、三四頁以下。

勝又幸子（二〇一二）「障害者と格差社会」橘木俊詔編著『格差社会』ミネルヴァ書房、一一五頁以下。

亀口公一（二〇〇七）「第Ⅳ部　障害のある人と地域・社会」徳永哲也他『福祉と人間の考え方』ナカニシヤ出版。

加茂直樹（二〇一二）『社会保障の哲学』世界思想社。

川島聡（二〇〇八）「障害者差別禁止法の障害観」『障害学研究』四号、八七頁以下。

坂田仰（二〇〇九）「戦後日本における障害者法制の軌跡」『情報の科学と技術』五九巻八号、三九一頁以下。

佐藤泰正他編著（二〇一一）『福祉心理学総説』田研出版（とくに第七章）。

障害者差別解消法解説編集委員会編著（二〇一四）『概説　障害者差別解消法』法律文化社。

杉山有沙（二〇一四）「憲法一四条一項が禁止する障害者差別」『早稲田大学大学院社会科学研究科ソシオサイエンス』二〇号、一二八頁以下。

アマルティア・セン＝後藤玲子（二〇〇八）『福祉と正義』東京大学出版会。

中川明（二〇一三）「Ⅶ　障害のある子の教育を受ける権利」『寛容と人権』岩波書店。

長谷川珠子（二〇一三）「障害者の福祉と雇用と『福祉的就労』」濱口桂一郎編著『福祉と労働・雇用』ミネルヴァ書房、七一頁以下。

藤岡毅・長岡健太郎（二〇一三）『障害者の介護保障訴訟とは何か』現代書館。

第7章 人権としての生存と自立

秋元美世

基本的人権を「生存」に対する権利と絡めて論じるというのは、実は、市民社会における人権論の出発点において既に意識されていたテーマであった。だが、現実の基本的人権の展開過程を見てみると、生存に対する権利の捉え方が次第に曖昧となり、自由権や財産権がもっぱら取り上げられるようになっていった。なぜそのような展開となっていったのだろうか。本章では、こうしたことを念頭に置きながら議論を進めていきたいと考えている。

1 生存に対する権利としての基本的人権

生存と基本的人権

生存権の今日的意味を、基本的人権という文脈であらためて考えてみたい。これが本章のテーマである。生存権というと、福祉国家の成立とともに登場し概念化された社会的な基本権というのが、一般的に抱かれているイメージであろう。例えば、福祉の領域でなじみのあるマーシャルのシティズンシップ論における社会権などは、そうした位置づけを端的にあらわすものの一つである。すなわち、マーシャルによればシティズンシップとは、ある共同社会の完全な成員である人びとに与えられた地位身分であり、福祉国家の段階においては次の三つの要素、すなわち主として一八世紀に登場した市民的権利の要素と、同じく一九世紀に登場した政治的権利の要素、そして二〇世紀に登場した社会的権利の要素の三つのものから成り立っているというのである。(Marshall 1992 : 71-72)

だが、基本的人権を「生存」に対する権利と絡めて論じるというのは、実は、市民社会における人権論の出発点において既に意識されていたテーマでもある。むしろ、そもそも市民社会の基本的人権は、「生存」ということを核に据えて形成されてきた側面があるとも言えるのである。例えば、生存の保持を自然的正義として意識していた自然法思想が市民社会の流れを導き出していったということはよく知られているところであろう。さらにこうした側面をもっともよくあらわしていると思われるのがロックのプロパティ概念である。

プロパティと生存権

プロパティという概念は、今日では一般には物的財産を意味する言葉として用いられている。実際、わが国の憲法二九条の財産権の英訳もプロパティ（property）である。しかし、プロパティという概念は、元来、「人」に一身専属的に帰属する権利そのものであった。ロックが用いるプロパティ概念もそうした意味で使用されている。つまり、プロパティとは、本来、人間の固有の権利としての「生命、自由、財産（lives, liberties, estates）」を総称するための概念なのである（Locke 1690: ch. Ⅸ para.123、鵜飼訳 1968：127）。この点をつとに強調してきたのが松下圭一である。松下はプロパティを財産権ではなく、「固有権」として訳すことを提案して次のように述べている。「ロックの固有権は、個人を個人たらしむる基本権です。実質『自然権』とみてよいでしょう。プロパティを所有権ではなく固有権に訳し直しますと、生命、自由、それから一定の財産は、人間が個人として生きていく基本権という位置づけをうるわけです。つまり、固有権とは、今日的用語でいえば、憲法の基本権となります。生命・自由は、『自由権』、一定の財産は今日では社会保障の請求権をふくめ、シビル・ミニマムの公共整備としての『社会権』を意味するとすれば、プロパティは今日も生きている思想ということができます。『日本国憲法』でいう『生命・自由・幸福の追求』がこれです。」（松下 2014：156）

このようにロックが言うところのプロパティとは、人が「人間として生きる権利」を意味している。いうまでもなく、「人間として生きる」というのはまさに生存の保障（生存権）を言い表すことばである。つまり、市民社会において生存の保障のために必要となるのが、プロパティ（生命・自由・財産）であり、それを保障することが基本的人権だったのである。だが、現実の基本的人権の展開過程を見てみると、こうした生存に対する権利の捉え方が次第に曖昧となり、自由権や財産権がもっぱら取り上げられるようになっていった。そして生存に対する権利ということが再び意識されるようになるのは、その後、自由権や財産権中心の基本的人権では人の生存が保持できないとあらためて認識されるようになり、福祉国家への展開が見え始めてからのことであった。なぜこのようなプロセスを経ることになったのだろうか。そしてまた、福祉国家のもとであらためて認識されるようになった生存権は、かつてプロパティが含意していた意味内容と同様のものなのだろうか。以下、ここではこうしたことを念頭に置きながら議論を進めていきたいと考えている。

ところで、以上のような問題を検討していく上で、キーワードとなるのが、市民法的人間像の特徴ともなっている「自立」という考え方である。すなわち、後述するように、「自立」に向けて発せられる要請を通じて、自由と財産が基本的人権の内容としてもっぱら問われることになり、その後、「自立」の意味内容の転換を通じて、あらためて「生存」に対する権利が問われるようになっていったからである。

2 市民法と自立

市民法的人間像

市民法の担い手である市民法的人間像に関して、しばしば「自由」「平等」「独立」という言葉が用いられていることからも分かるように、「自立」は、市民社会や市民法にとってもともと所与の前提とされていた事柄であった。つまり市民社会というものを、身分制や中間団体による支配を否定し介入を排除することにより、個人が、自己の判断に基づいて自由に生き方や暮らし方を決め、個人の幸福を追求できる社会として捉えるならば、その構成員たる市民は、他者に依存することをしない自立した個人であることが、当然の前提として求められるのである。ただし、こうした市民法と自立との関わりをとらえる場合、いくつか留意しておかねばならないことがある。

自由と自立

まず、ここでの自立は、支配の否定や介入の排除によって確保されるべきものと考えられていたという点である。つまり、支配の否定や介入の排除のための環境や条件（市民社会や自由な市場）さえ整えることができれば、それで自立は所与の前提として想定でき、それ以外に自立の保障のために何か特別のことをする必要はないとされたのである。こうした中で、基本的人権の内容としてもっぱら自由の問題――人身の自由、人格の自由、社会経済活動の自由、財産の自由――が主要なテーマになるのは当然のことであった。

生活個人責任

次に、生活個人責任との関わりの問題である。封建社会（身分制社会）から近代市民社会への転換において、自由に生き方や暮らし方を決められる人格的に自立した人間像（市民法的人間像）の確立は必要不可欠の事柄であったわけだが、しかしそれは同時に、自らの生活は自ら責任を負わなければならないということをも意味した。つまり、他者に統制・支配されないという人格的な意味での自立だけではなく、同時に、他者に依存――とりわけて経済的な依存――をしないこと（＝生活個人責任）が求められたのである。

論理の問題と事実の問題

さらに、論理の問題としての自立ということと、事実問題としての自立（現実社会における自立）ということとの乖離という点もあげられよう。上述のような市民法・市民社会における自立というのは、まずは論理の問題として論じられていたことであった。すなわち、法の論理あるいは社会制度の上では、ひと（市民）は、形式的にすべて自立しているものとして一律に扱われたのである。しかし、「自立」しているものとされた市民は、現実にはかなり上下に幅のある階層・階級を形成していた。つまり事実のレベル（現実社会）では、自立が欠如している場合も当然のことながらあったのである。それでは、事実の問題として自立が欠如している場合は、どうなるのか。こうした場合に対するいくつかの対応のパターンというのが見られた。まず、扶養を要する子どもや老親などについては、生活の基礎単位としての家族の中で対応された。市民社会を構成する自立した市民という存在の向こう側に、現実には家族という存在があったのである。あるいは、市民とは、実際には家族を養う成人男性を意味していたという言い方もできよう。いずれにせよ、現実としての自立の欠如の問題は、かなりの部分この家族という存在が受けとめることで、市民社会は成り立っていたのである。ただし、こうした方法ではカバーされない、浮浪者や貧困者の問題もあった。これらの者に対しては、救貧法での劣等処遇（less eligibility）原則――救貧法による救済対象となる貧困者の生活は、労働して自活する最下層の労働者の生活よりも低いものでなければならないとする原則――を通じての自立の強制（すなわち、劣悪な処遇を与えることによって、救済を受けることを自発的に躊躇させ自立を強制する）、あるいは市民社会からの排除（病院や施設への隔離・収容など）といった対応がとられた。しかしながら、こうした事実の問題としての自立の欠如はあったが、ひと（市民）は形式的にすべて自立しているものとして一律に扱うという市民社会ないし市民法の論理は影響を受けることはなかった。少なくとも、事実の問題としてそうした自立の欠如ということがあったとしても、法的なレベルでは特に問題としないという対応がとられたのである。こうした文脈のもとでは、自由と財産が権利として保障されているならば自ずと生存に対する保障はなされるはずであるとする考え方（「生存の保障」とは「自由と財産の保障である」とする考え方）が、支配的となるのは当然のことであった。

3 社会法と自立

自立概念の転換

あらゆる人々についての形式上の自由・平等・独立性の原理によって支配される市民社会は、しかしその後、形式的平等を前提とした自由競争を通じて、現実には市民相互の間での実質的不平等と貧富の差を拡大させ、また労働者等の経済的弱者の生活のリスクや困難も増大させていった。その結果、自立（とりわけ経済的自立）をめぐる論理の世界と事実の世界の乖離が放置できないほど拡がっていくことになった。こうした中、社会運動や労働運動が活発化し、資本家と労働者の階級的対立が激化するに至って、市民社会に国家が介入しその内部矛盾を調整・修正するという考え方が生じていった。

以上のような流れの中ではっきりしてきたのは、生存自体が危ぶまれる現実を前にして、従来のように自由や財産さえ保障すれば自立が維持されるとするスタンスを維持することが困難になったということである。そしてこうした社会状況の変化は、あらためて生存を保障するための自立のあり方を問い直す動きにつながっていき、自立をめぐる考え方に大きな変化をもたらすことになった。とりわけ大きかったのが、生活個人責任の原則との関わりでの変化である。つまり、自立とは、自助的自立のこと――他者に依存（特に経済的依存）をしないこと――という考え方が、ついに修正を受け入れざるを得なくなったのである。このことは、労働者間の互助制度としての共済組合や、さらにその発展形態としての社会保険制度に体現されている「集団的自助」といった考え方が受け入れられるようになった点に、よく現れている。こうして、自立のための一定の社会的条件整備を前提にして、それを利用することで自立を維持する人間像（社会法的人間像）が社会的にも承認されることになった。こうした自立概念の転換は、基本的人権の問題とのかかわりでいえば、やがて世界人権宣言の社会権条項や日本国憲法の二五条（生存権）などに反映されることとなり、福祉国家を展開していく大きな拠り所ともなっていくのである。

社会法的人間像と自立概念の特徴

この段階の自立概念の特徴を、前述の市民社会における自立概念と比較しながら指摘すれば、次のようになろう。まず、自立を維持するための物的・経済的支援のための社会的な仕組み（社会保障）があるという点で、市民法的人間像の段階とは明らかに異なる。自立の保障は、身分制度や中間団体の支配を否定し介入を排除すれば、それだけで確保できるとはもはや考えられてはいない。ただしこの段階においても、自由な個人が、自律的な判断に基づいて、各自の目標達成（それぞれの生き方・暮らし方の追求）のために行為するということが想定されていたという点では、従来と変わりはないということも押さえておく必要があろう。そもそも、「自由な個人が、自律的な判断に基づいて、各々の目標達成のために行為する」ためには、二つのことが必要となる。ひとつは、生物学的意味での人間として独立できているという意味での自立（インディペンデントとしての自立）ということであり、いまひとつは、自らの判断で自由に目標を設定できるという意味でのオートノミー（自律）としての自立ということである。自立との関わりで、社会保障の対象となったのはインディペンデント（独立）としての自立の問題の方であった。つまり、現実の社会における対応としてまず問題となったのは、「独立のための経済的条件を欠いている」ということ、あるいは、「独立のための経済的条件を得るための労働能力の低下・喪失」の問題だったのである。これに対して、オートノミー（自律）の問題は、生活個人責任の修正の問題の対象とされてはおらず、相変わらず所与の前提とされていたのである。*

＊　ちなみに社会保険の場合共済組合と異なり加入が国家により強制される。この点をオートノミーとの関係でどう考えるかについて言及しておく。個人のオートノミーの問題を、「個人の生き方・暮らし方の問題」と捉えるならば、社会的連帯に基づいた社会保険における強制加入は、そうしたオートノミーを制約しようとしているわけではなく、逆に、個人の生き方・暮らし方の自由を保障するための経済的条件を用意することを目的にしたものである。また、その手法も、個人の特定の生き方・暮らし方を理由に個別的に行われる制約ではなく、いわゆる一般的制約である（基本的にすべての者に対して一律に適用される制約である）。自立という文脈で、個人のオートノミーの問題を考える場合には、こうした目的や手法との関わりで評価することが必要なのであり、その意味で、社会保険の強制性については、上記のような位置づけ——社会保障（社会保険）はインディペンデントとしての自立に関しての修正であり、オートノミーの問題は対象としていないという位置づけ——をすることの障害とはならないと考える。もちろん、現実の社会保険制度が、場合によっては、いま言及したような目的と手法との関わりで、オートノミーを制約していると評価されることもありうるだろうが、それは制度の個別具体的な内容による問題であり、社会保険の強制性が本質的にオートノミーを制約するものであるということとは違う問題である。

4　自立概念の展開

生き方・暮らし方の問題

以上に見てきたように、社会法的な人間像が登場しても、オートノミーとしての自立の問題は、社会的介入の対象となることはなかった。オートノミーの問題というのは、生き方・暮らし方の問題である。そしてこうした生き方・暮らし方の問題というのは、各自の自律的な判断に基づいて決められるべきであり、社会がむやみに介入すべきことではないというのが、市民社会を成立させたそもそもの出発点であった。もちろん、生き方や暮らし方を自律的に選ぶ自由が保障されても、誰もが予期したとおりの結果を享受できるわけではない。だが、仮にその結果が満足できるものでなかったとしても、自律的に判断した結果の問題は、不運の問題ではあるかも知れないが、社会が介入すべき不正義の問題ではないというのが、経済的な意味での生活個人責任の修正が生じた段階以降も変わらぬ認識であった。

しかしながらその後、いわゆる福祉国家の成熟化の過程において、生き方・暮らし方について問題にするような局面も見られるようになってきた。例えば、障害のある人々などとの関わりで「日常生活の様式や条件」のあり方を問うノーマライゼーションの理念は、生き方・暮らし方をまさに問題にするものであった。さらに近年では、価値観の多元化ということも相俟って、生き方や生活の仕方の〈幅〉ということが問題にされるようになってきている。そして、生き方の自己決定にかかわる要求を社会に対して提起し、その要求を、経済的自立の展開（生活個人責任の原則の修正から社会保障の権利へ）と同じように、権利として承認することを社会に対して求めていくという動きも見られるようになった。例えば、高訴訟と呼ばれる裁判がそうした動きの一つである。

まず高訴訟について簡単に紹介しておこう。脳性小児麻痺による後遺症のため二四時間の介助を必要とする障害のある男性（高信司さん）が、「施設で暮らしたくない」という願いをもって、生活保護を受給しながら自立生活を開始した（ただし自立生活では、介護人をつけるための費用として支給される他人介護料の上限が設定されているため、二四時間介護が必要な状態であるにもかかわらず、ヘルパーなどによる介護を実際に受けられるのは一日一〇時間程度であった。そのため夜は車いすで座ったまま寝るなどの無理を重ねながらの生活を続けていた）。その後男性は、母の死亡により共済年金（母親が生前加入し掛け金を支払っていた）を月二万円受給するようになった。ところが所管の福祉事務所長が、この年金を「収入」と認定し、生活保護費からその分を差し引いた。男性は、これを不服として訴訟を提訴した。裁判所は、この年金は、「(介護料の)不足を補って、自律的生活の実現を助けるのに充てられるべきものであり、その意味において生活保護費の上乗せ的な性格のもの」であり、収入認定の対象にはならないとして男性の請求を認めた。*

ここで注目したいのは、本件において、共済年金を収入認定することは、自立生活を従来以上に困難にし、いわば自立生活を望む原告の足を引っ張るような結果をもたらすことになることを、裁判所が考慮したという点である。施設ではなく地域で暮らしたいという、生き方や暮らし方に関する本人の自律的な判断や選択を制約することになる福祉事務所の対応(共済年金の収入認定)に対してネガティブな評価を与え、本人の生き方や生活の仕方の選択を法的に保護されるべき利益として尊重することを求めたのである。

おそらく、障害に伴う福祉ニーズの充足ということだけを考えるならば、施設入所による必要の充足が可能であろうし(実際、高さんの場合に関しても、福祉施設に入所することは可能であった)、現実の自立生活の過酷な実情という問題も踏まえるならば、施設での生活の方が高さん自身にとっても身体的には楽なはずであった。しかし福祉の評価はそれだけではない、というのが高さんの主張であった。地域での生活を望んだ高さんにとって、地域での自立生活を選択する機会があるかどうかは、自身の福祉の評価において決定的に重要な意味があったのである。

生存保障とオートノミーとしての自立

以上に見てきたように、生き方や生活設計の選択に関する問題というのは、トータルとしての福祉の水準を考慮する上で重要な要素となりうるのである。それゆえ今日的な文脈において、生存や福祉に対する権利の問題を考えていく際には、福祉ニーズを充足するためのサービスが得られるかどうかという問題に加えて、こうした要素についても目を向けていかなければならないのである。

ここであらためて、「生存の保障」という観点から基本的人権の展開過程について確認しておこう。まずは、生存と自立とを等値と捉え、そして自由と財産を保障すればそれが実現できるというスタンスが市民社会の中で確立していく。その後、自助的自立だけで生存を維持することが、社会の実態に合わないことが明らかとなっていく。そうした中で集団的自助としての仕組み、さらには社会保障制度が登場し、そうした諸制度を支える人権としての社会権(生存権)の考え方が福祉国家の中で定着していく。福祉国家における生存保障は、基本的にはインディペンデントとしての自立(経済的・身体的ニーズの充足)を意味していた。だがその後、福祉国家が成熟していく過程の中で(あるいはポスト福祉国家の状況において)、オートノミーとしての自立(自律)ということが生存保障としても注目されるようになってきたのである。

冒頭でも触れたように、生存権(生存に対する保障)については、福祉国家のもとでの経済的・身体的ニーズの充足ということと結びついた権利概念として、これまで一般的にイメージされてきた。こうした中で、今述べてきたように、近年、オートノミーに関わる事柄についても、生存に関わる権利の問題として関心が持たれるようになってきた。このような近年におけるオートノミーの強調ということを、生存権保障の観点からどのように位置づけたらよいのだろうか。

オートノミーの問題に社会は介入すべきではない、というのは、ある意味で至極当然なことである。ただし、「介入すべきではない」ということの意味内容については、もう少し丁寧に検討しておく必要があるように思う。

オートノミーの問題というのは、生き方・暮らし方の問題である。そしてこうした生き方・暮らし方の問題というのは、各自の自律的な判断に基づいて決められるべきであり、社会がむやみに介入すべきことではないというのが、市民社会を成立させたそもそもの出発点であった。そこにおいて問題にされたのは、各自の自律的な判断が阻害されることである。具体的には、例えば封建社会における身分的制約など、自律的な判断に対する不当な社会的制約に対してであった。こうした制約に対しては、市民的自由（自由権）の保障ということで基本的に対応された。もちろん、自律的判断の主体としての個人の経済的、身体的自立が確保できていなければそのような判断を行使できない。そしてそのためにあるのが、個人の経済的ニーズや身体的なニーズを充足するための社会権である。ただし自律的な判断の問題については、直接的にはあくまでも「介入すべきではない」という自由権の問題として対応するというのがそこでの大前提であった。

　しかしこうした枠組みで本当に自律的判断が阻害されないことになるのかということを問題にしたのが高訴訟であった。そもそも自律的判断が阻害されるパターンというのは、不当な介入がなされる場合に限られるのだろうか。自律的な判断を通して望んだことをなすための条件を欠いている場合も、自律的判断は当然のことながら阻害されることになる。高訴訟で問題になったのはまさにこの点である。こうした観点からすれば、むしろオートノミーを担保するために社会的な支援や関与が必要となることもあるのである。

　こうした主張に対しては、「オートノミーの問題に社会は関与すべきではない」としてきた市民社会的な自由の理解に反するとの意見も出てくるであろう。しかしこの点については、本章の冒頭で取り上げた「プロパティ」の概念をあらためて想起する必要があろう。つまり、本来プロパティとは、生命・自由・財産を統一的に把握するための概念であり、人が人間として生きていくための権利を含意していたのである。そこでは、自由の保障と生存や生活の保障とが分離して考えられるようなことはなかったし、生存や生活のための関与が自由の否定を意味するとも考えられてはいなかった。むしろ逆に、自由の保障と生存や生活の保障とが一体のものとして理解されていたのである。こうしたプロパティ概念に由来する基本的人権に関する考え方からすれば、生存保障の問題にオートノミーの問題を関連づけて考えることこそ、本来の生存権のとらえ方であるということになろう。そしてこうした観点こそ、生存権の今日的意味を論じるうえで不可欠なものとなってきているのである。

　もちろん、ニーズ充足と自由の保障を生存という観点から総体として考えるというのは、簡単なことではない。筆者自身にも残念ながらここで結論めいたことを論じる用意はできていない。ただし、こうした問題を考えていくうえで有益であると思われるものを紹介しておくことはできそうである。具体的には、アマルティア・センによる人の福祉の評価をめぐる議論である。**

＊　金沢地裁平成一一年六月一一日『判例地方自治』二〇三号五六頁。なおその後、高裁（平成一二年九月一一日）、最高裁（平成一五年七月一七日）でも地裁と同趣旨の判決が出されている。この訴訟に関連してここで多少補足的な説明を加えておく。

（原告について）原告である高信司さんは、脳性小児麻痺による後遺症のため、幼少時以来完全四肢麻痺で、身体を自力ではほとんど動かせない状態にあり、身体障害者手帳一級第一種の交付を受けている（障害名は、両上肢機能の全廃、両下肢機能の全廃、体幹機能障害一級である）。原告が自力でできることは、話すこと、食べ物を咬んで飲み込むこと以外には、目、口、首、右足の先が少し動かせる程度である。

（生活保護の需給状況について）生活保護費は、当該世帯につき認定した「最低生活費」の額と「収入認定」した額との差額により算定される。最低生活費の認定では、通常、一般基準により各種扶助ごとに健康で文化的な最低限度の生活維持に必要な費用を算出し、それに必要に応じて各種加算（本件の場合、障害者加算、重度障害者加算、他人介護費）を加算する。ただし、その際、要保護者に一般基準によりがたい特別の事由のある場合には、厚生大臣が特別基準を定めることができるとされている。原告の場合には、他人介護費について特別基準が設定されていた。ちなみに、本件が提訴された時点での、原告に対する保護費は以下のように算出されていた。すなわち、最低生活費として算出された額が二六万八八一〇円（生活扶助の二二万九八一〇円――うち障害者加算が二万四五〇〇円、重度障害者加算が一万三三九〇円、特別基準の他人介護費が一二万一〇〇〇円――と住宅扶助の三万九〇〇〇円の合計金額）。そして収入認定された額が一二万一四三〇円（障害基礎年金七万六八〇〇円、特別障害者手当二万四六三〇円、本件年金二万円の合計金額）。したがってその差額の一四万七三八〇円が原告に支給される保護費である。なお、本件で設定されていた他人介護費一二万一〇〇〇円という金額は、全身性障害者である原告が望む在宅介護を現実に行っていくためには、まったく不十分な金額であった。実際、原告の家計の収支状況は、介護費用が支出全体の八割以上を占め、食費を削って介護費用に回す状況が続いていた。それでも、アルバイト介護者に対する支払いが滞りがちで、しかも、本来二四時間介護が必要であるにもかかわらず、実際に受けられる介護時間は、無料の介護分を含めても平均一一時間程度にとどまっていた。（共済年金について）原告の母親は、生前、石川県心身障害者扶養共済制度条例に基づく共済制度に加入して掛け金を支払っており、その死亡（一九八八年）により、原告に右共済年金として月額二万円が支給されるようになったが、その二万円については、保護の変更決定の際に毎回、収入として認定されていた（なお、冬季加算の有無などにより保護費の支給額に変更が生じると、その都度、保護の変更決定が行われることになっている）。

＊＊　以下に紹介するセンの議論については、秋元美世『社会福祉の利用者と人権』（有斐閣、二〇一〇年）一二六ページ以下で論じたものをベースにしている。より詳しくは、同書を参照していただきたい。

5　福祉の評価とその視点
――アマルティア・センの議論

成果と自由

センによれば、人が社会においてどのような境遇や状態（position）に置かれているかは、次の二つの視点から評価することができるという。すなわち「①その人の実際の成果（achievement）と、②それを達成するための自由（freedom）である。前者はわれわれが実際に達成した成果に関わっており、後者はわれわれが行う価値があると認めることを達成するために、実際にどれだけ機会が与えられているかに関わっている」。たとえば貧困や社会的不平等などの人の境遇や状態に関する社会的評価の問題は、「成果と自由の両面から見ることができる」のであり「成果と自由の間の区別は、社会的評価において中心的な意味を持つ」というのである（Sen 1992：32、邦訳 47）。

もちろんセン自身も指摘していることだが、おそらく一般的には、個人の豊かさや厚生に関する社会的評価にかかわって直接に評価の対象とされてきたのは、功利主義的なアプローチに見られるように、「成果」の問題であり、達成するための「自由」は、実際の成果を得るための手段としてしか扱わないというアプローチがとられることの方が多いであろう。しかし、先の高訴訟に見られるように、成果だけに基づく評価では決定的に不十分なのである。先に触れたことの繰り返しになるが、確かに必要の充足という観点だけから見れば、高さんのような場合、施設での必要の充足が可能であるし、むしろ福祉の成果というレベルだけから言えば、施設での生活の方が望ましいとさえ言えよう。しかし、福祉の評価はそれだけではなく、地域で自立生活をする自由（機会）があるかどうかは、福祉の評価において決定的な意味があるというのが、高さんの主張でありセンの考え方なのである。つまり、仮に最低生活のための需要が充足されたとしても、それが一つの生き方を強制されることでしかなしえないのであれば、たとえ「成果」というレベルでは福祉の充足があったと言えても、「自由」というレベルでは福祉が欠如した状態にあるといわざるを得ないからである。

福利とエージェンシー

成果と自由ということに加えて、センは、人の境遇や状態を評価するためにはさらに、人の「福利（well-being、豊かな生）」としての側面と「エージェンシー」（行為主体性）としての側面とを区別することも重要だとする（Sen 1987：58-59、邦訳 102-103)。

人の境遇や状態を評価しようとするとき、まずは、自分自身の福利にとって価値があるかどうかが問題とされることになろう。しかし、人は自分自身の福利の追求以外の目標や価値（例えば対人地雷の除去や難民問題の解決など）を持つことができるということも忘れてはならないだろう。つまり、人間は多様な側面を有しているのであって、ある文脈においては一定の利益をうける「受益者」として理解される同じ人間が、また別の文脈では、何かを行おうとする「行為主体」でもあるのである。

表7－1　人の境遇・状態を評価するための4つの視点

	福利（well-being）	エージェンシー（agency）
成　果	福利の成果	エージェンシーの成果
自　由	福利の自由	エージェンシーの自由

センは、人間のこれらの側面のうち、受益者としての側面を「福利」のアスペクト、そして行為主体としての側面を「エージェンシー」のアスペクトと呼び、それらの側面を上述した「成果」と「自由」の評価の視点とクロスさせ、「エージェンシーとしての成果」と「福利の成果」、そして「エージェンシーとしての自由」と「福利の自由」の四つを、人の境遇や状態を総体的に評価するための視点として提示している（表7-1を参照、Sen 1987：61、邦訳 105：後藤 2002：11-16）。

多少説明を加えておくと、まず前二者のうち、エージェンシーとしての成果とは、その人が追求する理由があると考える目標や価値ならば、それがその人自身の福利に直接結びついているかどうかにかかわらず、それを実現していくことを言う。つまりエージェンシーとしての成果とは、その人が考えている目標や価値（本人の福利に結びつくような場合もあるし、そうでない場合もある）を成し遂げることを意味するのである。あくまでも評価の対象はその目的なのであって、自分の福利にどのくらいプラスになるか、という点から評価するわけではない。これに対して、福利の成果においては、先に「成果と自由」の箇所で見たように、自分自身の福利がどれだけ達成されたかが評価基準になる。ちなみに、設定された目標が自分自身の福利に関するものである場合には、エージェンシーとしての成果と福利の成果とはその限りで重なることになろう。

次に、「エージェンシーとしての自由」と「福利の自由」である。エージェンシーとしての自由とは、自らが、価値があると考える目標を、行為主体として自由に形成し追求できることを意味している。ここでは、個人の主体的な意思形成が社会的に妨げられないことが重要となる。これに対して福利の自由というのは、本人の福利を達成するための機会のこと——自らの福祉の充足の仕方について自ら選択できること——をいう。つまり、自身の福利を高めることができる力（この力には利用可能な社会的資源や福祉の資源を利用することによって得られる力も含まれる）をどれだけ有しているかが評価の基準となる。

以上のような枠組みを、高さんの場合に当てはめるならば、施設に入所するのではなく地域の中で生活したいと高さんが決めたとき、それはエージェンシーとしての自由を高さんがまさに行使したものと見ることができよう。そして極めて困難な状況の中でも、実際に地域での生活を実現していくことによって、エージェンシーとしての成果を状況の許す範囲で達成したことになる。ただし、高さん自身の福利の観点から言えば、施設でケアを受けた方が身体面に限ればより安楽な生活が送れた可能性があり、その意味で現実の高さんの選択が最も高い福祉の成果と結びついたわけでは必ずしもなかったということになろう。

いくつかの論点

なおこうした福利とエージェンシーの問題をめ

ぐっていくつか確認しておきたいことがある。まず、エージェンシーと福利という二つの側面が互いに無関係であると考えられているわけではないという点である（Sen 1992：56-57、邦訳86）。つまり両者は区別されなければならないが、関連もしているのである。そもそも福利（豊かな生）を追求するということ自体が、エージェントの重要な目標の一つとして挙げることのできる事柄なのである。もちろん上述したように、行為主体として形成し追求する目標が自身の福利に関わりがないものであることも多々あるだろう。しかしそれが、自己の福利に関わりのない（場合によってはそれに反する）目標であっても、それを達成できなければ、人は欲求不満を感じてそのために本人の福利が損なわれるということもありうるだろう。また自分自身の福利の追求に関わりなく設定された目標が、結果として自己の福利と関連することとなるという場合も考えられよう。例えば、社会における大気汚染公害を克服するという目標を設定をしたとき、公害の解消という次元では、それは、自己の福利の追求と直接関係しないエージェンシーとしての目標設定ということになろうが、他方、その者が、大気汚染地域に居住しているのであれば、かかる目標設定は、本人の福利の達成に直接かかわる問題ともなる。すなわち、二つの側面については、区別して捉える必要があるが、同じ一人の人間に関する問題である以上、一定の関係性があることもまた踏まえておく必要があるということなのである。

次に、福利の側面とエージェンシーの側面は、多様な営みを対象にした個人間比較を行うとき、それぞれに異なる役割を果たすということもまた押さえておく必要があろう（Sen 1992：70-71、邦訳104）。

社会は個人の福利の状態が著しく低いものになる危険があるときには、何らかの責任を引き受けることもあるが、このことは、その個人のエージエンシーとしての目的に、社会が同じような関心を寄せなくてはならないことを意味するものではない。例えば、誰も飢えないようにするとか、症状が重いがきわめて治療しやすい病気に対して医療面での手当を受けることができるように保障することに対して、社会は特別の責任を有していると見ることができる。それに対して、ある人が特別に崇拝する英雄を記念して銅像を建てるという個人のエージェンシーとしての目標に対して（仮にその個人が、自分が十分に栄養をとることや医療を受けることよりも、それを重要だと意識していたとしても）、社会が同じように促進する態度をとらなければならないことを意味しているのではない。

一方、エージェンシーの側面に関して、個人間比較が適切に行われる文脈というのも存在する。自分の目的を全て成し遂げることができる人たちがいる一方で、克服できない大きな障害に直面している人たちが多数いる社会に対して、私たちは、道徳的・政治的な関心や責任を抱くことがある。例えば、障害のある人たちが、一般に施設での生活しか選択できず、地域で暮らしながら社会的な活動をしたいという目標を立てることさえできないような状況にあるとき、私たちはそのことについて、社会的な対応を必要とする問題と受けとめるだろう。

ちなみに、福利とエージェンシーの一般的な役割と関わり方の問題について、センは次のように指摘している。すなわち、「福利は、不平等の分析や公共政策の評価において極めて重要である。異なる階級や集団間の社会的な不平等は、福利――福利を達成する自由を含めて――における著しい格差に強く結びついている」「しかしその〈福利の問題の〉分析を行うときでさえ、エージェンシーの側面は視野にとどめておかねばならない。なぜなら、自分自身の〈福利を達成するための自由〉を実際に行使するかどうかは、その人自身のエージェンシーとしての目的に依存しているからである」（Sen 1992：72、邦訳105-106）。

本章で取り上げてきた生存保障の問題とオートノミーの問題との関わりを検討する上で、以上に見てきたセンの議論から得られるものは少なくないだろう。

【参考文献】

秋元美世（二〇一〇）『社会福祉の利用者と人権――利用関係の多様化と権利保障』有斐閣。

遠藤美奈（二〇〇四）「『健康で文化的な最低限度の生活』の複眼的理解――自律と関係性の観点から」斎藤純一編著『福祉国家／社会連帯の理由』ミネルヴァ書房。

後藤玲子（二〇〇二）『正義の経済哲学』東洋経済新報社。

日本社会保障法学会編（二〇〇七）「『自立』を問う社会保障の将来像」『社会保障法学会誌』二二号、法律文化社。

モーリス・ブルース（一九八四）『福祉国家への歩み――イギリスの辿った途』法政大学出版局。

松下圭一（二〇一四）『ロック「市民政府論」を読む』岩波現代文庫、一五六頁。

Locke, John (1690) *The Two Treatises of Civil Government.*（鵜飼信成訳『市民政府論』岩波文庫、一九六八年。）

Marshall, T. H. et al. (1992) *Citizenship and Social Class*, Pluto Press.（岩崎信彦・中村健吾訳『シティズンシップと社会的階級』法律文化社、一九九三年。）

Sen, Amartya (1987) *On Ethics and Economics*, Basil Blackwell.（徳永澄憲他訳『経済学の再生』麗澤大学出版会、二〇〇〇年。）

――― (1992) *Inequality Reexamined*, Harvard University Press.（池本幸生他訳『不平等の再検討』岩波書店、一九九九年。）

第8章 社会保険制度の効率と公平

小塩隆士

社会保障の中核を担っているのが、社会保険という仕組みである。疾病リスク、要介護状態になるリスクをカバーする介護保険のほか、解雇されたり、高齢になって働く能力が低下したりするリスクをカバーする雇用保険や年金保険などがそうである。しかも、日本では「国民皆保険」「国民皆年金」という言葉があるように、社会保険への加入は政府によって義務づけられている。本章では、この社会保険の性格や存在意義、そして実際の運営に際しても問題点を経済学の観点から考えることにする。そこでは、効率性と公平性という二つの観点を重視する。

本章では、まず、社会保険の存在理由をリスク回避という観点から説明し、次に社会保険に政府が介入する必要性を考える。最後に、社会保険に関連して発生する所得再分配の問題を取り上げ、社会保険と税との関係を検討する。

1 リスク分散の装置としての社会保険

リスク回避と社会保険

社会保険という仕組みはなぜ世の中に存在するのだろうか。経済学によるオーソドックスな説明では、私たちがリスクをできるだけ避けたいという、「リスク回避的」な気持ちを持っているからだ、ということになる（西村〔2000〕、小塩〔2013〕等参照）。

社会保険そのものの話に入る前に、このリスク回避の意味を、所得の変動を例に挙げてもう少し詳しく説明してみよう。人々の感じる幸せや満足感を経済学では「効用」という言葉で表現するが、ここでは、話を簡単にするためにその効用が所得によってのみ決定されると考えてみる。

たとえば、手元に所得が一〇〇万円あったとき、所得が一〇万円増えるときの効用の増加分と、一〇万円減ったときの効用の減少分とはどちらが大きいだろうか。どちらも一〇万円という同じ金額だけ所得が変動しているが、人々の受け止め方は違う。大方の人々にとっては、所得が一〇万円減ったときの効用の減少分のほうが、一〇万円減ったときの効用の増加分より大きいはずである。

つまり、所得が減ったり増えたりする確率がちょうど五〇%ずつだとすると、所得の期待値は変動のない場合の一〇〇万円と同じであるにもかかわらず、所得が減少した場合のことが懸念されるので、所得の変動はできれば避けたいと人々は思う。リスク回避的という気持ちは、所得に即して言えば、所得の変動をできるだけ避けたいという気持ちと置き換えても構わない。

社会保険は、このリスク回避的な人々にとって歓迎すべき仕組みである。医療保険の場合について考えてみよう。いま、病気になれば五〇万円の医療費がかかると仮定する。したがって、所得が一〇〇万円あったとすれば、病気にならなければ一〇〇万円のままだが、病気になれば五〇万円しかフトコロに残らない。ただし、病気になるのは一〇%の確率であることもわかっているとする。

このとき、平均するとフトコロには九五万円（＝一〇〇万円×〇・九＋五〇万円×〇・一）残る。しかし、一〇%の確率だとしても所得が五〇万円まで落ち込むのはできれば避けたいところである。だから、一〇〇万円からは少し下回るものの、確実に九五万円がフトコロにあるほうがありがたいと人々は思うだろう。ここでも、人々のリスク回避的な気持ちが働いている。

社会保険の必要性

ここで、病気になれば医療費を全額カバーする医療保険を政府が運営していればどうか（民間の保険会社に任せるのではなく、なぜ政府が関与すべきなのか、という重要な問題は後で改めて議論する）。医療保険を維持するためには、一人当たりの保険料は五万円と設定されるはずである。社会全体の一〇%の人が病気になるから、その医療費をカバーするためには、保険加入者から一人当たり五万円（＝五〇万円×〇・一）の保険料を徴収すればよいからである。政府は医療保険で儲ける必要はないから、五万円を上回る保険料を設定する必要はない。

このとき、人々は、病気になった場合は、一〇〇万円から保険料五万円を支払った残りの九五万円から医療費を五〇万円支払っても、その医療費がそのまま保険で戻ってくるから、フトコロに残るのは結局のところ九五万円である。一方、病気にならなかった場合も、一〇〇万円がフトコロに残るのではなく、そこから保険料五万円を差し引いた九五万円となる。

つまり、この医療保険に入ることによって、人々のフトコロに残るお金は、病気になってもならなくても九五万円で確定することになる。人々は、病気になると所得が減少するというリスクから解放されたわけである。もちろん、病気にならなかったときフトコロに残る所得が一〇〇万円を下回るのは残念である。しかし、病気になった場合には五〇万円に低下したはずであることを考えると、医療保険に加入しておいたほうがよいと人々は考えるだろう。

この例からも示唆されるように、リスク回避的な人々にとっては、リスクに備える仕組みがあるとありがたい。この医療保険があると、病気になってお金がかかるリスクは自分だけが抱えるのではなく、社会を構成する人々の間で分散される。自分も、他人が病気になってお金がかかるリスクを少し分担している。これが、まさしくリスク分散である。

医療保険をはじめとする社会保険には、このリスク分散機能が期待されている。経済学以外の分野では、社会保険を「社会連帯」の仕組みと捉える場合もあるが、経済学的に考えると、このリスク分散機能こそがその社会連帯の基盤となっている（こうした説明に対して、法学から社会保険と社会連帯との関係を論じたものとして倉田［2009］がある)。

社会保険の基本的性格

このような社会保険については、次の三点に注意しておく必要がある。第一に、リスク分散を行うためには、できるだけ多くの人がその仕組みに参加する必要がある。参加する人があまりに少ないと、病気になる確率の高い人がたまたま多く、あらかじめ設定した保険料では不足するといった事態も出てきそうである。

この問題は、自営業や非正規雇用者が加入する国民健康保険という仕組みの下で実際に起こっている。国民健康保険は市町村単位で運営されているので、高齢化が進み、これといった産業がない小規模な市町村では、保険給付が保険料収入を大幅に上回り、制度の維持が難しくなっている。市町村の中には、疾病リスクを分散するには規模が小さすぎるところが少なくない。規模が大きくなるほど、疾病リスクは本来の値に近づいていき──これを「大数の法則」という──保険給付と保険料収入がバランスしやすくなる。

第二は、当然ながら、リスク分散のためにはコストがかかるということである。右の例でも、人々はリスクから解放される見返りとして、五万円の保険料を支払っている。病気にならなかったから五万円を返してほしいといっても、それは認められない。リスク分散の恩恵を受けるためには、その仕組みに加入してコストを払う必要がある。

ついでに言うと、五万円を若干上回る保険料でも人々は支払ってもよいと考えるはずである。つまり、リスクとの関係から見れば五万円という保険料でまったく問題ないが、リスク回避的ならもう少し上乗せされた保険料でも構わない。その上乗せ分を、「リスク・プレミアム」という。しかし、医療保険が政府によって社会保険という形で運営されているのであれば、このリスク・プレミアム分を人々から徴収する必要はない。

第三に、社会保険は、あくまでも「会員制」の仕組みであるという点に注意しておくべきである。仕組みに加入しなかったり、コストを十分に支払わなかったりする人は、みんなでコストを分散するという社会保険の趣旨にそぐわない行動をしているわけだから、リスクが発生しても面倒を見てもらえない、と考えるわけである。

社会保障のすべての仕組みがそうなっているわけではないが、医療保険や介護保険、公的年金といった社会保険の仕組みには、このような冷たい面がある。これを、社会保険の「排除原理」という。社会保険の恩恵にあずかるためには、そのメンバーになって保険料という「会費」をしっかり払わなければならない。社会保険は医療保険だけでなく、人々をさまざまなリスクから守る制度であり、セーフティ・ネットの仕組みと呼ばれることも多い。しかし、そのセーフティ・ネットは、会費を払った人だけに、そしてその会費の拠出実績に応じてしか人々を守らない。

もちろん、社会保険は実際にはさまざまな形をとっているが、会員制の仕組みであるという最も基本的な役割だけに注目すると、社会保険はそれに加入している会員の厚生しか追求しないという性格を持っている。そうだとすれば、社会のすべての構成員に社会保険への加入を義務づけ、政府がその運営に関与すればよいではないか、という発想が出てくる。その問題を次節で考えてみよう。

2　社会保険はなぜ「社会」保険なのか

社会の単位が個人に

前節では、社会保障が社会的リスクへの備えとして、リスク回避的な人々から要請されることを説明した。しかし、社会的リスクに備えるために、どうして政府が乗り出す必要があるのか、という説明はあまりしてこなかった。しかし、日本の制度を見てもわかるように社会保険は強制加入になっており、何らかの形で政府がそこに関与している。なぜこのような仕組みになっているのだろうか。

最初に、社会保険——あるいはもう少し広く社会保障という仕組みを考えたほうがよいかもしれないが——が整備される前にも、人間は社会的リスクに備える仕組みを持っていたことを指摘しておく必要がある。家族がまさしくそうであろう。外敵から守り、病気になったときに家族の世話をし、年老いた親を子供が扶養するといった家族の機能は、まさしく社会的リスクに対する備えである。そして、農耕・狩猟社会では近隣住民と形成する地域社会が社会的リスクを分散し、リスクに対抗する役割を果たしていたはずである。

しかし、産業革命以降、経済社会の産業化が進むと、経済活動の単位は家族や地域の共同体から次第に個人になっていく。人々は家族を持ち、地域社会に済みながらも、会社で働き、働いた報酬として収入を得る。そのため、社会的リスクにも個人で対応することが必要な場面が増えてきた。年老いて働けなくなってしまうリスク、職を失うリスクなどがその代表的な例である。

そして、そうした社会的リスクを分散する力を家族や地域の共同体は次第に失っていく。それぞれの個人の経済活動が、あまりにも多様化してしまったためである。そのため、社会保障は、新たに生まれた職場単位で出来上がることになる。互助制度や共済組合など、社会保険の前身とも言える制度がそうである。そして、そうしていわば自生的に登場してきた仕組みを統合する形で、あるいは制度間の調整を行うという形で政府が社会保険に関与するようになる。日本の医療保険、公的年金の制度の変遷はまさしくそういう経過をたどってきた。

このように、政府は、かつては家族や地域の共同体が担ってきた、社会的リスクに対する備えを運営するという枠割を社会保険によって肩代わりするようになっている（政府サイドからこの点を説明したものとして厚生労働省〔2012〕がある）。その場合、社会保険を厚生する単位は基本的に個人である。そして、個人は、社会保険を媒介にして社会の構成員と結びついている。社会連帯という概念を、社会保険という観点から説明するとそういうことになる。

近視眼的な個人

以上の説明は、社会保険の担い手として政府が関与する理由の説明として一般的なものと言えよう。しかし、経済学から見るとやや物足りない面がある。というのは、経済学は基本的に市場メカニズムを重視する学問であり、市場への政府の介入をできるだけ避けようと考える傾向があるからである。実際、市場メカニズムに任せておけば、最も効率的な資源配分が実現されることが、「厚生経済学の第一定理」として証明されている。したがって、社会保険という仕組みに政府が関与することについても、理論的な根拠が必要になる。以下では、その根拠と考えられるものとして二つを指摘しておこう。

第一は、私たちが将来のことをきちんと考慮に入れず、目先のことばかり考えて行動しがちである——このような私たちの性格を「近視眼的」と呼ぶ——という点が挙げられる。市場メカニズムは、個人が合理的に行動することを前提としている。しかし、私たちはそれほど合理的ではなく、ずいぶんいい加減に行動する。その場合、市場メカニズムはうまく機能せず、私たちはそのメリットを十分に享受できない可能性もある。

このような近視眼的な行動が重要になるのは、社会保険の中でもとりわけ公的年金の場合である。そこで、公的年金について考えてみよう。私たちは、高齢になって所得を稼ぐ能力が低下し、生活に困ってしまうリスクに備えて、働ける若いうちに貯蓄をする。しかし、誰もが将来のことをしっかり考えて行動するとは限らない。イソップ寓話の「アリとキリギリス」に出てくるキリギリスのように、先のことは考えずに今を楽しもうと思う人も少なくない。キリギリスほど近視眼的ではなくても、やはり今の生活のほうが大事だから、老後への備えが不十分であるケースは多いだろう。

　そして、人々が近視眼的に行動すると、老後に最低限度の生活を送れない人がけっこう出てくることになる。したがって、若いうちに保険料という形で少しずつでも貯蓄を強制的にさせ、老後に備えさせるという公的年金の仕組みが要請されることになる。こうした政府の行動はしばしば、「温情主義」に基づく行動と呼ばれる。

　しかし、近視眼的な個人を政府が温情主義的な立場で救済するために強制加入の社会保険が必要だ、というこの説明に問題がないわけではない。たとえば、将来のことを考えずに刹那的に生きるという、近視眼的な行動を喜んで選択している個人の中には、温情主義による政府の関与を「不要なおせっかいだ」と思う者もいるだろう。こうした個人に対しても政府が公的年金への加入を強制する根拠は、温情主義だけでは正当化できない。

　ここでポイントとなるのは、近視眼的な個人に公的年金非加入という選択を認めたとき、その個人がそのために最低限度の生活を送れなくなった場合に社会としてどう対処するかである。前述の排除原理の考え方を貫徹して、そのような個人を救済する必要はないと社会が判断するのであれば、公的年金の強制加入を正当化する必要はなくなってしまう。公的年金の保険料の支払いを拒否する者は放っておくしかない。

　一方、公的年金に非加入の結果、最低限度の生活を送れなくなった者に対して、公的年金ではなくほかの救済手段、たとえば生活保護が用意されている場合はどうか。このとき、公的年金に加入しなくても老後は生活保護で救済されると考え、現役時に老後に備えた貯蓄を十分に行わない者が出てくる。そうした者が増加すると社会全体の貯蓄が減少し、経済成長が抑制されて低所得の高齢者を生活保護で救済することが難しくなる。この場合は、現役層に保険料を強制的に拠出させる公的年金が是認されることになる。

　生活保護という制度を私たちが用意しているということは、最低限度の生活を送れない状態に陥った者は、理由が何であれ、社会全体で救済すべきだという価値判断を私たちが行っていることを意味する。ここには、世の中で困っている者をそうでない者が助けようという公平性の観点が顔を出している。公的保険に加入しなかったから最低限度の生活を送れないのは自業自得だ、と突き放してしまうような社会では、強制加入の公的年金は正当化できない。このように、公平性の観点から生活保護という、社会保険でない制度で最低限度の生活を保障しようとするからこそ、公的保険という社会保険を強制加入にすべきだという説明が可能になる。医療保険などそのほかの社会保険が強制加入になっていることも、同様のロジックで説明できそうである。

情報の非対称性

社会保険に政府が関与すべきもう一つの理由として、「情報の非対称性」がしばしば挙げられる。経済学の教科書が説明しているように市場メカニズムがうまく機能するためには、売り手と買い手との間に、取り引きする財やサービスについて情報が供給されていなければならない。ところが、情報が一方に偏在している場合には市場メカニズムはうまく機能せず、政府の介入が必要になる。

　この点は、疾病リスクをカバーする医療保険について次のように説明できる（詳細は、西村〔2000〕、Zweifel et al.〔2009〕等参照）。いま、自分がどこまで疾病リスクを抱えているかは本人が最もよく知っており、保険会社はあまり知らないと想定する。このとき、強制加入の社会保険が必要になる理由は次のように説明される。

　医療保険の提供を民間の保険会社に任せたとき、保険会社はおそらく、社会全体の平均的な疾病リスクを勘案して保険料を設定するだろう。誰が保険に加入するかわからないし、加入しようとやってくる人の疾病リスクも判別できないと想定しているからである。このとき、自分が低リスクであることを知っている人は、保険料が高すぎると判断してその保険に加入しない。保険料は、社会全体の平均的な疾病リスクに基づいて設定されているからである。加入するのは、高リスクの人だけである。彼らは、保険料を支払っても、元が取れると期待できるからである。

　このとき、保険会社は、保険加入を希望する人は誰でも受け入れるしかない。しかし、ふたを開けてみると、高リスクの人だけが加入しているので、赤字になってしまう。そこで保険会社は、赤字を回避するために保険料を引き上げる。ところが、その引き上げられた保険料でも加入したいと考える人は、さらに高リスクの人に限られる。保険会社は保険料をさらに引き上げねばならない。こういうプロセスが続き、最終的には、保険に入るのは世の中で最も高リスクの一人だけになる。一人だけになると、保険にならない。

　このように、高リスクの人だけが保険に加入し、低リスクの人は保険に加入しないために、保険が成り立たなくなっていくことを「逆選択」が働いているという。この逆選択があるからこそ、疾病リスクに社会全体で備えるためには、リスクの高低にかかわらず、すべての人を強制的に加入させる社会保険として医療保険を政府が運営すべきだ――というのが、経済学による通常の説明である。

　しかし、医療保険が強制加入の社会保険であることを逆選択という情報の非対称性で説明することは、実はあまり現実的ではない。保険会社も、利益を上げなければ商売にならないから、保険に加入しようとしてくる人に対して、その人がどういうリスクを抱えているのか、チェックしないはずがないからである。民間の保険会社に医療保険の供給を委ねた場合、保険会社は、採算割れになれば元も子もないので、個人の疾病リスクの判別にしっかり力を入れる。そのため、実際には疾病リスクに関する情報の非対称性は、保険契約を結ぶ前にかなり軽減されているはずなのである。

　したがって、保険に加入できるのはむしろ低リスクの人に限定され、高リスクの人こそ排除されていく。逆選択のまさしく逆の状況なのである。こうした状況を、「リスク選択」が働いていると言うところが、このリスク選択が働いている場合、政府が医療保険に乗り出す必要はなくなってしまう。というのは、高リスクの人向けの、保険料の高い保険を売り出す保険会社が出てきて、高リスクの人はその保険に加入することになるからである。市場では、高リスクの人向けの保険と低リスク向けの保険が併存することになる。このように複数の均衡が併存する均衡を、「分離均衡」と呼ぶ。

　つまり、情報が対称的であれば、市場メカニズムはしっかり機能し、経済学の言葉で言えば「市場の失敗」は発生しない。医療保険を民間に委ねても、情報の非対称性はそれほど深刻な問題とはならず、したがって、医療保険を社会保険としなければならない理論的な根拠はあまり強くないのである。

公平性の観点からの説明

　このように、情報の非対称性を想定し、逆選択が発生するから低リスクの者も強制加入させる医療保険が必要だという説明には問題がある。本人のほうが疾病リスクに関する情報を保険会社よりよく知っている、という想定があまり強固なものとは言えないからである。個人の遺伝子情報が容易に入手できるようになると、尚更それが言えるだろうし、むしろ本人より他人の方が疾病リスクに関する情報を豊富に持つという状況すら現実味を帯びている。

　したがって、疾病リスクに関する情報が対称的で、市場メカニズムがしっかり機能している場合でも、政府が医療保険を強制加入の社会保険として運営すべき理由を考える必要がある。このとき、公平性からの観点が重要になる。

民間保険では高い保険料を払うしかない高リスクの人々は、自分たちの責任ではない理由によって高リスクになっているかもしれない。彼らの疾病リスクが高いのは、所得水準も低く、健康を取り巻く環境が劣悪だからかもしれない。所得水準や環境には問題がなくても、親から受け継いだ遺伝子によって疾病リスクが生まれながらにして高い人々もいるだろう。そういう人々を社会で支援するためには、低リスクの人も高リスクの人と一緒に入る社会保険の仕組みがあったほうがよい。政府によるこうした対応には、高リスクの人に対する支援という意味合いがある。

このように考えると、医療保険が強制加入になっているのは、社会全体で高リスクの者を支援する仕組みに義務として参加させるためだ、という色彩が強くなる。政府はこの仕組みを運営するために関与し、すべての国民から保険料を強制的に徴収する。このとき、医療保険の保険料は税としての色彩を強めることになる。

本節の議論を整理しよう。筆者は、社会保険に政府が関与する強制加入の仕組みである理由として、個人の近視眼的行動と情報の非対称性という、しばしば取り上げられる二つを取り上げた。この二つは、個人の合理的でない意思決定を補正し、市場メカニズムが情報の非対称性の問題に向き合う必要性を回避することによって、より効率的な資源配分を実現しようという効率性からの観点に基づく説明である。

しかし、筆者はそれと同時に、その二点には理論的・現実的に見て問題があり、政府の関与・強制加入という社会保険の性格を正当化するためには、公平性の観点からの理由づけが必要になるという点も指摘した。この考え方をさらに進めると、最低限度の所得を保証し、低所得層を支援するためにこそ、社会保険における政府の関与・強制加入が必要になる、という考え方も成り立ち得る。

しかし、そのように説明すると、社会保険と税のどこが違うのかという問題に直面する。実際、最低限度の所得を保証し、低所得層を支援する仕組みとしては、社会保険ではなく、税を財源とする生活保護がある。そこで、次節では社会保険と税の関係という、社会保障や税制をめぐる実際の制度運営に関わるテーマについて考えてみよう。

3　社会保険と税とはどこが違うのか

二つの所得再分配

社会保険にはもともと、リスク分散を社会全体で分散するという役割が期待されている。日本における実際の社会保障給付に占める社会保険のウエイトの高さから判断しても、リスク分散の仕組みとしての機能がきわめて重要になっている。しかし、前節で述べたように、社会保険には公平性の観点が入り込み、リスク分散だけでなく所得再分配のための装置としての性格も色濃く持っているように思える。

その場合、社会保険と税の違いは非常に微妙なものになってくる。両者は、どのような点で異なるのだろうか。まず、議論の混乱を避けるために、公平性の議論の際にポイントとなる所得再分配に二つのタイプがあることを指摘しておこう。第一のタイプは、はじめから所得そのものに注目し、所得の高い層から低い層へ所得移転を政策目標として意識的に目指すものであり、「事前的な所得再分配」と呼ぶことにする。第二のタイプは、リスクが現実のものになった者に、そうならなかった者から所得が移転する所得再分配であり、「事後的な所得再分配」と名付けることができる。この所得再分配は、あくまでも副次的、派生的な性格をもっている。

このうち、社会保険に通常期待されている所得再分配は、二番目の事後的な所得再分配である。このタイプの所得再分配は、それ自体が社会保障の政策目的になっているわけではなく、あくまでもリスク分散の結果、副次的に発生するものである。その副次的に発生するものを社会保険の目的とする点については、問題がないわけではない。

さらに、一番目の事前的な所得再分配については、もうひとつの有効な政策手段、すなわち税があることを認識しておく必要がある。その税の仕組みを活用しないで、社会保険だけで望ましい所得再分配を行おうとすると、無理が生じるかもしれない。実際、オランダの経済学者ティンバーゲンは、「n個の独立した政策目標を達成するためには、n個の独立した政策手段が必要である」ことを示した。これを、「ティンバーゲンの定理」という。

さらに、カナダの経済学者マンデルは、この定理を出版点として、「政策手段は、それが相対的にもっとも効果を発揮する政策目標に割り当てられるべきである」ことを示した。これを、「マンデルの定理」といい、ティンバーゲンの定理とともに、適切に政策割当を行うことの重要性を指摘するものである。

社会保険はリスク分散のための装置として有効な社会保険という仕組みを持っており、また、税は税負担に累進性を付与できるという点を考えれば、リスク分散は社会保険の担当とし、所得再分配は税に任せるという整理が政策割当という観点からは望ましいといえるかもしれない。

税と保険料の融合

ところが、社会保険には事前的な所得再分配を初めから狙っている側面もある。実際、医療給付や介護給付など、政府が提供する社会保障のサービスの財源を調達するときに、所得に余裕のある人はそれだけ多めに負担してもらおうという発想――これを「応能原理」という――は、理に適ったものと言えよう。実際、正規のサラリーマンや公務員が加入している医療保険の場合、保険料は報酬に比例する形で支払われている。報酬に応じて疾病リスクが高くなるわけではないので、ここには応能原理的な発想が反映されている。

さらに、税が累進性を通じて所得再分配を進めているといっても、政府がその税を用いて公的サービスを提供するとすれば、それはほとんどリスク分散の仕組みであると言ってよい。所得が低ければ納める税よりも受け取るサービスのほうが大きくなり、逆に所得が高ければ持ち出しになる。差し引きすると、税がない場合に比べて、所得の変動は小さくなる。このように、税は、それを財源とする政府支出も併せて考えると、社会保険と同じように、リスク分散機能を果たしていると考えてよい。したがって、リスク分散は社会保険で、所得再分配は税で、という切り分けにも曖昧な部分が残る。

しかも、社会保険の運営実態から見れば、社会保険による所得再分配の効果は、それがたとえ事後的であるとしても、かなり大きいという点にも注意が必要であろう。というのは、第一に、社会保険には公費、すなわち税が大幅に投入されている。これは、社会保険の給付に公費が連動する形になっている面があるからである。たとえば、公的年金のうち基礎年金の給付額の二分の一は公費になっている。ところが、税には、所得が高い人々ほど負担が高くなるという累進性がある。したがって、税に財源のかなりを依存している社会保障にも結果的に累進性が生じ、税を経由する形で間接的に所得再分配が行われていることになる。

第二に、社会保険料の規模は二〇一三年度で六三兆円、国民所得の一七％の規模に相当している。したがって、社会保険のねらいが事前的な所得再分配にないとしても、事後的にはかなりの再分配効果が生じていることは無視できない。ただし、社会保険に伴う所得再分配は、高所得層から低所得層への所得移転という、私たちが通常イメージするような所得再分配とは限らない。現役層から高齢層へという年齢階層間の所得移転という色彩がかなり強い。この点は、社会保険制度の持続可能性を考える上できわめて重要な点である。

保険原理と福祉原理

これまで説明してきたように、社会保険と税との関係には微妙な面があり、両者の役割についても明確な線引きはできない。さらに、社会保障の制度運営が歴史的な沿革もあって、統一な方針に基づいて行われているのではなく、異なる考え方が未整理のまま混在していることもそこに反映している。

この点に観点して、社会保障の制度運営の原理を「保険原理」と「福祉原理」という二つに整理する考え方がある。このうち、保険原理とは、経済的リスクに備えて社会の構成員が保険料を支払ってプールしておき、それを財源としてリスクが実際に発生した者を救済するという、社会保険の仕組みを念頭においた考え方である。この場合、社会保険のサービスの給付は保険料を支払った者だけに限定され、支払いが不十分であれば、給付水準が削減される。こうした考え方を、排除原理と呼ぶことはすでに述べた通りである。一方、保険料の拠出実績がきちんとあれば、年収などとは無関係に誰でもそのサービスを受給できる。この保険原理を用いた社会保険は拠出制の仕組みであり、給付を受給する権利は保険料の拠出に連動している。

これに対して、福祉原理は保険料を財源とするのではなく、政府が得た税収を財源として経済的リスクが発生した者を救済するという考え方である。この場合、社会保障サービス給付する対象者は、それなしでは十分な生活を送れないことが証明された者に限定される。そのために人々は、給付を受けようとする場合、所得や資産などを細かく調べるミーンズ・テスト（資力審査）を受ける必要がある。こうした給付の考え方を、「選別主義」という。この福祉原理は、所得再分配を明示的に目指すので公平性の観点が保険原理よりも反映されやすい。しかし、福祉原理はあくまでも（保険原理とは異なる）制度運営の類型であり、公平性という考え方そのものを意味するものではない。

保険原理は一九世紀後半のビスマルク時代以降、社会保険を重視するドイツで発達してきた考え方であるのに対して、福祉原理は一六〇一年の「エリザベス救貧法」を起源とし、一九世紀に入って「工場法」「新救貧法」が成立するなど、イギリスで発展してきた考え方であり、歴史的背景が異なる。いずれもリスク分散の仕組みとしてそれなりに筋の通った考え方であり、社会保険が保険原理と、社会福祉や生活保護が福祉原理と結びつけて議論されることが多い。

広井（1999）がすでに指摘しているように、日本の社会保障制度はこの二つの考え方が混在している。社会保険といいながらも、その財源のかなりの部分が税に依存している状況はその代表的な例である。こうした状況が社会保障の仕組みを複雑にするとともに、人々の制度に対する正確な理解を難しいものにしている面がある。

たとえば、社会保険のほうが税よりも負担と受益の関係が明確なので、保険料を払うことによって社会保障サービスを受けるという権利意識が生まれるという説明がある。確かに、保険料にはそういった面があるだろう。実際、私たちは消費税の税率引き上げに代表されるように、それが社会保障の財源として使われるという説明を受けても、増税にはかなり抵抗するが、保険料率の引き上げにはそれほど反発しない。保険料の負担増が、社会保障サービスの拡充につながると想像する傾向が私たちにあるからである。

社会保険が抱える問題

保険料と税に対する、私たちのこのような非対称的な受け止め方は、社会保険の給付が保険料の収入で完全に賄われているのであれば、十分理に適ったものといえる。実際、給付と保険料収入が見合うことは、「収支相当の原則」として保険が満たすべき条件だと説明されるのが普通である。ところが、日本の社会保険は、その給付のかなりの部分を税に依存しており、保険料によって財源が完全にカバーされていない。つまり、現行の社会保険制度は、保険料を負担している人々に対して、その負担以上のサービスを提供していることになる。

ところが、このように議論を進めると、社会保険は民間の保険とは異なり、収支を均衡させる必要は必ずしもなく、公費を投入して低所得層を支援すべきだという反論が必ず出てくる。これは、まさしく福祉原理の発想に基づくものである。しかし、この福祉原理の発想で公費投入を要請するのであれば、給付サイドでもその発想に基づき、所得に応じて給付を調整するという仕組みを求めるべきである。しかし、そこまで主張する声はあまり強くない。

要するに、私たちは、社会保障サービスを受ける権利と連動しやすいとして保険料を支持し、足りない部分は所得に余裕のある人ほど負担が重くなる税で補えばよい、という社会保険と税の都合のよいところだけを見て両者をミックスさせている。この仕組みは、制度運営にとって無視できない問題をもたらす。すなわち、社会保障については、給付額が高まる一方で、保険料負担の増加がそれに追いつかず、公費負担、すなわち税への依存度が高まるという傾向が強まることになる（鈴木〔2010〕：八代〔2013〕参照）。しかも、税は社会保障給付と少なくとも個人レベルでは連動しないので、人々は増税に強く抵抗する。その結果、財政赤字の拡大が進むというシナリオになる。

実際、保険料か税かという昔から繰り返されてきた議論をよく見てみると、保険料のほうがよいという主張は、保険料による財源調達を主張するのではなく、社会保険という仕組みを主張していることが多い。日本の社会保険は、すでに述べてきたように、税にその財源をかなり依存しており、保険の仕組みとは言いにくい面がある。しかも、保険原理と福祉原理が混在し、受益と負担の関係が分かりにくくなっている。それが、社会保険が中核となっている社会保障の持続可能性を脅かしている面もある。こうした状況は、社会保険が理論的にも、現実の運用面でも、非常に複雑な性格を持っていることの帰結と言えるかもしれない。

4 問い直すべき社会保険の役割

本章では、社会保険の経済学的な特徴と問題点を効率と公平という二つの観点から検討してきた。社会保険はリスク分散のための社会的な装置であり、リスク回避的な個人にとっては歓迎すべき仕組みである。これについては、誰も異論はないだろう。

しかし、社会保険に政府が関与し、社会の構成員に加入を強制する根拠については、議論が十分なされていない。たしかに、個人の近視眼的な行動やリスクに関する情報の非対称性による「市場の失敗」を是正するという、効率性の観点からの説明が一般的である。しかし、効率性だけではなく、公平性の観点からの議論なしでは政府の関与・強制加入は正当化できないことにも注意すべきである。

さらに、社会保険の必要性を公平性の観点から議論すると、社会保険と税との役割分担がかなり不明確になる。社会保険をリスク分散を目指す保険原理の仕組みとして、税を所得再分配を目指す福祉原理の仕組みとして整理する試みもある。しかし、社会保険の存在理由を公平性の観点なしでは説明できないとすれば、このような二分法には限界がある。実際、現実の制度を見ると、社会保険の財源は公費すなわち税にかなり依存しており、保険原理と福祉原理の考え方、効率性と公平性の観点が複雑に交錯している。それによって、社会保険の受益と負担の関係が見えくくなり、社会保険財政の悪化につながっている。

　筆者は、社会保険の持つこうした複雑な側面や問題点には、社会保険がさまざまな歴史的沿革を経て成立してきた仕組みであることを考えると、やむを得ない面もあると考えている。社会保険は、はじめから理路整然とした理論的体系に基づいて成立しているわけではない。しかし、人口が順調に拡大し、中程度以上の高度成長が維持されていれば、社会保険の持つ構造的な問題は表面化しなかった。しかし、人口減少が進み、高度成長が期待できなくなると、社会保険の役割を問い直す必要性はますます高まっていくと思われる。

　それでは、どうすればよいか。筆者は、保険原理が本来前提としていたはずの受益と負担の連動性をより明確にし、社会保険の存立基盤を強化して制度の持続可能性を高める必要があると考える。給付水準を維持するのであれば保険料を引き上げる必要があるし、保険料を引き上げたくないのであれば給付を削減するしかない。受益が負担を上回り続け、しかも両者の差が拡大していく状況を容認し続けていくと、社会保険の保険としての存立基盤が弱まってしまう。

　しかし、これを社会保険の財政上の問題と単純に解釈してはならない。社会保険の基盤強化はむしろ、公平性の観点からの要請である。私たちが人々に最低限度の生活を保障するためには、生活保護のように、社会保険以外の仕組みで人々を救済する「最後の拠り所」を用意しておく必要がある。その最後の拠り所をまさしく最後の拠り所として機能させ続けるためには、その仕組みに安易に期待することは危険である。私たちが社会保険の「拠出原理」を無視してでも、いま目の前にいる、困っている人を救おうとするとき、その人を実際に救えるためには社会にそれだけの余裕がなければならない。私たちには、その余裕を残しておく覚悟が求められる。そのように考えれば、負担以上の受益を社会保険に期待し続け、足りない分は税や将来世代への負担の先送りで間に合わせるという、私たちがこれまで選択し続けてきた安易な対応は改めるしかない。

【参考文献】

小塩隆士（二〇一三）『社会保障の経済学　第四版』日本評論社。

倉田聡（二〇〇九）『社会保険の構造分析』北海道大学出版会。

厚生労働省（二〇一二）『厚生労働白書（平成二十四年版）』日経印刷。

鈴木亘（二〇一〇）『財政再建と社会保障』講談社。

橘木俊詔（二〇〇〇）『セーフティ・ネットの経済学』日本経済新聞出版社。

西村周三（二〇〇〇）『保険と年金の経済学』名古屋大学出版会。

広井良典（一九九九）『日本の社会保障』岩波書店。

八代尚宏（二〇一三）『社会保障を立て直す』日本経済新聞出版社。

Zweifel, P., Bryer F. and M. Kifmann (2009), *Health Economics*, Second Edition, Springer.

第9章 借りて生きる福祉の構想

角崎洋平

福祉貸付制度が「福祉」の名を冠するに値するためには、少なくとも、借手の財産の形成・維持に寄与するものであり、かつ、借手の状況に配慮した長期的な（必要に応じて伴走的でもある）支援を伴うものでなくてはならない。そしてそうした貸付制度は、フローの生活保障のための給付制度や、ストックの生活保障のための資本供給制度と両立するものである。

1 貸付と福祉

近年の福祉政策における貸付の位置

二〇〇六年にバングラデシュのグラミン銀行と当時のリーダーであったムハマド・ユヌスがノーベル平和賞を受賞した。以降マイクロクレジットは、発展途上国における貧困層の生活改善策として、世界中から注目を集めるようになった。

日本にも以前から、生活困窮者や障害者などを対象に、事業資金・生活資金・教育資金を貸付する「生活福祉資金貸付制度」が存在する。これは、政府・地方自治体からの資金支援を受けて都道府県の社会福祉協議会が貸付する制度である。二〇〇三年には、この貸付制度の枠内で、低所得者向けのリバースモーゲージ制度が、増加する高齢者向けの生活支援策として導入された。また二〇〇八年のリーマンショックの翌年、失業者や生活困窮者がより貸付制度を利用しやすくなるようにと、金利引下げや連帯保証人要件の緩和といった制度改正が実施され、利用者が急増した。

こうした貸付制度は、生活保護受給世帯の増加が問題視されるなかで、社会保険制度と生活保護制度の間の「第二のセーフィティネット」の一つとしても注目されている。たとえば、二〇〇七年に政府は、多重債務者対策として「多重債務者問題改善プログラム」を策定し、生活福祉資金貸付のみならず生活協同組合などの貸付事業を、「日本版グラミン銀行モデル」として評価している。また、二〇一五年度から始まった「生活困窮者自立支援制度」の一つとして、家計の収支改善のための相談や貸付支援を行う「家計相談支援事業」が位置付けられているが、ここでも生活協同組合などの事業が注目されている。このように、二〇〇〇年代に入ってから（とりわけその後半から）、貧困対策・生活困窮者支援などの福祉政策の領域において、貸付型の支援が積極的に導入されている。

貸付制度によって得られる人生のチャンス

上述のような福祉政策の一環として行われる、生活困窮者・障害者・高齢者などに対する貸付制度のことを、「福祉貸付制度」とよぶ。

「お金を借りることができる」ということは、「いま、手許に十分な資金が無くても、自分の人生におけるチャンスをつかみ損ねずに済む」ということである。たとえば、低所得でしかも両親から受け継いだ資産も少ないA氏が、長年の夢であった飲食店を開業するのに絶好の店舗物件を見つけたとする。彼が、その物件を確保するのに必要な資金を持っていなかったとしても、それに必要な資金を借入することができれば、彼はその夢であった飲食店を開業することができるかもしれない。

また、単身で子どもを育てる女性B氏が、パートナーからの暴力に苦しみ離婚せざるをえなくなった自身の境遇に思いをいたし、女性にたいする法的な相談・支援の必要性を痛感して、弁護士になることを志したとする。しかし彼女が弁護士になるためにロースクールに通うには、今パートで働いている勤務先を退職しなければならない。そうなると子どものケアは両親に依頼することができるとしても、自分と子どもの生活を維持することができない。仮にロースクールに通うための学費とその間の生活費を借入することができれば、彼女は弁護士になり、そうすることで将来、自分の夢をかなえるとともに、より安定した収入を得られるかもしれない。

実質的自由としての福祉と福祉貸付の目的

A氏もB氏も、貸付を受けることで、自らが行いたいと思った仕事を開始し、自分がなりたいと思った自分に近づくことができるかもしれない。

アマルティア・センは、一人ひとりの well-being、すなわち「よい暮らし向き」「福祉」を、客観的に計量可能な「資源」や、その人が主観的に感じる「幸福」ではなく、「ケイパビリティ〈潜在能力〉」という概念で評価する。ケイパビリティとは、彼／彼女らが潜在的に達成可能な〈機能（functionings）〉――すなわち「彼／彼女が行いうること、なりうること」――の集合のことである（Sen 1985）。

センが、「行いやありよう」（機能）やその集合（ケイパビリティ）に注目するのは、「本人が価値を置く理由ある生を生きられる」（Sen 1999：87）実質的な自由を重視するからである。センによるケイパビリティ・アプローチは、本人が現に達成している「行いやありよう」を越えて、さまざまな「行いやありよう」が達成可能であるという自由を、「福祉」として評価しようとしている。

たとえば、現在所得が低いA氏は、担保にする資産もなく、連帯保証人となってくれそうな有力な親族もいないという理由で、金融機関から貸付を拒まれているかもしれない。また離婚歴のあるB氏は、当時のパートナーからの暴力を恐れるあまり、しぶしぶ多重債務の連帯保証人となっており、それゆえに金融機関から貸付を拒まれているかもしれない。この場合A氏やB氏は、金融機関から貸付対象として見なされていないがために、飲食店開業や弁護士になろうという希望を諦めざるをえなくなるだろう。ケイパビリティ・アプローチは、A氏やB氏が直面する、ある行いやありようが達成不可能な状況に追い込まれているという実質的自由の欠如を、福祉政策の課題として見据えようとしている。

こうした実質的自由の欠如の背景の一つには、「金融排除」と呼ばれる問題がある（Carbó, Gerdener & Molyneux 2005：4-5など）。たとえば、現在所得が低いという理由、連帯保証人が見つからないという理由、過去に多重債務を負ってしまったという理由、女性であるという理由、障害があるという理由などで、金融機関の貸付対象から排除される人は少なくない。そしてそうした排除は、排除された人々の「行いやありよう」の達成可能性を縮減するものになる。こうしたなかで、生活困窮者・多重債務者・障害者・高齢者など、通常の民間金融機関から借入することが難しい人々を、貸付を通じた支援の対象とするのが、福祉貸付である。福祉貸付とは、金融サービスから排除されてきた人の、実質的自由としての福祉を向上させることを目的としている。

2　給付vs貸付

「貸付ではなくて給付を」

しかし、福祉政策として貸付型支援を導入することに対する懸念は根深く存在する。すなわち、生活困窮者などに貸付することは、かれらを返済困難に追いやり、生活をかえって不安定化させ、さらなる生活困窮を招くのではないかという懸念である（日本学術会議社会学経済学合同 包括的社会政策に関する多角的検討分科会 2009など）。

近年では、途上国におけるマイクロファイナンスの高い金利や強引な債権回収が、困窮者をさらなる生活困窮や自殺に追い込む危険性も指摘されはじめている（Sinclair 2012など）。日本でも、日本学生支援機構の奨学金が大学生・卒業生などにおよぼす負担の重さや厳しい取り立てが、社会問題にもなっている。今日、貧困・低所得者向け貸付制度の隆盛の裏側で、福祉貸付とは、本当に「福祉」に資するものなのかが、問われているのである。

福祉政策としての貸付に疑念をもつ者は「貸付型支援ではなく給付型支援の拡充を」という。たとえば次のようにいう。「給付ではなく貸付的方法（とりわけ有利子）は、借金を増やして生活再建にマイナスの効果を与えることから、生活費や就業訓練費、教育費の支援には適切な方法ではない」（日本学術会議社会学経済学合同 包括的社会政策に関する多角的検討分科会 2009：10）。こうした観点から主張されることは、生活福祉資金貸付ではなく、生活保護の積極的な給付であり、貸付型奨学金制度ではなく、給付型奨学金制度の導入である。

「給付ではなく貸付を」

給付と貸付を対比させて考えているのは、貸付制度を福祉政策に導入することに批判的な者だけではない。貸付制度を福祉政策に積極的に導入しようとする者のうち少なくない人たちは、批判者たちよりも鮮明に給付と貸付を対比し、一部もしくはすべての人に対する現行の給付型支援を、貸付型支援に切り替えるべきだと主張する。

たとえば、日本の福祉政策においても積極的に貸付手法を導入すべきだとする菅正広は、以下のように述べている。

> 『自分の能力を活用できる貧困層』にはマイクロファイナンスで資金を融資し、『自分の能力を活用することが難しい貧困層』には生活保護など社会福祉できちんと救済すべきである。『自分の能力を活用することが難しい貧困層』は『保護と自立の両立』ではなく、生存権を保障する『保護対象』と考えられるべきだろう。
> （菅 2008：133-134）

ここでは貧困層であっても、「自分の能力を活用できる」のであれば、給付ではなくて貸付で支援すべきだと主張されている。

給付型支援に対する貸付型支援の優位を最も明

確に主張するのは、マイクロクレジットの実践的かつ理念的指導者であったユヌスである。ユヌスは、「貧しい人びとは盆栽のような人びとである (poor people are bonsai people)」と述べる (Yunus 2007：54)。つまり、ユヌスは、貧困層が貧しいのは、生まれつきの種 (seeds) が悪いからではなく、かれらが十分に育つための環境を社会が十分に与えてこなかったからだ、と考えている。こうした観点から彼は、貧困対策は、貧困者が経済社会に参入するための環境を整えれば十分であるとする。そして彼は、貸付型支援が支援対象者の自立心を涵養する一方で、給付型支援は支援対象者の自立心を奪い、人を怠惰にさせるとして、後者に対して懐疑的な立場をとっている (角崎 2010)。

「怠惰にする給付」と「規律する貸付」

ユヌス自身は二〇一一年五月にグラミン銀行の総裁職を辞任している。しかし、人を怠惰にするものとして給付を捉え、自立心を涵養するものとして貸付を捉える考えは、現在の貸付推奨派にもしっかり根付いている。たとえば日本総合研究所が二〇一三年三月に発表した日本におけるマイクロクレジットの導入を検討した報告書 (日本総合研究所 2013) は、貸付という手法を採用するメリットについて以下のように述べている。

> 扶助 (＝給付) は、与える側と与えられる側の非対称な関係が固定化することが、被援助者の自立心を奪い、依存心を育てやすいという問題がある。しかし貸付であれば、返済さえ滞らなければ、貸す側と借りる側は対等な関係でいられるから、個人の自立心を毀損することはない。……「借りた金は返さなければならない」という金融の規律の存在が、規律順守のための努力を生み、そこから自信や向上意欲が生まれ、結果として家計再生のための行動変革が促される。(日本総合研究所 2013：68)

自分の意思で借入し、自分の意思でそれを運用することは、自己肯定感や自尊心の向上につながるかもしれない。しかし、「金融の規律」というものが借手に与える過酷さを等閑視できない。借手は、返済困難な状態に陥っても、なお規律を守るために、生活基盤であった財産を手放したり、事業を廃業したり、教育を受けることを諦めて過酷な労働に従事したりせざるをえなくなるかもしれない。そうした「金融の規律」を金科玉条のごとく掲げる生活困窮者への貸付は、福祉貸付本来の目的とは裏腹に、借手の「行いやありよう」の達成可能性を縮減しかねない。

3 フローの生活保障とストックの生活保障

フローとストック

第二節でみたように、給付と貸付は、貸付批判派においても推奨派においても、対立的・代替的なものとして捉えられてきた。しかし、両者を互いに排他的にとりあつかったり、対象者別に使い分けたりするのではなく、同一人物に対する両立的・相互補完的な支援策として捉えることはできないのだろうか。すなわち、給付制度と両立するものとして福祉貸付の意義を見出すことはできないだろうか。

確かに、給付によってお金を受け取ることも、借入によってお金を受け取ることも、お金の流入であることにはかわりない。給付も借入も、家計における収入不足 (お金の流入不足) の問題を解消する。そうした観点でいえば、給付を受けられれば貸付は不要であるし、貸付を受けられるならば給付は不要になる。

しかしこうしたお金の動きの捉え方は、お金を「フロー」面でしか捉えていない。「フロー」とは、一定期間に家計に流入したり流出したりするお金の量であり、ある時点で蓄積されている財産の量を示す「ストック」と対比される概念である。

フローベースのお金の動きの把握は単純で理解しやすいが、フローのみでお金の動きを見ても、その家計のストックがどの程度であるか、そのストックが財産としてどう運用されているかわからない。なぜなら、こうしたお金の動きの把握は、給付と貸付を資金の流入として一緒くたにしているのと同様に、消費と投資を資金の流出として一緒くたにしているからである。すなわちここでは、食費・光熱費・遊興費などのような一回支出すれば何も残らない「消費」と、住宅購入・事業のための設備購入・教育投資など、それに対する支出が有形無形の財産として残るような「投資」が綯交ぜにされている（図9-1）。

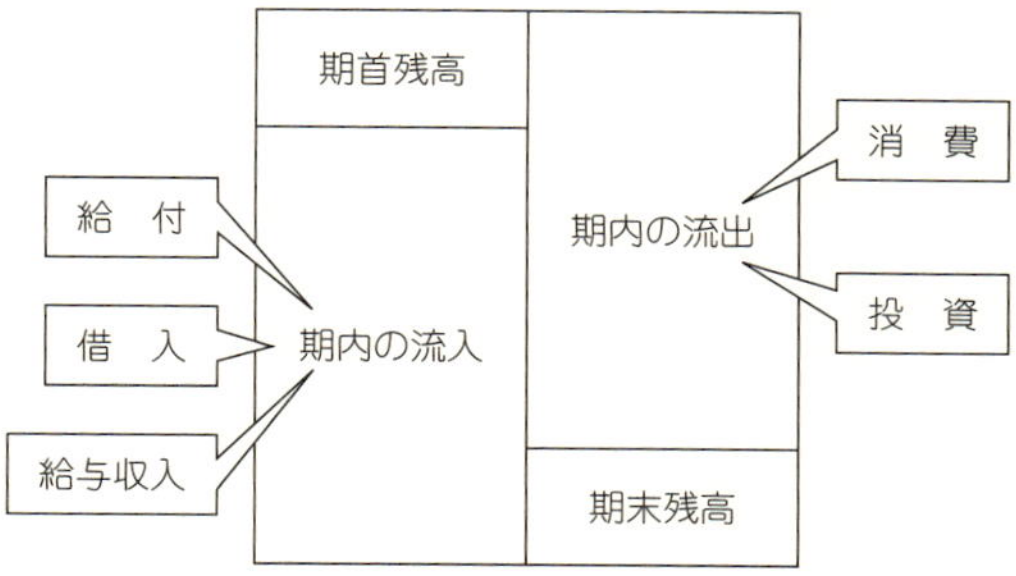

図9-1　単式簿記

「複式簿記」で考える

フローとストックの両方のお金の動きを一括して把握・記録しようとするのが「複式簿記」の考え方である（図9-1のようなお金の動きの捉え方を「単式簿記」という）。複式簿記は、「貸借対照表」と「損益計算書」の二つの財務書類でフローとストックを区別してお金の動きを捉える。

図9-2の貸借対照表はストックを示している。左側はある時点における有形無形の財産全体を示す「資産」である。ここではストックがどういった財産（たとえば、現預金や土地・建物や投資財産など）で構成されているかが示されている。右側の貸方は借入金や未払金などの「負債」と、自己資金や株式で調達された資金など返済不要な資金である「資本」で構成される。資産項目で示されるのが財産の全体ならば、負債と資本の合計総額とは、財産の調達のために必要とされた財源の総額である。したがって、貸借対照表上の左側は、お金がどのように運用されて財産となっているかを示しており、右側はその財産のための財源がどこから、どうやって調達されたかを示している。

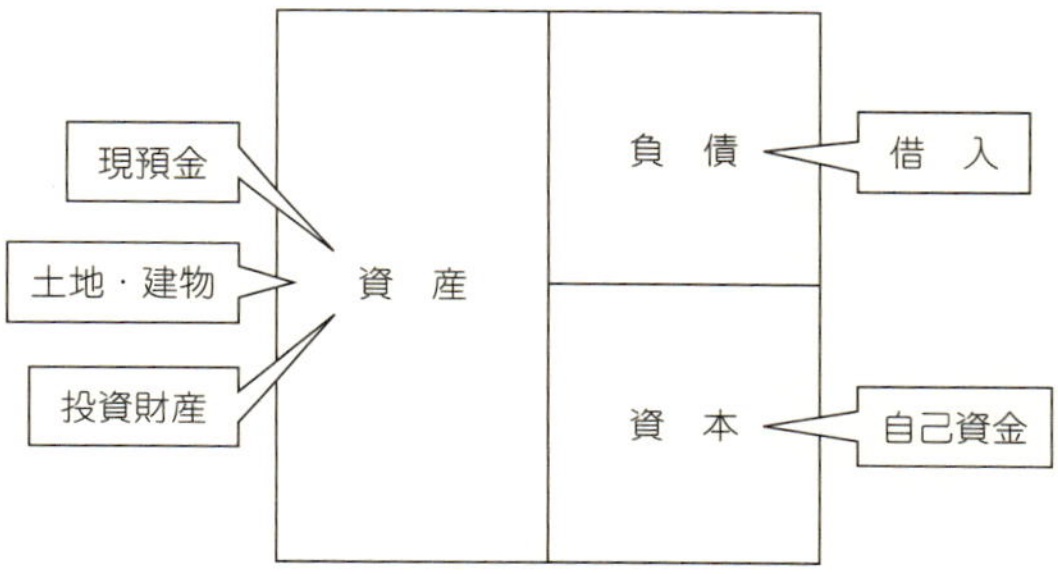

図9-2　貸借対照表

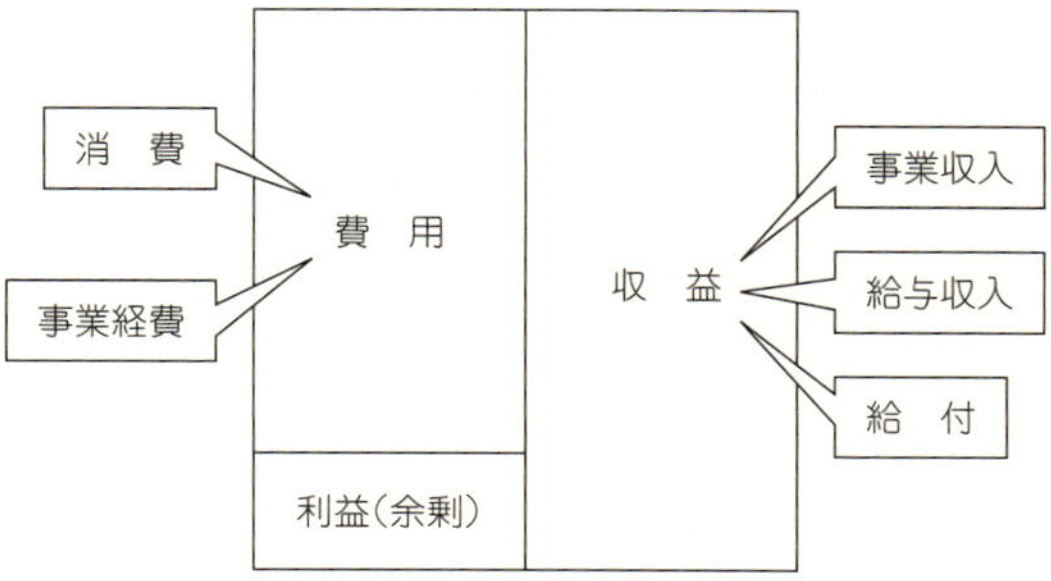

図9-3　損益計算書

一方、財産形成に直接関係しないお金のフローを示すのが損益計算書である（図9-3）。損益計算書は、生活や事業の継続に関する支出に対して、十分な収入が確保できているかどうかを示している。

複式簿記では単式簿記と異なり、借入による資金調達及びその運用は損益計算上の収入・支出から除外され、また自己資金を財源とした財産調達は損益計算上の支出から除外される。なぜならこうしたお金の動きは、すでに財産の状況・動きを示す貸借対照表で把握・記録されているからである。

フローの生活保障

このように考えてみると、従来の給付型福祉政策は、主に支援対象者のフロー――とりわけ損益計算書で示されるようなフロー――の安定を目的とした政策として、福祉貸付制度は、支援対象者の財産形成を支援するストックの安定を目的とした政策として、理解できる。

まず給付型の福祉政策からみてみよう。たとえば、代表的な給付制度である生活保護制度の各種扶助費目は、（生業扶助など一部にストックの安定を目的にした費目があるものの）そのほとんどはフローの生活安定のためのものである。生活保護法八条は以下のように定めている。「保護は、厚生労働大臣の定める基準により測定した要保護者の需要を基とし、そのうち、その者の金銭又は物品で充たすことのできない不足分を補う程度において行う」。ここでの「厚生労働大臣が定める基準」が、「保護基準」とよばれるものであり、この保護基準が要保護者の最低生活費を客観的に定めるものになる。したがって、生活保護制度における給付（保護費）の額は、要保護者の「収入」――要保護者の収入のすべてが「収入」として認定されるわけではないが――が、この客観的に定められた最低生活費に満たない限りにおいて、また、それを満たす程度において支給される。

福祉国家における生活保障の中核を担ってきた社会保険制度はどうか。雇用保険制度は失業者や介護休業・育児休業の取得者に従前の所得の一定割合を給付することで、収入の大幅減少を防ぐ制度である。また日本における健康保険制度や介護保険制度は、病気・事故・老化などによって増加したニーズの一部を、保険者（社会）が現物または現金を供給することで、個人の支出を減少させる制度である。

生活保護制度と社会保険制度には、給付によって収入の不足を補うか、社会（保険者）で肩代わりして支出を減少させるか、という違いはある。とはいえ両者はともに、必要な生活費が世帯の総収入を上回ることがないように、すなわち家計におけるフロー面を安定させることで、日々の生活を保障しようとする制度である。

ストックの生活保障

一方で貸付（借手から見れば借入）は、主に財産形成のために利用されることが多い。上述のように借入とは負債であり、財産を確保するための財源となるものである（図9-2）したがって借入は、複式簿記のルールでは、そもそもフローのお金の動きとは別の、ストックのお金の動きに関するものとして把握されることが一般的である。

たとえば事業を行おうとする者は、借入によって資金を調達し、それによって事業に必要な店舗や設備といった財産を確保することがある。また生活のために住宅や車などの財産を必要とする者が、その取得のために住宅ローンや車両ローンを契約するということもある。

教育や訓練を受けるために借入することはどうか。借入することで確かに負債は増えるが、一方で安定的な稼得機会を得られる。人は教育「投資」をすることで、有価証券から年々の投資収益を得るように、結果として就くことができたよりよい仕事から年々収入を得ることができる。教育投資は「人的資本」――ここでの「資本」は貸借対照表上の「資本」とは異なる――とよばれるような無形の財産を形成する。

　多重債務者のための借換資金貸付は、高利借入を低利かつ長期の借入に切り替えることで、多重債務者が無理なく返済を継続できるよう支援するものである。こうした貸付は、財産形成に直接貢献するものではないが、借入総額を増加させるものでもない。つまり多重債務の借換資金貸付とは、借手の過重な返済負担を軽減することで債務不履行の状態になるのを避け、借手にとって必要な財産を手放さずに済むように債務を再編成するものである。

　したがって、福祉政策としての貸付制度とは、生活のための有形無形の財産の形成・維持を支援する制度である。貸付制度は、借手が安定的な生活基盤をもとに多様な人生を歩むことを可能にする。そうした意味で貸付制度は、人が長期にわたって自由に生活するための基盤を提供するものとして、評価されうる。福祉貸付制度が目指すのは、給付制度や社会保険制度が目標とする日々または月々の生活収支を維持するためのフローの生活保障ではない。それが目指すのは、財産を形成し維持することによる、ストック面に関心を置いた生活保障である。前者は今を生きのびるための生活保障であり、後者は将来に向けて生活を安定させたり、多様なライフプランを選択したりするための基盤を保障するための生活保障である。

二つの生活保障の両立と給付・貸付の両立

　フローの生活保障とストックの生活保障は、どのような関係にあるのか。

　フローの生活保障でストックの生活保障を代替することは難しい。確かに、日々の生活が安定的に維持されること（フローの生活保障）は、貯蓄を容易にする。貯蓄は自己資金（資本）となって各種財産の財源となるだろう（ストックの生活保障）。そういう意味でフローの生活保障の欠如はストックの生活保障に悪影響を及ぼす。しかし、生活保護給付などによってフロー面での生活は保障されていても、教育を受ける実質的な機会や、事業を開始するための資金調達のための機会から排除される（金融排除）など、ストックの生活保障が全く欠如している、ということはありうる。

　またストックの生活保障でフローの生活保障を代替することは難しい。確かに、事業に必要な設備を入手して起業することや、ディーセントな労働に就くための高度な教育・訓練を受ける機会を得ることは（ストックの生活保障）、のちにその人の安定的な収入源となり、日々の生活を保障するものになることが期待されるだろう（フローの生活保障）。そういう意味でストックの生活保障の欠如はフローの生活保障に悪影響を及ぼす。とはいえ、こうした収入を安定させるはずだった教育・訓練が時代遅れになってしまって投資が無駄になることや、事業が予想もつかない天災や大不況の影響でフローの生活保障に結びつかないということは起こりうる。ストックの生活保障はフローの生活の安定を保障するものではない。

　したがって、フローの生活保障とストックの生活保障は、補完関係にあるものの、ある方がもう一方の役割を完全に担うような代替関係にはない。人が暮らし良く生きるためには、日々を大きな苦痛なく生活できるとともに、将来に向けた自分の選択肢が十分に開かれている、ということが重要である。そうであり、なおかつ、一方の生活保障がもう一方の生活保障を完全に代替できないとするならば、個人にとって必要なフローとストックは、両方とも保障されるべきものだといえる。

　そして上述のように、給付は主にフローの生活保障を、貸付は主にストックの生活保障を担っている。フローの生活保障としての給付と、ストックの生活保障としての貸付は、二つの生活保障が両立されるべきものである以上、両立するべく設計されることはあっても、対立的・代替的なものと捉えられる必要はないのである。たとえば、ある人が、生活保護給付を受けつつ福祉貸付を受けてもよいし、福祉貸付を受けている人が、一時的に家計収支が大幅に赤字になったときに必要に応じて給付型支援を受けてもよい。

貸付による給付の代替：再考

もちろん、フローの生活を保障する給付制度と、ストックの生活基盤を形成する貸付の対立が必然的ではないとはいえ、給付を貸付によって代替すること――すなわちフローの収入不足を借入で賄うこと――はありうるし、実際にそのように利用されている場合もある。たとえば近年登場した、生活保護の要保護世帯向けのリバースモーゲージ制度や、失業者等へ生活再建までの間に必要な生活費を貸与する総合支援資金貸付は、生活保護給付の代わりに生活費を供給する、給付を代替する貸付制度である。

確かに貸付によるフローの収入不足の補填は、たとえば就職活動中などの一時的な無収入期を凌いで、就職後の財産形成可能な将来まで生き延びることを可能にする、という点で間接的にストックの生活保障につながる面もある。また、フローの不足を補うためにストックを手放すことを避けるために、貸付でフローを補填することも、間接的にではあるが、ストックの生活保障につながることもある。

とはいえそうした貸付は結局、短期間での収入不足の解消につながらなければ、やはり財産に見合わない負債を大幅に増加させることになり、ストックの生活基盤を不安定にしかねない。たとえば貸手が、二節でみたような「金融の規律」を盾に債務の厳格な履行を要求するものであるとしよう。そうした貸手は、財産に見合わない多額の負債の存在（債務超過）を理由に破産手続きなどによる借手の財産処分（放棄）を要求するだろう。また、要保護世帯向けリバースモーゲージ制度では、フローの保障を受けた代償として、借受名義人死亡時に住宅を処分しなければならない。確かに借受人本人は、財産処分時には存在しない。しかし死亡した借受人の同居遺族が存在する場合で、すでに借受人死亡時点で住宅の価値よりも貸付債権額が超過している場合、厳格な貸手は、「金融の規律」に基づき遺族からこれまで住んでいた住宅を奪うだろう。

このような貸付は人々からストックの生活基盤を奪うものに転化しかねない。フロー面における、貸付による給付の代替は、自由の基盤となる財産形成に直接つながらないのみならず、ストックの生活保障によって形成された生活基盤をも毀損しかねない。要するに、給付と貸付が対立する、というよりも、フロー面で給付を代替する貸付は、財産（ストック）形成を目的とする貸付と対立しかねない、ということである。

4　資本と負債

負債が資本の不足を補う

給付と貸付を対立的・代替的に捉える必要はない。しかし、図9‐2から明らかであるように、貸付と資本は、代替関係におかれる可能性がある。すなわち、ある財産を調達する財源として、貸付が適切か、資本供給が適切か、という選択はありうる。

財産調達の手段として一定の資本を供給しようとする政策提案として著名なのは、ブルース・アッカーマンとアン・アルストットによるステークホルダーグラントの提案である（Ackerman & Alstot 1999：2006）。これは、二一歳になったすべての市民に対して、八万ドルのグラント（助成金）を供給するというものである。このグラントは、死亡時に、受け取った八万ドル＋利子を国家に返納することを義務づけられてはいるが（Ackerman & Alstot 2006：45）、死亡時まで返却を求められることはない。

　確かに、ある金額の貸付と、同規模の資本供給を比較するならば、後者の方が返済義務を負っていないので、財産調達者のストックの安定に資すといえる。したがって、福祉貸付制度の一部には、返済義務のない資本や、資本に相当する現物資産の供給制度に転換されるべきものもあろう。しかし資本供給が、貸付制度を通じた資金供給を完全に代替してしまうとは考えにくい。以下で説明するように、資本供給は、貸付制度を通じた資金供給によって補完される必要がある。

　アッカーマンとアルストットが構想する資本供給は、たとえば、多くの市民に高等教育を受ける可能性を開くものではある。しかし、アメリカにおいて八万ドルという金額はアイビーリーグに属するようなエリート大学に通うには全く不十分であり、大学卒業後大学院に行くための資金を賄うものでもない。また、大学に進学しなかった者にとっても、定額のグラント供給は十分ではない可能性がある。たとえば受給者は、その資金を住宅購入のための費用にあてることができる。しかしこれは、住宅ローンを組んだり、事業を起こしたりするためにはやはり不十分であり、そのための借入の頭金になるにすぎない（Ackerman & Alstot 1999 : 66-75)。

　そういう意味では、資本供給のみで金融排除を放置していては、多様な人々の多様なライフプランに対応する財産形成を支援することはできない。自分の選択とは関係のない不運に苦しんでいる人に優先的に資本を供給する、ということはあり得ても、人々のライフプランの差異に応じて資本の供給額に差異を設けるということは、妥当ではないだろう。たとえば、ホワイトカラー労働者になろうとする人と、飲食店を営もうとする人では、自分が希望する仕事を開始するために必要な財産の量は異なる。だからといって、ホワイトカラー労働に就くことを希望する者には少ない資源を、飲食店を経営しようとする者には多くの資源を無償で配分しようとすることは、少ししか配分されなかった前者の不公平感を生むであろう。

　したがって資本供給という方法のみでは、人々の多様なライフプランの差異に対応することができない。どんなに資本供給政策が充実したとしても、資本供給に加えた貸付支援の余地は少なからず残る。個人の多様なライフプランの達成可能性を平等に保障すべきとするならば、すべての人に平等に資本供給をするだけでなく、実際に供給される資本の水準を超えた、財産へのアクセス可能性（すなわち借入を通じた資金調達の可能性）を平等に保障することも重要である。

収入の安定と返済条件の変更

　とはいえ、資本と異なり借入は返済しなければならない。この負債（借入）の返済義務は借手のさらなる生活困窮や実質的自由の縮減につながりかねない。借手の収入が、借手をめぐる状況の変化——たとえば、景気の予想外の悪化や急な病気にかかり休業を余儀なくされるなど——で、予想以上に減少してしまうとき、毎月の返済は借手にとって大きな負担になる。通常毎回の支払金額は固定であるから、借手の収入の減少にもかかわらず「金融の規律」を盾に当初結んだ約定通りの返済を借手に求めることは、借手の返済困難に容易に結びつく。

　借手をめぐる状況の変化が借手を追い込まないようにするための一つの方法は、借手をめぐる状況の変化に全く左右されない安定的なフローの収入を別途確保することだろう。そうした観点からいえば、フィリップ・ヴァン・パリースのベーシック・インカム構想、すなわち定期的な定額給付構想は、収入全体を安定化させるものであるとともに、スムーズな借入返済を後押しするものでもある。いわば、ベーシック・インカムと福祉貸付の両立である。——ただしヴァン・パリース自身はベーシック・インカムが抵当化されて借入返済に充てられることに批判的である（Van Parijs

1995＝2009：77)。

しかし、借手の状況の変化幅が大きければ、仮にベーシック・インカムがあったとしても、予定していた条件での返済に困難をきたすかもしれない。むしろ、借手の状況の変化が返済困難に結びつかないように、借手の状況の変化に柔軟に対応して、返済条件を変更できる貸付制度が求められる。このような貸付制度として、ミルトン・フリードマンが原型となるアイデアを提示し(Friedman 1962＝2008：195-205)、ロバート・シラーやニコラス・バーなどが紹介している「所得連動型ローン(income contingent loan)」の仕組みがある。この制度は、所得変動に応じて、元利返済額が増減するという貸付制度である(Shiller 2003＝2014：206；Barr 2004)。この制度においては、収入が急激に減少したときには返済額も大幅に少なくなるか免除されるので、所得の急変時に借手が返済困難に陥る可能性は格段に低くなる。

所得連動型ローンの普及のためには納税者番号制度などの精確な所得捕捉を可能にする制度が必要になる、といわれるかもしれない。しかしこのような制度がなかったとしても、たとえば岩手県を中心として活動する消費者信用生活協同組合(以下、信用生協)などでは、借手の失業・家族の病気・事故・離婚など、借入当初の借手の将来見通しを覆すような状況が発覚した場合、家計に対する相談・援助に加え、当初の支払条件の緩和(毎月の支払金額の減額)などを柔軟に行っている。こうした取組は所得連動型ローンと同様の機能を果たす(角崎 2015)。

負債の「資本」化／資本の「負債」化

こうした貸付制度はすでに「資本」的である。そもそも、上述の所得連動型ローンの原型アイデアを提示したフリードマン自身も、この制度を、資本投資(equity investment)の仕組みを参照して構想している(Friedman 1962＝2008：198-202)。また、信用生協の貸付制度は、当初の約定どおりに返済できなかった借手の債務不履行を責めて債権を保全しようとするのではなく、借手の事情に配慮して返済条件を緩和させつつ、継続的に借手に対する伴走的支援を展開するものである。こうした仕組みは、資金供給者(貸手)も資金調達者(借手)も、資金調達者が直面した困難にともに対応していこうとするものであり、「貸手と借手」の関係よりも、株式会社における「出資者(資本供給者)と企業(資金調達者)」の関係に近いかもしれない。こうした貸付制度を通じた負債(借入)は、返済義務を伴うという点で資本とはやはり異なるけれども、資金供給者と資金調達者が、共に資金調達者が直面するリスクや問題に際して対応するという点で、資本と近似する。

ストックの生活保障として重要なのは、財産を手放さざるを得なくなるような方法で、資金供給者(貸手)が資金調達者(借手)に返済や金利負担や配当を求めない、ということである。とすれば、ストックの生活保障としての福祉貸付は、必要に応じて長期間、資金調達者に資金供給し続けることも行う必要もある。たとえば、メインバンクが取引先中小企業に「ほぼ永続的に短期貸付を継続的提供することにより経済的には資本金に近い資金提供」を行う、「疑似資本貸付」とよばれる金融慣行がある(大垣 2010)。同様に、福祉貸付の借手に対しても、財産の形成・維持のために必要であれば——もちろん借入であるため調達しているお金の量に応じて金利負担が伴うが——貸し続けることも必要である。最終的に(その人が死亡した時点で)貸した資金と金利分に見合う財産があれば、貸付金は結果として回収される。こうした形式も、やはり貸付である。そしてそうした貸付は、本節の最初でみたステークホルダーグラント——死亡時に資本供給された八万ドルのグラントとその利子の返済義務が課せられている——と限りなく近似する。

そう考えれば逆に、資本を負債(借入)のように捉えることで、資本供給の新たな可能性も開けるかもしれない。たとえば先に、「資本供給という方法では、人々の多様なライフプランの差異に対応することができない」と述べた。それはライフプランの選択によって無償で手に入る資源の量に差が出ることは不公平に思われたからである。しかし、供給を受けた財産の量に比例して（場合によっては累進的に）金利負担が求められ、結局最終的（死亡時）には、その財産の処分による資金の返却が求められるのであれば、こうした不公平感は除去できるかもしれない。このとき、ライフプランの差異に配慮した新たな資金調達制度を「資本」と呼ぶのか、それとも「負債（借入）」と呼ぶのか、ということに過度にこだわる必要はない。

5　負債が福祉につながるために

貸付が生活困窮者をさらに困窮させる原因

本章は第一節で福祉貸付制度の意義について触れたが、第二節で貸付制度がもつ深刻な問題点について触れた。なぜ実質的な自由を目的としていた貸付が、借手を深刻な状況に追い込むのか。その原因は第三節と第四節の考察から明らかである。すなわち、貸付制度が、フローの給付制度の不備を弥縫するものとして利用されたとき、借手を債務超過の状態に陥らせ、生活を不安定にしてしまうのである（第三節）。また、借手の状況の変更や財産の状況に配慮せずに「金融の規律」を盾に返済を迫る行為が、借手をさらなる生活困窮に追い込むのである（第四節）。福祉貸付制度が「福祉」の名を冠するに値するためには、少なくとも、借手の財産の形成・維持に寄与するものであり、かつ、借手の状況に配慮した長期的な（必要に応じて伴走的でもある）支援を伴うものでなくてはならない。

実質的自由の観点から重要なのは、人々の多様な「行いやありよう」の達成可能性を保障するための資金を供給する制度であり、財産形成・維持のための資金を安定的に供給する（供給し続ける）制度である。こうした観点から、貸付制度と資本供給制度は財産形成・維持を支援する政策として一体的・相互補完的に捉えられるべきであるし、両者の適切なリンケージや統合が考察されなければならない。

とすればわれわれは、借入をする、すなわち債務を負う、という行為について過度に警戒心を持つ必要はない。「借りる」ということに対するナタリー・サルトゥー＝ラジュの考察はやはり示唆的である。

> 人は自分ひとりでは生きていけないので、誰かに《借り》をつくる必要が出てくる。
> (Sarthou-Lajus 2012=2014 : 19)

> 私たちが目指すのは、過度に発達した資本主義経済のなかで、「自分には《借り》がない。いまの自分が持っているものは全部自分の力で得たものだ。だから、人に分けてやる必要はない」とうそぶく新自由主義的な自立した人間ではない。また、その犠牲になって、到底返せない《負債》を抱え、自律を失ってしまった人々でも、もちろんない。《借り》の概念をもとに、お互いが助け合い、弱い部分を補いあいながら、それでもひとりひとりが自律している――そういった人間である。(Sarthou-Lajus 2012=2014 : 26)

金銭面ではもちろん、人間関係でみても、「借りる」ということが全くない社会は想定できない。「借りる」「貸す」ということが「金融の規律」に基づく支配－従属関係に繋がらずに、一人ひとりの自律を尊重しあうような〈貸－借〉の関係を構想する必要がある。

財産の所有と社会への負債

これまで確かに、負債があることと不自由であることと、負債がないことと自由であることは、結びつけられて理解されてきた。クロフォード・マクファーソンは、一七世紀イギリスで展開した古典的な自由主義の論拠となっていたのは「個人は自己の身体と諸能力の所有者であるゆえに自由である」という考えであったと指摘する（Macpherson 1962=1980：13）。社会に――または神以外の何者にも――何も負っていない、侵すことのできない個人の領域の措定は、絶対王政と対抗する、自由や諸権利の根拠・基盤として歴史的な意義を有する。しかしマクファーソンはそれが、無制限の資本主義的所有を正当化する主張にも展開しうるものでもあったとも指摘している（Macpherson 1962=1980：248）。

ジョン・ロールズも、「生産用資産と人的資本（つまり教育と訓練された技能）」が人々に広くゆき渡った社会制度――ロールズはこれを「財産所有制民主主義」と呼ぶ――を構想している。その狙いは、「適正な程度の社会的・経済的平等を足場にして自分自身のことは自分でなんとかできる立場」をすべての市民に与える、というところにあり、財産所有を自由の基盤として評価するものである（Rawls 2001=2004：248）。こうした構想は本章でいうストックの生活保障の正当化にもつながる。

しかしロールズは、そうした自由の基盤を広くゆき渡らせるべきだとする論拠を、社会に何も負っていない自己の身体と諸能力、という措定から導き出してはいない。むしろロールズは、能力や才能が、社会のメンバーの間でどのように分布（分配／distribution）されているかを恣意的なものとみなし、能力や才能を社会の共有の資産とみなす。したがって、たまたまその能力や才能を身体に保持している個人は、その能力や才能から得た利益を、自分の能力や才能を涵養するためや、より不運な人を支援するため以外に、受け取ってはならない、とされる（Rawls 1999=2010：100, 137）。ロールズは、市民を、本来は社会の共有資産である能力や才能を預かり置かれている存在として見ており、ここで市民は、あたかも社会に債務を負っているような存在として想定されている。

ではロールズは自由の基盤の広範な保障をどのように正当化するのか。ロールズは自由の基盤を市民に広くゆき渡らせるべき論拠を、無知のヴェールをかぶった契約当事者たちによる社会契約によって導き出す。その含意は、互いに互いを自由かつ平等な人格として見なし合うことで、個々人の身体的特性や様々なライフプランを超えて、どのような人生を歩むにしても必要とされる――そして少ないよりも多いほうが好まれる――社会的基本財（権利、自由、機会、所得と富、自尊の社会的基盤）を保障しようとすることにある。ロールズにおいて自由は、（社会の共有の資産を預かり、そして運用利益の一部を社会に還元しなければならないという形で）社会に債務を負う市民どうしの、道徳的人格としての相互承認によって保障される（Rawls 1999＝2010：第一部）。

自由の基盤としての負債

金融制度の利用可能性（機会）が基本財として、または万人に保障されるべきベーシックなケイパビリティとして、承認されるべきものかどうかについては、さらなる考察が必要であろう。とはいえ、ここで確認しておきたいのは、ロールズは、〈社会から債務を負っているかどうか〉と〈個人が自由であるかどうか〉を切り分けているということであり、自由の論拠が互いに互いを尊重する考え方から導きだされる、ということである。

そもそも〈自分に債務がある〉＝〈自分は不自由である〉ではないはずである。上述の日本総研の報告書でさえ認めるように、「返済さえ滞らなければ、貸す側と借りる側は対等な関係でいられる」のである。借手は資源を他者から融通してもらうことで利益を得るが、貸手は自分では使用しない資源を他者へ融通することによって借手から利息などの形で利益を得る。借手の利益は貸手に依存するが、貸手の利益も借手に依存する。こういう意味では、借手（債務を負っている側）と貸手（債務を負わせている側）は、支配－従属の関係ではなく、互恵的な関係にあるといえる。

とすれば福祉貸付制度について、実質的自由としての福祉の観点から重要なのは、〈返済が滞った場合〉でも、貸す側と借りる側の、対等で互いを尊重し合う関係を維持しうるかどうか、である。前節でとりあげた貸付と資本を一体的・相互補完的に運用しようとする構想は、〈返済が滞った場合〉＝〈人生や事業の計画が予定通りに進まなかった場合〉であってもなお、貸手が、借手との関係を互恵的なものとして維持しようとするものである。貸手が、借手のライフプランを――たとえ時間はかかろうとも――成し遂げ得るものとして評価することは、そう評価された者の自尊につながる。そして自尊は自身の人生を自由に生きるための支えとなる（Rawls 1999＝2010：578）。「借りる」「貸す」ということが「金融の規律」に基づく支配－従属関係ではなく、互恵的な関係であるならば、貸付制度は、市民が互いに尊重し合う自由の基盤を拡張するものとなりうる。

【付記】

本章は、日本学術振興会科学研究費補助金（課題番号 25885103）、同補助金（課題番号 24530759）及びユニベール財団研究助成金による研究成果の一部である。

【参考文献】

大垣尚司（二〇一〇）『金融と法――企業ファイナンス入門』有斐閣。

角崎洋平（二〇一〇）「なぜ〈給付〉ではなく〈貸付〉をするのか？――Muhammad Yunus の〈貸付〉論と『市場社会』観の検討」『コア・エシックス』六号、一五七～一六七頁。

――（二〇一六）「日本の生活協同組合などによる貸付事業――金融包摂の実践と福祉的意義」佐藤順子編著『マイクロクレジットは金融格差を是正できるか』ミネルヴァ書房。

菅正広（二〇〇九）『マイクロファイナンス――貧困と闘う「脅威」の金融』中央公論新社。

日本学術会議社会学経済学委員会合同 包括的社会政策に関する多角的検討分科会（二〇〇九）『提言 経済危機に立ち向かう包括的社会政策のために』。

日本総合研究所（二〇一三）『我が国におけるマイクロファイナンス制度構築の可能性及び実践の在り方に関する調査・研究事業』平成二四年度セーフティネット支援対策等事業費補助金 社会福祉推進事業報告書。

Ackerman, Bruce & Anne Alstot (1999) *The Stake Holder Society*, Yale University Press.

―― (2006) "Why Stakeholding?," Elic O. Wight ed., *Redesigning Distribution: Basic Income and Stakeholder Grants as Cornerstones for an Egalitarian Capitalism*, Verso.

Barr, Nicolas (2004) "Higher Education Funding," *Oxford Review of Economics*, 20 (2): 264-283.

Carbó, Santiago, Edward P. Gerdener & Philip Molyneux, *Financial Exclusion*, Palgrave, 2005.

Friedman, Milton (1962) *Capitalism and Freedom*, The University of Chicago Press.（村井章子訳『資本主義と自由』日経BP、二〇〇八年。）

Macpherson, Crawford B. (1962) *The Political Theory of Possessive Individualism: Hobbes to Locke*, Oxford University Press.（藤野渉他訳『所有的個人主義の政治理論』合同出版、一九八〇年。）

Rawls, John (1999) *A Theory of Justice*, revised edition, Harvard University Press.（川本隆史・福間聡・神島裕子訳『正義論 改訂版』紀伊國屋書店、二〇一〇年。）

―― (2001) *Justice as fairness: A Restatement*, Havard University Press.（田中成明・亀本洋・平井亮輔訳『公正としての正義 再説』岩波書店、二〇〇四年。）

Sarthou-Lajus, Nathalie (2012) *Eloge de la Dette*.（高野優監訳『借りの哲学』太田出版、二〇一四年。）

Sen, Amartya K. (1985) *Commodities and Copablities*, North-Holland.（鈴村興太郎訳『福祉の経済学――財と潜在能力』岩波書店、一九八八年。）

―― (1999) *Development as Freedom*, Alfred A Knopf.（石塚雅彦訳『自由と経済開発』日本経済新聞社、二〇〇〇年。）

Shiller, Robert (2003) *The New Financial Order: Risk in The 21th Century*, Princeton University Press.（田村勝省訳『新しい金融秩序〈新装版〉』二〇一四年。）

Sinclair, Hugh (2012) *Confession of a Microfinance Heretic: How Microlending Lost the Way and Betrayed the Poor*, Berrett-Koehler.（太田直子訳『世界は貧困を食いものにしている』朝日新聞出版、二〇一三年。）

Van Parijs, Phillipe (1995) *Real Freedom for All: What (if anything) can justify capitalism*, Oxford University Press.（後藤玲子他訳『ベーシック・インカムの哲学――すべての人にリアルな自由を』勁草書房、二〇〇九年。）

Yunus, Muhammd (2007) *Creating a World Without Poverty: Social Business and the Future of Capitalism*, Public Affairs.（猪熊弘子訳『貧困のない世界を創る――ソーシャル・ビジネスと新しい資本主義』早川書房、二〇〇八年。）

第10章 フリーライディングする福祉制度？

宮崎理枝

今日のヨーロッパでは福祉（well-being）の保障に支配的であった国民国家（あるいは国境）という領域／境界が、経済、社会的変動による労働市場の変容とEU拡大の潮流の中で大きく変容しつつある。またそうしたなか移民に対する福祉を主とする諸権利が、雇用と関係づけられる傾向が強まっている。本章では、移民とこれに関わる移民‐福祉政策の相関的なインパクトを整理し、その上で移民政策が介護を主とする福祉労働の供給に従事する移民を優先的に選別しつつも、その多くは非正規労働者として制限的な諸権利を獲得するにとどまり、他方で福祉政策の間接的な作用によって、移民労働者が家族に代替して福祉、特にケア供給の主体となっているイタリアの事例を取り上げ、その概況を説明する。最終的には、イタリアの事例とそれから照射される日本の事例の双方が、「生き方の幅」や「本人が価値を置くような生を享受する自由」を福祉的正義とする観点から、いかに「正しさ」を伴うもの／伴わないものとして捉えることができるのかを問いたい。

1 変わりゆく福祉の境界とメンバーシップ

相次ぐ難民船の海難事故と国境管理の変容

二〇一三年一〇月三日、シチリアの南西二〇五キロ、アフリカ大陸の北東一一三キロに位置するイタリア最南端のランペドゥーザ島沖で、アフリカからの難民船が転覆し三六六人が死亡した。犠牲者数の大きさや救助者への消極的かつ非人道的対応などについて、国際社会においては批判的な報道や発言が相次いだ。

これは人口わずか六千人弱のランペドゥーサの地に突如生じた事件ではなく、近年ではこの周辺海域での恒常的な光景となっていたといえる。すでにこの事故の一年以上前に当地の女性市長ジュウジ・ニコリーニは、EU委員会に対して批判的声明を出しその中でこう述べている。「私が常に確信するのは、ヨーロッパの移民政策がこうした（この領海で頻発する難民船の事故とそれへのEUの静観的態度による）人命の犠牲を、移民の流入を制限する手段として、あるいはまさしく抑止力として捉えているということだ。しかし、こうした（難民の）人々にとってボートピープルとなることが唯一の生き延びる可能性であるとするならば、彼らが海上で命を失うことは、ヨーロッパにとっての恥、不名誉ととらえるべきである」（RAI 2012）。

　このようにイタリア南端の小さな島嶼部の市長が、EUその政策的対応を批判するのは、このイタリア南端の国境がEU圏の南端の境界線でもあるからだ。実際近年のEU圏の境界コントロールは、EU加盟国の外的境界における業務提携管理機構（FRONTEX）の発展や、ヨーロッパ国境監視システム（EUROSUR）の創設を通じて、EU主導で展開されるようなってきている（Jeandesboz 2008）。したがって、経済・政治難民といえる状態の多くの人々が、ヨーロッパでの新天地を求めて、中東やアフリカから合法的な手続きを経ずして越境しようとし、ヨーロッパ最南端のこのランペドゥーサ島沖に押し寄せるという問題は、イタリア国境における問題であると同時に、EU圏南端の境界線における問題でもある。この事例が象徴するように近年のヨーロッパでは、EU圏の拡大と統合、加えて経済及び人口移動のグローバル化によって、一方で政策的な境界領域がかつての国家からEU圏へと、他方では（新たな参入者に対する政治と福祉に関わる権限の付与が）地方レベルへと移管される動きもみられる（Ferrera 2005）。

　また、一九九〇年代以降、とりわけ世界金融危機以降、緊縮財政や労働市場改革によって、よく生きること（well-being）の権利を保障する福祉制度（welfare system）においてもまた、緊縮傾向がより明確になっている。これによって、国家内部のメンバーシップの中でも、とくに労働市場では、より有利な境遇にあるインサイダーとそうではないアウトサイダーとの二分化、さらには従来のインサイダーがアウトサイダー化する傾向も明らかになっている（Palier 2012）。

福祉国家と移民

　このように既存の国民国家や国境に基づくメンバーシップや領域（territory）編成は、現状との間に亀裂や齟齬を生みだしている。

　こうしたなか、再考が促される最大のシステムの一つが、既存のメンバーシップと領域を前提に、その内部での資源再分配を担っている／いた福祉国家である。そして再考を促す最も強力な主体の一つが、このメンバーシップと領域とをかつてない規模や頻度で横断する越境者、すなわち移民である（Ferrera 2012, 2005）。

　とくに閉鎖的で強固なメンバーシップを基盤とする被用者の社会保険中心のビスマルク型の福祉国家では、こうした亀裂や齟齬がより大きく生じている（Palier 2010；Bonoli and Natali 2012；Naldini and Saraceno 2008）。こうしたなか近年の福祉国家変容の全体像、そしてそのなかで誰が福祉の受益者となっているかという点は、もはや一九九〇年代から支配的であったエスピン＝アンデルセンに代表されるような制度の計量比較的なアプローチでは「捉えきれない」（Bonoli and Natali 2012：288；Papadopoulos 2011）。

　この「捉えきれない」もの、また「新たな社会リスク」と福祉制度間の亀裂や齟齬を含む一連の状況の縮図ともいえるのが、イタリアにおける移民労働者によるケア供給の事例である。イタリアは包摂的とはいえない移民政策、世界随一の少子高齢化によって引き起こされる家族に対するケア責任の過重な負担、そして「新たな社会リスク」への対応力が高いとはいえない社会保険主流で男性稼ぎ主型の制度的特徴を有する。このため今日、福祉政策上の中心的課題でもある、家庭と仕事の両立はとくに厳しい状況に置かれている（Naldini and Saraceno 2008 : Jessoula and Tiziana 2010）。

これらの点ではイタリアと日本とは高い共通性を有しているといえるだろう。しかし一九九〇年代以降のイタリアでは、多くの移民女性によってケア・家事労働が担われており（Bettio 2006）、その多くは東欧からの合法的な滞在状態や労働契約を持たない非正規労働者である（Triandafyllidou 2013）。すなわち、この移民労働者は、ケア・家事労働者として重要な福祉資源、あるいは供給主体となっているのである。この点が現在の日本とは大きく異なる。

以上を踏まえて本章では、まず個人の福祉（well-being）に関わる今日の移民と福祉、ケアの政策的な位置づけと役割、そしてこれらの相関性を整理し、国家を横断する移民の存在が、当人と受入れ国の双方の福祉にいかなる影響を与えるのかを明らかにする。次に、近年のイタリアの事例を取り上げ、一方で移民政策が当事国の福祉労働の供給に従事する移民労働者を優先的に選別しつつも、実際にはその多くが非正規移民として制限的な諸権利を獲得するにとどまり、他方でこうした移民が福祉政策によって福祉、特にケア供給の主体となっている制度的概況を説明する。最終的には、イタリアの事例とそれから照射される日本の事例の双方が、生き方の幅や本人が価値を置くような生を享受する自由を福祉的正義とする観点から、こうした事例がいかに「正しさ」を伴うもの／伴わないものとして捉えることができるのかを問いたい。

なお本章では、「福祉」を「よく生きること（well-being）」として、そのための成員に対する生活保障を目的とする政策を福祉政策とする。また移民とは出身国外に移住する／しようとする者で移住先の国籍を持たない者、越境者とは国境を越えて移住する者とする。また移民に伴う「非正規」性とは、実際には非常に多様かつ重層的な性質をもつ点に留意すべきであるが、ここでは滞在状態あるいは労働関係において必要とされる行政手続きを経ず、有効な証明書類を有しない状態を指すこととする。また（移民の）シチズンシップとは特に政治と福祉に関わる成員資格とし、いずれの定義も広義に捉える。

2　越境者（移民）への政策作用

福祉政策と移民政策の主目的

歴史的には、福祉国家の領域境界は実質的に国境と一致していた。すなわち福祉のための資源を分かち合う共同体（the sharing community）は国家共同体（national community）と一致していた（Ferrera 2012 : 259）。人が人らしく生きる権利、すなわち福祉を保障する社会権（もしくは生存権）は概ね国民を、すなわち当該国の国籍を持つ者を対象としており、外国籍の者を対象としなかった。もちろん今日ではその限りではない。福祉を保障する権利の程度、またこれを決定する基準や方式は国によって多様であるが、この権利は合法的に滞在する移民、とりわけ長期滞在者には、当該国民とほぼ同等に与えられる場合が少なくない。しかしいうまでもなく、国外からの移民に対してこの権利を最初に付与するのは、福祉政策ではなく、入国時にその地位を決定する移民政策の役割であり、出入国管理制度である。したがって、移民の福祉を考慮するうえで、福祉制度と移民（出入国管理）制度は不可分である。

福祉政策であれ、移民（出入国管理）政策であれ、直接あるいは間接的に国民の福祉を保障するために展開される政策だといえる。しかし両者の性質は大きく異なる。福祉政策は生存権や社会権などの人が人らしく生きる（最低限度の）権利を根拠とし、そのために必要な資源の給付を行う機能を有する。これらの権利は、市民的、政治的な権利よりもより基本的な権利として、すなわち「権利を有するための権利」として従来の国家の領域の中で位置づけられてきた（Ferrera 2012：259）。

これに対して、移民政策の第一義的な機能は出入国管理、すなわち非当事国民の越境（入国）、そして越境者の当事国での権限の選別、管理、統制にあるといっていい。たとえば、日本の法務省入国管理局のホームページの冒頭では、当局が出入国管理行政を通じて「我が国にとって好ましくない外国人を強制的に国外に退去させることにより、健全な日本社会の発展に寄与して」いるとある（法務省入国管理局 2014）。このように移民政策は制度的に、自国民の福祉や利益の保護を目的として、入国しようとする非自国民に対して最大の排他的、拒否的対応を行使できる政策である。

無論、とりわけヨーロッパにおいては、こうした規制に加えて移民の社会統合や包摂といった政策目的を無視することはできない。しかしそうしたEU圏にあってすら、今日においてもなお、というよりは今日では一層、移民政策が入国管理制度を強化し、越境者に対する「外部排他的な装置」（ヨプケ 2013：23）として機能するようになっている。加えてそこでの移民の社会統合は、EUにおけるシチズンシップを通じたものであるというよりはむしろ、雇用や職能レベルを通じて決定されるようになってきている（Carmel 2011：61）。また、EU域外国民の参入に対しては「ヨーロッパ要塞（Fortress Europe）」と揶揄される強固な制度的、実質的な障壁を形成していることも事実で、とくに高度な職能をもたないEU域外国民、なかでも難民や「非正規」移民に対しての障壁は大きい（Cerami 2011）。

結果としてEU域内国民は、同質性がより高いこともあり移住先の国家の労働市場への参入がより容易である。それに対して特に「第三国民」*と称されるEU域外国民、なかでも労働市場への参入が困難で、長期失業や社会給付の長期的な受益者となる傾向の高い「非正規」移民や難民（と認定されることを希望する者“asylum seekers”）といった「望まれない移民（unwanted migrants）」の入国は、とくに国レベルの移民政策によって拒否されたり、低カロリー版の飲食料品のごとく、より「軽い（ライトな）シチズンシップ（citizenship light）」を付与され、労働市場のみならず、政治的、市民的空間において、アウトサイダーならずとも、準インサイダーの位置づけにおかれる傾向がみられる。またその傾向は、同じ越境者であり、「外国人」であっても、EU域内出身者とは異なり、EU域外出身者に対してはシチズンシップの階層性に就労可能性や職能レベルに直結する「市場性」がより強く問われることで、一層強くなっている。（ヨプケ 2013：Greve 2011：Luedtke 2011）。

移民と福祉のフリーライディング

そもそも、「非正規」移民については、たとえ一般的に「密入国」や「不法入国」と称される方法をとったにせよ、そうした入国と滞在の「非正規」性は、国際法上では刑法上の犯罪行為（criminal offences）ではなく、行政上の違反行為（administrative misdemeanours）であり、処罰対象とするべきではないとされている。加えて、インフォーマル経済下で就労する非正規移民に対する社会権の保障は、目指されるべき権利として国際条約やEU憲章においても明記されるところである（United Nations High Commissioner for Human Rights 2014：13, 96-109）。

しかし近年、こうしたEU域外からの「望まれない移民」に対する各国における非包摂的、非統合的なシステムは、社会的、政治的な要請によって形成される動きが強まっている。その根拠の一つが、特に福祉国家における社会資源の負担なき給付を享受する「ただ乗り」、すなわち「社会的フリーライディング（social free riding）」にある。もし、こうした「望まれない移民」の「社会的フリーライディング」を、EU諸国で合法的に就業する移民や、当事国民と比較した際の彼らの税負担の小ささや福祉給付の受給の大きさと解釈するならば、これらは確かに実証されている（Boeri 2010：Huber and Oberdabernig 2013）。しかしすでに述べたように、それは必ずしも彼らが移民であるからではなく、移民であることによって、とりわけ「望まれた移民」か否かによって、選別あるいは階層化し、「望まれない移民」に対しては政治空間はおろか労働市場や福祉領域においても彼らをインサイダーたらしめない入国・在留管理の制度的誘因があることを看過してはならない。

実際、主要欧米諸国における移民と当事国民の間の社会権の履行には明らかな不平等が生じており、移民は給付なき負担者となる場合が少なくない。なかでも「有色」移民との間で顕著な不平等が生じており、彼らは貧困リスクに陥りやすく、さらに福祉政策の所得再分配もより機能していないことが明らかにされている（United Nations High Commissioner for Human Rights 2014：Morissens and Sainsbury 2005）。

また、各国の移民政策（入国管理政策）に則り、合法的に入国、在留、就労するいうなれば「望まれた移民」にあっては、当事国民と同様に納税と社会（年金）保険料を負担し、経済移民であるがゆえに当事国民よりも平均年齢が低く、さらに労働市場への参加率が高いという点で、受け入れ国の福祉国家システムに対しては生来の当事国民以上に貢献しているともいえる（Caponio and Graziano 2011）。加えて、彼らが中‐短期的な滞在を経て中高年期になり就労困難となって出身国に帰国するならば、たとえ一部に福祉資源の受給資格の国境を越えた移行や超国家的な社会権の保障は存在するとはいえ、とりわけ高齢社会である保守主義型の福祉国家では、社会支出の比重が高い年金、医療、介護の受給において何らかのあるいは全面的な制限が生じることになる。結果として彼らには負担と給付間の顕著な不均衡が生じることになる。

ただここで特に着目したいのは、「望まれない移民」に対して福祉に関わる権利付与を制限する入国・在留管理制度の選別的機能そのものではない。むしろその逆機能というべき帰結である。すなわち、実際には入国を望む「望まれない移民」、そして彼らの介護労働供給を必要とする高齢化する（ネイティブの）国民が存在する限り、当該制度の選別的機能が厳格化されればされるほど、「望まれない移民」を創出する政策（制度）的意図と、移民及び国民の意図とはより大きく乖離することになり、結果として「望まれない移民」とその使用者たる国民による当該制度の迂回‐歪曲的利用は増加するという事実である。その結果、彼らは入国先で非正規性を伴う傾向が高まり、実際には「軽いシティズンシップ」すら獲得できない状況のなかで、生活し、就労する。次に、この典型的事例であるイタリアを取り上げ、こうした非正規移民の就労が、高齢化する福祉国家において特に資源移転（再分配）の高い高齢者への介護労働領域において急増する制度的背景を概観する。

＊　EUにおける「第三国民（Third-country nationals）」とは、EU域外国民を指す。ちなみに「第一」とはEU域内国の当事国民、「第二」とはそれ以外のEU域内国民である。

3　イタリアにおける移民介護労働と制度施行の実態

急増する移民介護労働者とその非正規性

家庭内の要介護者の主介護者が家族であることは世界のいかなる地域においてもほぼ普遍的であるだろう。ただ家族外の介護者の属性については、地域（あるいは国家）ごとの福祉政策の作用が大きい。今日のイタリアでは、主介護者として家族に次ぐ役割を担うのは、公的制度下の介護労働者ではなく、市場の、主として個人家庭に直接雇用される家事労働領域の介護者である。こうした家事労働領域の労働者については、政労使間で締結された全国団体労働協約によってその労働に関連する規定が詳細に定められている。この協約ではまず家事労働者は子どもや高齢者等へのケアを担う対人労働領域と、それ以外の非対人労働に二分され、さらにそれぞれの領域が経験年数や詳細な労働内容によって四段階に階層化され、最低賃金もこれに応じて設定される。

　こうした家事労働領域における移民労働者はわずか一五年間で一五倍に急増した。すなわち、一九九四年にはその家事労働者全体のうち移民労働者は約二六%で五・二万人であったが、二〇〇九年には七〇・九万人で、約八五%に達した。今日、この家事労働領域での対人労働領域で、実質的に介護労働に従事する正規労働者は約二五・四万人で（二〇〇八年）、イタリア人は全体の一割に留まり、これ以外の外国人のうちの八割近くは東欧出身者である。これに非正規労働者を加えると、当該労働者はイタリア国内には七七・四万人、最大推計では九〇万人に上るとみられ、実際六五歳以上の高齢者の六・六%、イタリア北部では約一割が当該労働者を雇用している（Ministero del Lavoro e delle Politiche Sociali 2010）。

　この家事労働領域の移民労働者の属性として特徴的であるのが、顕著な非正規性である。今日、非正規の者を含めると国内に在住する家事領域の労働者は一六〇万人に上ると推定され、全体の約九割が移民であり、また全体の約七割が非正規労働者である（宮崎 2013）。実際、現在家事領域で就労する移民労働者の過去の入国方法は、六割超が観光ビザ、約二割がビザ等の不所持であり実に八割以上が非正規の入国であった。またこうした非正規入国者の比率は入国年が二〇〇五年以前の者については五割、同年以降の者では八割であった（Pasquinelli and Rusmini 2008：INPS 2009：194-199）。こうした明らかな非正規性に加えて、正規労働者への労働契約内容の不履行にも留意すべきである。その筆頭は労働時間の過少申告であり、全体の五割以上に上るという調査結果もある（INPS 2009）。

　こうした高い非正規性の要因として、特に中東欧諸国に代表される短期的な滞在を主とするEU域外諸国からの労働者にとって、社会保険料の負担が大きい点、失業時の求職期間として合法的に滞在できる失業期間が一年から半年に短縮された点、主要送り出し国であったポーランドがEUに加盟し、入国が自由化された点が挙げられる（宮崎 2013：Caponio and Graziano 2011）。

移民介護労働者と移民政策の逆作用

　イタリアは一九七〇年代までヨーロッパでも最大の移民の送り出し国の一つであった。それが受け入れ国に転換したのは一九九〇年代以降であり、東欧諸国の共産主義レジームの崩壊によるルーマニア、アルバニア、旧ユーゴスラビアから、のちにはポーランドやモルドヴァ、ウクライナからの移民の流入によるものであった。今日、イタリアの在留外国人数はドイツ、スペイン、イギリスに次いで多く（二〇〇九年）（Ministero del Lavoro e delle Politiche Sociali 2010）、今やヨーロッパにおける主要な移民受け入れ国である。

　こうした移民受け入れ国としての後発性は、政策にも反映されており、移民の長期的な定住と社会的包摂よりはむしろ、その労働力が重視される。また、入国管理制度は厳格であるものの、一度入国した者に対しては、たとえ非正規であれ、その監視と処分には消極的である。加えて、移民労働者に対する入国・在留管理制度とその制度運用の実態、労働市場における需要の間には齟齬があり、それによって制度施行上の問題点が生じている。この代表的な事例が、今日、EU域外の家事労働領域の介護労働者に対するクオータ制度と正規化制度である（宮崎 2014a）。

　クオータ制はEU域外国民がイタリアの労働市場に参入する際の正規の入国ルートであり、現行制度では年次の「入国令"Decreto Flussi"（伊）、

"Flows Decree"（英）」により、翌年に入国を許可される外国人労働者数が割当数として決定され、これに基づきイタリア国内の使用者が労働者の雇用申請を行うものである。家事労働領域の労働者もこれによって入国者数が決定される。

　このクオータ制度には二つの問題点がある。まず、割当数と申請数との間の著しい乖離である。二〇一一年の総割当数は約九・八万、このうち家事労働領域の労働者への割当数は三万人であり、対する申請数はそれぞれ約四三万人、三一・四万人に上った。すなわち家事労働領域では申請数が割当数の一〇倍を超えた。次に、制度の歪曲的な利用がある。これはクオータ制度を元来の正規の入国ルートとしてではなく、すでに非正規に入国あるいは就業している者に対してその事実がなかったかのように装って申請を行う方法であり「ミニ正規化」とも揶揄される。実際、製造業に従事するEU域外の正規労働者の三分の一以上にこうした制度利用が確認されている。その背景として、特に中小企業や家事労働領域では、単純労働力としてよりも個人の職業的な技能、性格、信頼性を重視する点が挙げられる（宮崎 2014a）。

　次に正規化（regolarizzazione）とは、既に脱法的な状態でイタリア国内に滞在する移民労働者（とその使用者）に対して、過去の脱法的な入国や残留に対して罰則等を科さず、正規の在留許可と労働関係を結ばせる制度である。本来例外的な施策であるが、特に一九九〇年代以降は常態化しており、二〇一二年までに主要な正規化は七回実施された。その結果、二〇〇二年の大々的な正規化以前においてすら、合法的な在留者約一一一万人の六割以上が正規化経験を有する換算になり、他の主要ヨーロッパ諸国と比較しても実施回数と件数において突出する。また労働関係を前提とするため、一度の正規化で就労を前提に獲得できる在留期間は最大でも二年間であり、結果として、失業等により非正規労働者に再帰しやすい（宮崎 2005：2013）。

　加えて特徴的なのは、家事労働領域に対する特別対応とその正規化件数である。二〇〇二年の正規化では当初は家事労働領域の労働者のみが対象とされていた。また二〇〇九年の事例では実際当該労働者のみを対象とした。これらの正規化件数は次のとおりである。二〇〇二年の総正規化件数は六九・三万人、このうち家事労働領域の労働者は三三・三万人であり全体の半数近くを占め、その上位五か国はウクライナ（八・五万人）、ルーマニア（六万人）、エクアドル（二・四万人）、ポーランド（二・三万人）、モルドヴァ（二・一万人）であり、ほぼ中東欧諸国で占められた。また二〇〇九年は最終的な正規化件数が二五・九万人で（Ministero dell'Interno 2011）、申請数の上位五か国はウクライナ（三・七万人）、モロッコ（三・六万人）、モルドヴァ（二・五万人）、中国（二・一万人）、バングラデシュ（一・八万人）であり、このうちアジア圏の労働者については、偽装申請の可能性が指摘されている（宮崎 2006：2013）。

介護労働の非正規性を助長する福祉政策

　イタリアの福祉制度（welfare system）の特徴として、近代国家の形成以降も維持されてきた福祉領域におけるカトリック教会の役割の大きさ、国内での顕著な南北格差、そして社会保険中心の制度を挙げることができる（Jessoula 2010：宮崎 2014b）。

　特に、稼働能力のない（とみなされる）者への所得移転を主とし、実際、老齢年金を筆頭とする高齢者向け支出の対GDP比は、OECD加盟国平均値の一・八倍で加盟国中最大である。また、失業率と高齢化率がともに非常に高いが、いまだに全国レベルでの最低所得保障制度と公的介護制度が存在しない。

　その結果、福祉、とりわけ介護における家族の役割が、政治、政策的に強調され（Naldini and Saraceno 2008）、ヨーロッパの主要国と比較して、イタリアは施設介護への支出が非常に小さく、現物サービスの給付が抑制的である。また、人口比での家族を中心とするインフォーマルなケア供給者の比率が最も高い。

こうした中、今日要介護者への唯一の全国的な制度となっているのが介添手当制度（Indennità di Accompagnamento）である。これは一九八〇年の創設当初は最重度の障碍者の介添えを対象としていたが、今日では高齢者が受給者の大半を占め、事実上要介護高齢者のための最も重要な施策となっている。この制度では、月額五～六万円に匹敵する使途を問われない現金給付が行われる（宮崎 2008：2012）。

一九九〇年代以降、少子高齢化や社会、経済状況の変化による家族の福祉資源が縮小していった。その結果、これを補完したのがまさにこの時期から増加した家事労働領域の移民労働者であった。これ自体はイタリアにおける歴史的な家事労働の在り方を考慮しても、ごく自然な経緯であった。しかし、この閉鎖的な私的空間での就業こそが、その「非正規」状態を助長する要因にもなった。さらに、こうした移民労働者によるケア供給の在り方が、抑制的な現物給付、使途を問わない現金給付や年金を筆頭とする所得保障制度の偏重のみならず、フレキシブルで安価なケアを求める家庭のニーズとも一致することになった（Bettio 2006：宮崎 2006：2013）。

4　フリーライディングされる移民介護労働者？

ここまでみてきたことを極言すると次のようになる。イタリアでは、一方で移民政策が当事国の福祉労働の供給に従事する移民を優先的に選別する。他方で、福祉政策が福祉の家族責任を重視し、家族の福祉労働への介入に消極的であるため、使途を問わない現金給付や所得保障制度の比重が高い。その結果、移民労働者を市場でのケア供給主体として取り込んでいるが、その多くは非正規状態に留まり、労働市場においてのみならず、政治的、市民的空間において、当事国民と完全に同等の権利を得ることはない。

特に二〇〇〇年代以降の中東欧圏を対象としたEU拡大によって、越境するケア・家事労働者の規模とその非正規化傾向の拡大傾向が顕著に強まった。これは、移民政策が移民に対して当事国民により近いシチズンシップとより正規な雇用とを強く直結させること、そしてこのシチズンシップ獲得の代償ともいえる正規労働と、これに伴う税や社会保険料の負担が、必ずしも彼らの利益とならないこと、これらの結果としてこうした権利の獲得とそれが保障するセイフティーネットからこうした人々が脱落していることを示唆している。

たとえ非正規であっても、イタリアにおける要介護者、あるいは家庭と仕事を両立させようとする女性や家庭にとって、供給されるケアや家事労働に違いはない。それにもかかわらず、このように福祉を供給する者が移民であるがゆえに、なかでもケアや家事労働に従事する者はとりわけ、なんらかの非正規性を伴いやすく、それゆえに本人の福祉に対するセイフティーネット自体を失いやすい。さらにこの事態は狭義の福祉と移民の双方に関わる制度構造や当初の目的とは異なる施行実態によって誘引されている。

もし、福祉国家において移民が負担なき福祉を享受するのが福祉国家への「社会的フリーライディング」だとするならば、福祉なき福祉労働を供給する／せざるをえないシステムを移民政策と福祉政策が相関的に形成するのも、これらによる移民への「フリーライディング」というに値するのではないだろうか。すなわち、福祉国家において多くの移民が移民であるがゆえに入国管理制度によって選別され、あるいは移民（と彼らを必要とする使用者たる当事国民）がこの選別を迂回し、非正規労働者となることを実質的に静観し、その結果福祉資源の再分配システムにその提供者としては事実上包摂しながらも、その受給者としては排除するという構造である。このことを現代市民社会において正当化することができるのか、あるいは公正とみなすのかと問われれば、我々はこれを積極的に肯定できないだろう。

しかしもしもこれを制度的不公正とみるならば、これは当然の帰結でもある。先に触れたように、移民政策は本来、国家内部の市民集団の保護を目的とする排他的機能を有し、今日の福祉政策もまた、第二次世界大戦以降の普遍化指向から、再分配制度への成員資格として負担を前提とする選別化への回帰傾向がみられるからだ。むしろより大きな問題を孕んでいるのは、制度的な不公正というよりは、結果としてもたらされる福祉資源の再分配における不均衡だろう。とりわけ人口の高齢化傾向が顕著であり、かつ年金、医療、介護領域を筆頭とする（完全な成員である）高齢者への資源移転が大きい国家であるほど、こうした高齢者と彼らに介護を提供する移民労働者との間には、制度的に誘引された福祉資源の授受の不均衡が拡大しうるのである。

5　福祉的正義と自由
――日本とイタリアの対照性

たとえばこの制度的公正を、ケア供給者の福祉に関わる公的福祉制度の普遍性と労働関係の合法性とし、イタリアと日本を比較するならば、日本におけるその水準はいずれも非常に高く、両国は鮮明な対照性を有する。これに対して、ケア需要者の福祉に関わるケア選択の多様性とアクセスの可能性（しやすさ）という点ではどうだろうか。

日本ではイタリアとは対照的に、市場化、あるいはグレーマーケット化された比較的廉価で「柔軟」な介護供給は基本的に不在であり、ケア供給主体は主として公的介護保険制度と家族に限定される。* この公的介護保険制度は、「介護の社会化」を目的としながらもその「脱家族化」は想定されているとはいえず、要介護認定者の増加によって、給付水準は引下げられる傾向がある。また近年、少子高齢化や世帯規模の縮小（単身世帯の増加）に加え、不安定雇用の増加や男性被用者賃金の伸び悩みによって、家庭内の女性は稼得責任が増し、家庭内のケア需要に見合う供給主体となる可能性も縮小している。こうしたなか家族へのケア責任によって要介護高齢者の子世代が介護を理由に労働市場から離脱せざるを得ない半ば強いられた「介護離職」が社会問題として認知されるようになっている。

こうした「介護離職」は、単に要介護者の子世代家族の世帯収入の減少を招くだけでなく、就業を通じて形成されてきたキャリアや社会関係をも断ち切る。またこのことは子世代の単なる生活の質の低下をもたらすだけでなく、教育投資の制限等によってむしろ当該世帯内のより若年世代の生により大きな影響を及ぼす。実際、若年世代の家族が未成年のケアラー（ヤングケアラー）として、直接ケア責任を負わざるを得ない状況が生じている。これらの状況下で教育機会や自己実現に向けた活動が制限されることは、将来的な「生き方の幅」の制約に直結する。

これとは対照的に、移民労働者が自身のため、あるいはとりわけ自身の子を主とする家族のために自ら越境し、「介護就職」するのがイタリアの事例だともいえるだろう。本章で説明したように、彼女たちは越境者であるがゆえに、その多くは越境先で労働者としてあるいは市民として、当事国民と同等のインサイダーではありえない。また介護への現金給付制度に対する過小なガバナンスがもたらす問題として非正規労働市場の労働者とその家族への搾取や酷使があり（Rummery 2009：645）、イタリアはこの典型事例だといえる。しかしそれゆえに、当人の考えるより良い生のために、こうした階層性を構築するシステムを戦略的に、ある種の逆選択することも少なくなく（概してそれは脱法性の強い越境、在留、就労であり、福祉制度のある種のフリーライディング的な利用を意味するが）、必ずしもすべてが不利益な境遇に甘んじる非常に脆弱な（vulnerable）人々であるわけではない。そのことは彼女たちの証言から明らかにされている（Catania et al. 2007；Da Roit and Castegnaro 2004）。

ここで改めて想起されるのが、アマルティア・センが福祉的正義について考察した際にとくに注意を払った自由の概念である。それは、「本人が価値を置くような生を生きられる―そして価値を置く理由があるような生を生きられる」というものであり、それを支えるために必要な社会制度的な諸自由であった（セン・後藤 2008：76）。同時に、ある種の福祉的不正義として解釈されたのは、「抑圧的な状況への適応を強いられて、自分自身の真の選好……から離れてしまうこと」（セン・後藤 2008：80）であった。これらを踏まえて改めて日本とイタリアの事例をふりかえると、両国にともに存在する、本来個人の福祉を追求すべき福祉制度（welfare system）と実際の個人の福祉的選好との間に存在する深い亀裂に我々は気づかされる。

グローバル化し混迷する今日の世界でこの福祉制度を維持しようとするのは「時代遅れ（old-fashioned）」なのだろうか。最後にこの問いに対するリーズの次の言及を付記したい。

> 社会保障の歴史は社会正義の思想と直接連関している。……社会保障とはアクティブな参加者と貢献者としての地位の結果として、権利として給付を保証することによって受益者に尊厳を保障する唯一のスキームなのである。……個人の保全と人間の尊厳を尊重することは、現行社会の社会正義と民主主義のアクティブな追求と同様に、諸国家内の社会平和の維持にも貢献するものなのである。（Rys 2010：116-117）

＊　二〇一四年以降、日本では介護と家事労働における「外国人」の受け入れに向け、かつてない積極的な政策的議論が進展している点は注視すべきである。

実際二〇一五年七月には、地域限定で規制緩和を行う国家戦略特区法改正案が参議院で可決され、これによって個人家庭での家事労働への外国人登用が可能になるみこみである。

この日本での動向と、諸外国の家事労働者の権利保障と国内外の連帯については、伊藤るり教授（一橋大学）の「移住家事労働者とＩＬＯ一八九号条約」の科研プロジェクトで分析がすすめられている。

【参考文献】

アマルティア・セン＝後藤玲子（二〇〇八）『福祉と正義』東京大学出版会。
法務省入国管理局（二〇一四）法務省入国管理局ホームページ（http://www.immi-moj.go.jp/）（二〇一四年三月三日アクセス）
宮崎理枝（二〇〇五）「高齢者介護領域における外国人の非正規労働（lavoro non regolare）と『正規化』施策――近年のイタリアの事例から」『大原社会問題研究所雑誌』五五四号、四三～五八頁。
――（二〇〇六）「イタリアにおける移民労働者と家事・介護労働」『社会政策学会誌』一五号。
――（二〇〇八）「要介護高齢者と障害者領域の現金給付制度――イタリアにおける介添手当制度の事例から」『大原社会問題研究所雑誌』五九二号、一～一七頁。
――（二〇一二）「イタリアの高齢者ケア政策と家族援助者、家族――越境ケア労働者急増の政策的背景に着目して」国際移動とジェンダー研究会編『仏伊独における移住家事・介護労働者――就労実態、制度、地位をめぐる交渉』九八～一一三頁。
――（二〇一三）「移住家事・ケア労働者とその非可視性――二〇〇〇年代後半のイタリアの事例から」『大原社会問題研究所雑誌』六五三号、二三～三九頁。
――（二〇一四ａ）「イタリアにおける外国人介護労働者の就業実態と影響」独立行政法人労働政策研究・研修機構編『諸外国における外国人労働者の就業実態と影響等の調査』二七～四六頁。
――（二〇一四ｂ）「第四章　イタリア――公的扶助を欠いた社会保障制度」田多英範編『世界はなぜ社会保障制度を創ったのか――主要九カ国の比較研究』ミネルヴァ書房。
クリスチャン・ヨプケ、遠藤乾他訳（二〇一三）『軽いシティズンシップ――市民、外国人、リベラリズムのゆくえ』岩波書店、二〇一三年。
Bettio, F. (2006) "Change in care regimes and female migration: the 'care drain' in the Mediterranean," *Journal of European Social Policy*, no. 16 (3): 271-285.
Boeri, Tito (2010) "Immigration to the Land of Redistribution," *Economica*, no. 77 (308): 651-687.
Bonoli, Giuliano & Natali, David (2012) "Multidimensional Trasformations in the Early 21st Century Welfare States," Giuliano Bonoli and David Natali eds. *In The Politics of the New Welfare State*, Oxford University Press, 287-306.
Bonoli, Giuliano, and David Natali eds. (2012) *The poli-*

tics of the new welfare state, Oxford University Press.

Caponio, Tiziana, and Paolo R. Graziano (2011) "Towards a security-oriented migration policy model? Evidence from the Italian case," E. Carmel, A. Cerami and T. Papadopoulos eds., *Migration and Welfare in the New Europe*, Policy Press, 105-120.

Carmel, Emma (2011) "European Union migration governance: utility, security and integration," E. Carmel, A. Cerami and T. Papadopoulos eds., *Migration and Welfare in the New Europe. Social protection and the challenges of integration*, Policy Press 49-66.

Catania, D., D. Recchia, M. Simoni, and G. Zucca (2007) Il welfare "fatto in casa". IREF. (http://www.stranieriinitalia.it/news/colf229iu2007.pdf)

Cerami, Alfio (2011) "Human rights and the politics of migration in the European Union," E. Carmel, A. Cerami and T. Papadopoulos eds., *Migration and Welfare in the New Europe. Social protection and the challenges of integration*, 67-84.

Da Roit, Barbara, and Claudio Castegnaro (2004) *Chi cura gli anziani non autosufficienti?: famiglia, assistenza privata e rete dei servizi per anziani in Emilia-Romagna*, F. Angeli.

Ferrera, Maurizio (2005) *The boundaries of welfare: European integration and the new spatial politics of social protection*, Oxford University Press.

Greve, Bent. (2011) "Labour migration and labour market integration: causes and challenges." in *Migration and Welfare in the New Europe: Social Protection and the Challenges of Integration*, 85-104.

Howard, Dave (2010) *Cameron warns on child carer cuts* [BBC News Education & Family], 16 November 2010 (www.bbc.co.uk/news/education-11757907, www.bbc.co.uk/news/education-22529237.)

Huber, Peter, and Doris A. Oberdabernig (2013) *Does migration threaten the sustainability of European welfare states?*, WWWforEurope.

INPS (2009) "Diversità culturale, identità di tutela III. Rapporto su immigrati e previdenza negli archivi Inps".

Jeandesboz, Julien (2008) "Reinforcing the Surveillance of EU Borders: The Future Development of FRONTEX and EUROSUR. CEPS Challenge Paper No. 11, 19 August 2008," *Challenge Liberty & Security-Research Paper*, no. 11.

Jessoula, Matteo, and Alti, Tiziana (2010) "Italy: An Uncopleted Departure from Bismarck." Bruno Palier ed., *A long goodbye to Bismarck?: the politics of welfare reforms in continental Europe*, Amsterdam University Press, 157-182.

Luedtke, Adam (2011) "Uncovering European Union Immigration Legislation: Policy Dynamics and Outcomes," *International Migration*, no. 49 (2):1-27.

Ministero del Lavoro e delle Politiche Sociali (2010) "Rapporto sulla non autossuffcienza in Italia - 2010."

Ministero dell'interno (2011) *Spi - Dichiarazione di Emersione Dati di Sintesi*. (http://www.interno.gov.it/mininterno/export/sites/default/it/assets/files/20/0099_Emersione_colf_e_badanti-dati_al_14_marzo_2011.pdf.)

Morissens, Ann, and Diane Sainsbury (2005) "Migrants' social rights, ethnicity and welfare regimes," *Journal of Social Policy*, no. 34 (04):637-660.

Naldini, Manuela, and Chiara Saraceno (2008) "Social and Family Policies in Italy: Not Totally Frozen but Far from Structural Reforms," *Social Policy & Administration*, no. 42 (7):733-748.

Palier, Bruno (2010) *A long goodbye to Bismarck?: the politics of welfare reforms in continental Europe*, Amsterdam University Press.

——— (2012) "Turning Vice Into Vice,"Giuliano Bonoli, and Natali, David eds., *The Politics of the New Welfare State*, 233-255.

Papadopoulos, Theodoros (2011) "Immigration and the variety of migrant integration regimes in the European Union." in *Migration and welfare in the new Europe*, edited by Emma Carmel, Alfio Cerami and Theodoros Papadopoulos, Policy Press, 23-47.

Pasquinelli, Sergio, and Giselda Rusmini (2008) "Badanti: la nuova generazione." *Dossier di Ricerca 'Qualificare'*, Istituto per la Ricerca Sociale (IRS): Milano.

RAI (2012) *L'appello del sindaco di Lampedusa all'Unione Europea*, 8/16/2012 2012 [cited 3.3. 2014]. (http://www.radio3.rai.it/dl/radio3/programmi/puntata/ContentItem-cb0328f7-f715-4c84-8822-ca06b5de47d5.html.)

Rummery, Kirstein (2009) "A Comparative Discussion of the Gendered Implications of Cash-for-Care Schemes: Markets, Independence and Social Citizenship in Crisis?" *Social Policy & Administration*, no. 43 (6):634-648.

Rys, Vladimir (2010) *Reinventing social security worldwide: back to essentials*, Policy Press.

Triandafyllidou, Anna (2013) *Irregular migrant domestic workers in Europe: who cares?*, Research in migration and ethnic relations series, Ashgate.

United Nations office of the High Commissioner for Human Rights (2014) *The Economic, Social and Cultural Rights of Migrants in an Irregular Situation*, United Nations.

第11章

死刑制度と正義

櫻井悟史

本章では日本の死刑制度を、あまり焦点化されることがない執行の担い手に注目して取り上げる。まず、これまで死刑制度の存廃について論じられてきたことを、「死刑の在り方についての勉強会」の資料にそくして、両論併記の形で確認する。これによって、死刑についての基本的な論点をおさえることができるだけでなく、死刑勉強会の結論である「どちらにも言い分がある」というような、「両論併記型死刑存置論」の詳細も明らかになる。次に、死刑の担い手に注目するならば、死刑存置論の根拠の一つであるカントの正義論、すなわち「人を殺害したのであれば、死なねばならない」が、日本の死刑制度存置論の根拠とはなりえないことを確認する。そこから、カントの死刑論を死刑存置論と区別し、死刑肯定論と名付け分類することで、死刑を肯定することと、死刑存置を擁護することが異なることを明らかにする。

1 死刑の担い手問題

死刑に関係する人々

死刑に関係する人間を列挙せよといわれたなら、どのような人々が連想されるだろうか。死刑が決定される事件の大半は殺人と関連しているので、なんらかの殺人事件の加害者や被害者、あるいはその家族たちを思い浮かべるかもしれない。いかなる刑を科すかが決定されるのは裁判所においてである。そこから、裁判官、検察、弁護士、さらに裁判員となる市民たちといった人々が連想されるかもしれない。最終的に死刑判決が確定すると、死刑を執行することになる。そこでは、死刑執行を命令する法務大臣のことが思い起こされるかもしれない。

二〇一〇年七月、千葉景子法務大臣（当時）らは「死刑の在り方についての勉強会」（以下、死刑勉強会）を立ち上げた。同勉強会は二〇一二年三月に解散するまでの間に、一〇回の勉強会を開催した。その全一〇回の勉強会で参照された資料は全てウェブ上に公開されている（http://www.moj.go.jp/keiji1/keiji02_00005.html）。その資料をみると、その勉強会で想定していた死刑に関係する人々が、先ほどの連想とほぼ重なっていることが確認できる。

ところで、法務大臣が死刑執行を命令するとして、それによって死刑判決を下された者が死ぬわけではない。たとえば、介護のことを思い浮かべてほしい。要介護者を介護するようにと指示するだけで、介護が達成されるわけではない。その指示を受けて介護者が動き、はじめて介護は達成される。死刑執行の場合も同様で、命令があっても、実際に動く人がいなければ、死刑の執行は達成されない。つまり、殺人が関係するケースの死刑には最低でも、殺した者、殺された者、殺した者の刑の確定に関わる者、刑の執行を命じる者、そして刑を執行する者が必要なのである。ところが死刑勉強会の死刑関係者の中に、刑を執行する者は含まれていなかった。これは一体どういうことか。

刑務官

そもそも死刑執行を担うのは誰なのか。二〇一五年現在の日本に死刑執行人という専門職はない。刑事施設で働く刑務官が、一日の執行につき特殊勤務手当二万円——同日に二回、同じ人物が死刑を担当したとしても、四万円もらえるわけではない——をもらうことで、死刑執行を担うことになっている。

特殊勤務手当は、人事院規則九-三〇で定められている。死刑執行（一〇条）の他の特殊勤務手当としては、たとえば夜間看護手当等（二四条）がある。そこでは、深夜全部を含む勤務の場合、その金額は六八〇〇円とされている。つまり、夜間看護と死刑執行は同じ特殊勤務なのである。

死刑執行の特殊勤務手当を受け取れる者として、「刑務所又は拘置所に所属する副看守長以下の階級にある職員」が設定されている。そこから、看守部長、主任看守、看守があたると考えることができる。だが、こういったことはこれから刑務官を志す者にとっては非常に分かりづらい、裏の設定といえる。

それでは、刑務官の表の設定とは何か。法務省のウェブページにある「刑務官採用試験」には、刑務官とは「刑務所、少年刑務所又は拘置所に勤務し、被収容者に対し、日常生活の指導、職業訓練指導、悩みごとに対する指導などを行うとともに、刑務所等の保安警備の任に当たります」とある。これが表の設定である。「日常生活の指導、職業訓練指導」という文言からソーシャルワーカーを、「悩みごとに対する指導」という文言からカウンセラーを、「保安警備」という文言から警備会社の警備員のようなものが想起されるとしよう。そうした仕事から、すぐに殺害遂行行為である死刑執行の仕事を連想することは困難である。加えて、一九九一年以降、職務規程にも死刑執行の文言はないのだ。

とはいえ、現在では、刑務官が死刑執行を担うこと自体は、死刑について少しでも調べればわかることではある。その背景には、ジャーナリストである大塚公子による『死刑執行人の苦悩』（大塚 1988）を皮切りに、元刑務官たちが死刑執行について語り始めたことがある。たとえば、元刑務官の坂本敏夫は、『元刑務官が明かす死刑のすべて』（坂本 2006）を書いただけでなく、死刑執行をめぐる刑務官の苦悩を描いた映画『休暇』のアドバイザーもつとめた。また、漫画家の郷田マモラによる『モリのアサガオ——新人刑務官と或る死刑囚の物語』は、二〇一〇年に連続テレビドラマ化されてもいる。そうした作品では、死刑執行を担う刑務官の精神的苦痛が大きく取り上げられたのである。

死刑の担い手問題批判

刑務官の精神的苦痛や、職務規程に死刑執行の文言がないことを指摘すると、以下のような批判がなされる。前者を問題とした場合の批判は、それならば刑務官を辞めればよいという、職業選択の自由の観点からのものである。後者を問題とした場合には、それならば職務規程に死刑執行を担うという文言を追加すればよいという、形式の観点からの批判がある。しかし、そうした批判で終わってよいのだろうか。

先述したとおり、刑務官＝死刑執行を担うのは、あくまで裏の設定であり、表の設定はソーシャルワーカーやカウンセラーや警備員に近い。そのような職業を選択した人は死刑執行人という職業を選択したといえるのだろうか。また、殺害遂行行為を担うことが嫌だという理由でソーシャルワーカーやカウンセラーや警備員は、その職を辞めればよいといわれるのだろうか。そうではないはずである。

しかし、職務規程にあれば、たしかに死刑執行を担うこともある職業を選択したことにもなるだろう。それでは、ソーシャルワーカーやカウンセラーや警備員の職務規程に死刑執行を追加するということでよいのか。だが、そうした場合、なぜそれらの職業の職務規程に死刑執行の文言を追加するのかについて問う必要が生まれるだろう。ソーシャルワーカーやカウンセラーや警備員が死刑執行を担うことは自明ではないからである。同様に、刑務官が死刑執行を担うことも自明ではない。たとえば、イギリスでは、専門の絞首刑執行人が一般公募されていた。つまり単なる形式上の問題でもないのである。

以上に鑑みれば、誰が死刑執行を担うべきかについては、もっと問われる必要があることになる。ところが、この問いは一〇〇年以上問われることはなかったのである。

死刑存廃論批判へ

なぜ問われなかったのか。理由の一つとして、死刑の存廃が裁判で争われる場合、死刑執行の担い手は裁判における直接的利害関係者とみなされないということがある。もちろん刑務官自身が裁判を起こせば別であるが、それは極めて難しい。刑務官の全てが死刑の担い手となるわけではないという事情もあるし、労働三権が認められていないため、団結して声をあげることができないといった状況もあるからである。

さらにいえば、死刑の担い手に注目することから、直接死刑の存廃を導けるわけでもない。たとえば、介護者が見つからないからといって介護が否定されるわけではない。必要ならば、適切な介護者を探そうとなる。そうであるならば、死刑存廃を検討するにあたって、死刑の担い手問題に注目することには意味がないから問われてこなかったのではないかと思われるかもしれない。そこで、本章では、死刑の担い手に注目することが、死刑存廃を考えるにあたって、いかなる認識利得をもたらすかを明らかにしたい。結論からいえば、死刑存置と死刑肯定の違いが、死刑の担い手に注目することで明らかとなるのである。

そのことを述べる前に、これまでの死刑存廃論がいかなるものであったかを見ておく必要がある。そこで、死刑勉強会の資料をもとに、二節では死刑廃止論の、三節では死刑存置論の意見を確認していく。その際、死刑勉強会の結論に鑑み、あえて両論を併記する形で記述する。両論併記とは、どちらかの論に軍配をあげないことを意味する。どことどこが対立しているかがわかるかわりに、結論を出すのは難しいということになり、現状維持の方向に傾くこととなる。現状維持（retention）、すなわち死刑存置（retention）である。つまり、二節、三節は死刑存廃論について確認するだけでなく、死刑制度についての議論がどのように両論併記されうるかをあえて示すことで、死刑勉強会の結論である「どちらにも言い分がある」という死刑存置論を詳らかにすることを試みるものにもなっている。

なお、法学者たちが死刑についてどのようなことを論じているのかは、三原憲三の『死刑存廃論の系譜 第六版』（三原 2008）に詳しい。また、本節の内容の詳細は、拙著『死刑執行人の日本史』（櫻井 2011）にあるので、そちらも参照していただきたい。

2 死刑廃止論の立場

野蛮と文明

第二回死刑勉強会の資料四では、死刑制度の存廃に関する主な論拠が、文献を引用しつつ提示されている。同資料は文献からの引用のみであり、さらに頁数も指示されていないため、極めて不十分な資料でしかない。そのため、適宜情報を補いつつ確認していきたい。

まず、「死刑廃止の立場①」として、「死刑は、野蛮であり残酷であるから廃止すべきである」とする論拠がある。これはさらに、「①-1 死刑は野蛮である」と「①-2 死刑は残酷である」に分けられる。

①-1には、「野蛮時代の遺物」といわれるように、野蛮から文明へという進歩主義史観が前提されている。気をつける必要があるのは、野蛮な死刑と文明的な死刑廃止という図式は自明ではないということである。文明的な死刑ということも考えられるからだ。

文明的な死刑は、「死刑廃止の立場③ 死刑は、憲法三六条が絶対的に禁止する『残虐な刑罰』に該当する」と関連する点である。すなわち、アメリカ合衆国や中国では、死刑をより「文明的に」、「人道的に」行なうためとして注射刑が導入された。このとき、文明的か否かは死刑執行に伴う死刑囚の身体的苦痛が多いか少ないかによって判断される。苦痛が多ければ野蛮であり、苦痛が少なければ文明的なのである。こうした観点があるため、死刑が日本国憲法三六条に反するか否かが問われる際に、絞首刑による苦痛があるかないかが問題視されることになる。

なお、オーストリアの法医学者ヴァルテル・ラブルによって、絞首刑が頭部離断を招く可能性があると示唆されていることは付記しておく（中川智正弁護団・ラブル編 2011）。また、日本の死刑執行方法は死刑囚の側ではなく、死刑を執行する側のみの精神的苦痛を減少させる方向で「改良」が施されてきたことも記しておく（櫻井 2012）。

人道主義と宗教的見地

死刑が野蛮であることと、「①-2 死刑は残酷である」こととはどう違うのか。資料の引用と三原（2008）の分類を参照すると、①-2で想定されているのは、「①-2-1 人道主義を理由とする死刑廃止」と、「①-2-2 宗教的見地を理由とする死刑廃止」のことであることがわかる。

①-2-1は刑法に殺人罪を定めている国家による殺人という矛盾を理由とした死刑廃止論である。しかし、「国家による殺人」は、観念上はありうるが、現実にはありえない。国家に手足が生えているわけではないからである。そのため、身体に注目して正確に死刑を記述するなら、国家によって正当性を与えられた人間（死刑執行人）が、裁判によって死を決定された人間（死刑囚）を殺すこととなる。刑務官が死刑執行をしても犯罪としての殺人に該当しないのは、刑法三五条に正当行為として、「法令又は正当な業務による行為は、罰しない」とあるからである。ここには、合法的であろうがなかろうが、そもそも人は人を殺してもよいのか否かという問いがある。

①-2-2の宗教的見地とは、人は人を殺して

もよいのか否かという問いに、それは罪悪であると主にキリスト教の思想から答える死刑廃止論である。キリスト教を前提とする場合、新法においてはたしかに死刑および身体を傷つける刑は規定されていないが、旧法、すなわち律法においては、神によってこそ人を殺すことが可能とされていることはおさえておかなければならない。たとえば、アウレリウス・アウグスティヌスやトマス・アクィナス、マルティン・ルターといった人々は、死刑執行を神の名によって正当化してきた。すなわち、死刑執行人の手は、「人間の手ではなく、神の御手」なのである。

国際的潮流

「死刑廃止の立場②」は、「死刑の廃止は国際的潮流であるので、我が国においても死刑を廃止すべきである」とするものである。アムネスティ・インターナショナルによれば、二〇一五年現在、あらゆる犯罪に対して死刑を廃止している国は九八、通常の犯罪に対してのみ――軍法における犯罪や、例外的な犯罪における死刑は存置――死刑を廃止している国は七、事実上の死刑廃止国――死刑判決は存置しているが、死刑執行を一〇年以上行なっていない国――は三五で、計一四〇カ国、一方、死刑存置国は五八カ国である。すなわち、死刑廃止国に比べ、圧倒的に死刑存置国の方が少ないということから、死刑廃止は「国際的潮流」であるとされる。

この点については、以下のような批判も可能だろう。すなわち、事実上の死刑廃止国を、死刑判決を存置しているという側面から死刑存置国ととらえるなら、死刑廃止国は一〇五、死刑存置国は九三となる。さらに、軍法などで死刑を存置している国も死刑存置国ととらえるなら、死刑廃止国は九四、死刑存置国は一〇〇となり、勢力比が逆転してしまうことになる。そこから、死刑廃止は国際的潮流にあるとはいえなくなるのではないかとする批判である。

また、法学者の中野進は、国家の数だけでなく、人口にも注目すべきだという（中野 2002：94-103）。WHOが公開している、"World Health Statistics 2013" によれば、地球の総人口は約七〇億人。死刑存置国のうち、中国、インド、アメリカ、インドネシア、パキスタン、ナイジェリア、バングラデシュ、日本の人口を足しただけでも約三七億四〇〇〇万人となり、過半数を超えることになる。もちろん、それぞれの国内の存置派、廃止派の統計をとったわけではないので、これは正確な数値ではない。しかし、こうした考えもあるという一例として、ここでは挙げておきたい。

ここでのポイントは、国際的潮流を死刑廃止の根拠とした場合、国際的潮流が死刑存置に傾いているとなると、それによって死刑存置に強力な根拠を与えることになるという点である。仮に、国際的潮流が死刑存置に傾くことはないと想定するならば、そこには①-1でみた進歩主義史観が前提されていることになる。

取り返しのつかなさ

「死刑廃止の立場④」は、「死刑は、一度執行すると取り返しがつかないから、裁判に誤判可能性がある以上、死刑は廃止すべきである」とするものである。これは、④-1「死刑は執行すると取り返しがつかない」と④-2「裁判に誤判可能性がある以上、死刑は廃止すべきである」の二つに分けることができる。

④-1は、たとえば、死刑が執行された後に誤判が判明した場合、受刑者を生き返らせることができないことをもって取り返しがつかないとされる。こうしたケースは、一九五〇年代のイギリスで実際にあったことであるし、日本でも、最高裁で死刑判決が確定したのち、再審で無罪となった事件があったことを考えると、十分にありうることである。

一方、無期懲役で三〇年近く投獄されたのちに誤判が発覚した場合、それまでの年月の賠償金は刑事補償法四条一項に基づいた金額を支払うことによって補償可能とされており、それゆえに取り返しがつくとされることがある。しかし、形式的にいえば、刑事補償法四条三項に「死刑の執行による補償においては、三千万円以内で裁判所の相当と認める額の補償金を交付する」とあるとおり、法律上は補償可能とされているともいえる。

この点について、刑法学者の団藤重光は「死刑執行後に再審で無罪になって遺族に刑事補償が与えられても（刑事補償法四条三項）、それが何になろう。懲役刑の場合でも、失われた青春は再び戻って来ないが、生命とは比較すべくもないのである」（団藤 2000：26）と述べている。つまり、刑事補償法四条三項は無意味であるとするのであるが、仮に意味を求めないとすれば、形式上は可能とも考えられる。

誤判論

「④-1取り返しがつくかつかないか」ということとは別に、「④-2誤判論」がある。

第一に、誤判は死刑に限った問題ではないという刑法学者の植松正による批判がある。つまり、あらゆる事件に関して誤判はありうるのだから、誤判をなくす努力をするのは当然であるものの、裁判官が必ず間違える可能性があることを理由とした場合、全ての裁判が否定されてしまうことになると植松は主張するのである（植松・日高 1999：265-267）。

このことについて、団藤は、「これは制度ということを忘れた議論だと思います。哲学の議論ならこれでいいかも知れませんが、法律の議論としては、これでは通らない」（団藤 2000：7）と、一蹴している。また、植松と同様の主張をしている刑法学者の長井圓に対して、三原は「われわれは過去に誤った裁判があった事実をあきらかにして、結論を導き出していることを理解してほしい」（三原 2011：183）と述べている。

第二に、「誤判の余地のない明白な事件についても、なお死刑を科すべきでないかどうかを出発点とすべき」（植松・日高 1999：271）ではないかとする、植松や長井による批判がある。たとえば長井は、「連続複数殺人あるいは同時無差別大量殺人のような事件で多衆の目撃する中で犯人が現行犯逮捕されたような場合には、いかなる観点からしても事後的に崩しえない多数の確実な証拠が違法有責な殺人について存在し、いかなる量刑事情を考慮しても死刑を選択すべき基準に適合せざるをえないという事案が存在しうることは、疑いない」（長井 1997：30）と述べる。

刑法学者の福井厚は、長井が「いかなる観点」、「いかなる量刑事情」としている点に着目し、長井が挙げたようなケースの場合は精神鑑定が行なわれるのが通常であり、精神鑑定による責任能力の存否には困難が伴うので、やはり誤判のおそれは払拭できないと反論する（福井 2011：130-131）。

ここで両者の意見がすれ違っているのは、団藤・三原・福井が現実に定位して議論しているのに対し、植松・長井は理論上可能な思考実験的状況を設定して議論を展開しているからである。つまり、前提や議論の水準が違っているので、お互いの批判がお互いに届かないという状況が生まれていると考えられる。これは死刑について考える全ての者にとって重要な点である。

犯罪抑止効果

「死刑廃止論の立場⑤」は、「死刑に犯罪を抑止する効果があるか否かは疑わしい」とするものである。刑罰による犯罪の抑止というとき、そこには大きく二つの考え方がある。一般予防と特別予防である。この二つの予防論は、厳密にはさらなる分類が可能であるが、そのことについてはひとまずおく。

一般予防論では、刑罰として死刑がおかれていることによって、犯罪を思いとどまらせることが企図されている。しかし、この試みが日本においてうまくいっているのか、いないのかについては不明としかいえない。ここで重要なのは、刑罰全般の抑止力と、死刑自体の抑止力を分けて考えることである。

　特別予防論においては、死刑は社会からの絶対的な隔離としてとらえられる。犯罪者が死刑によって死亡した場合、その犯罪者が社会に戻り再犯する可能性は確実にないからである。この点について、法学者の高山佳奈子は、「社会復帰を目指した教育刑からはもちろんのこと、犯罪者を隔離する場合であっても、終身刑があれば十分なのであり、死刑は不要である。したがって、特別予防論は死刑廃止論に結びつく」（高山 2011：10）と論じている。これは社会からの絶対的な隔離は死刑以外でも達成可能であるとする観点からの反論である。しかし、教育刑の観点はともかく、死刑以外によって達成可能であるからといって、死刑を用いてはならない理由とはならない。

　以上に加え、根本的な疑問として、刑罰を犯罪抑止と結びつけるのが正しいのか否かという観点がありうる。たとえば、哲学者のイマニュエル・カントはそうした態度を徹底的に退けたのである。

被害者遺族

「死刑廃止論の立場⑥」は、「犯人には被害者・遺族に被害弁償をさせ、生涯、罪を償わせるべきである」とするものである。このことは、「死刑存置論の立場」の一つ、「被害者・遺族の心情からすれば死刑制度は必要である」と同時に考える必要がある。

　この議論において、必ずおさえておかなければならないことは、被害者遺族の多様性である。たとえば、死刑を望む遺族もいれば、死刑を望まない遺族もいる。前者については、ジャーナリストの藤井誠二による被害者遺族へのインタビュー集である『殺された側の論理』（藤井 2007）が、後者については、被害者遺族である原田正治自身のノンフィクション『弟を殺した彼と、僕。』（原田 2004）が、導きの糸となるだろう。また、被害者遺族がいる場合といない場合とが考えられる。いない場合は遺族に被害弁償をすることは不可能であるし、遺族の感情を理由に死刑を擁護することも不可能になる。さらに、加害者が被害者遺族となる場合もあるのである。

　もう一つ、死刑を執行することによって遺族に「区切り」が生まれるといわれることもある。アメリカ被害者遺族についての研究を参照しつつ、日本の被害者遺族を論じた法社会学者のデイビッド・ジョンソンは、これを神話であるとして警鐘を鳴らしている（ジョンソン 2012：159）。

　「区切り」論は死刑による被害者遺族の救済を擁護するものであるが、必ずしも刑罰と被害者遺族の救済を同時に考える必要はない。それらは分けても考えられるのである。

更生の可能性

「死刑廃止の立場⑦」は、「どんな凶悪な犯罪者であっても更生の可能性はある」というものである。このことを認めない場合、社会からの絶対的な隔離としての死刑や終身刑が導出されることになる。

　ここでのポイントは、どんな犯罪者も更生するというとき、そこには正常な人間のモデルと特定の合理性が前提として存在しているということである。このとき、正常な人間モデルに適応できない、あるいは適応したくない、別の合理性によって生きる少数派の人々は排除されることになる。

　「更生」させることができないことと死刑や終身刑をつなげて考える必要はない。更生しなくても共生することが可能なような社会を模索するという道もありうるからである。

3　死刑と正義

世論

これまで死刑廃止論の立場を中心に検討してきた。資料にある死刑存置論の立場(4)、(5)、(6)、(7)は、死刑廃止論へのカウンターとしてあり、そのことについてはこれまでも触れてきたので改めて取り上げる必要はないだろう。

「死刑存置論の立場(3)　最高裁判所の判例上、死刑は憲法にも適合する刑罰である」は、一九四八年の死刑制度合憲判決と一九六一年の死刑執行方法が残虐ではないという合憲判決を理由とする存置論である。この点についての詳細は稿を改める必要があるため、ここではそうした立場があるということを記すにとどめる。ここではまず「死刑存置論の立場(2)　一定の極悪非道な犯人に対しては死刑を科すべきであるとするのが、国民の一般的な法的確信である」について検討したい。

「死刑存置論の立場(2)」は、世論を背景とする死刑存置論と考えてよい。二〇一四年の内閣府の調べによると、日本国民の八〇・三%が場合によっては死刑もやむを得ないと答えており、どんな場合でも死刑は廃止すべきと答えたのは九・七%にすぎなかった。ただし、内閣府調査の質問項目は偏りを生む可能性のあるものだとの指摘もあり、実際に質問項目を変えて調査すると、死刑存置に賛成する比率は六〇%となったとする研究成果もあることはおさえておく必要がある（山崎 2011：92）。

とはいえ、やはり過半数以上が死刑存置に賛成しているではないかという指摘も当然ありうる。ここで一つの思考実験を行ないたい。刑法九条には「死刑、懲役、禁錮、罰金、拘留及び科料を主刑とし、没収を付加刑とする」とあり、続く一〇条には刑の軽重として「主刑の軽重は、前条に規定する順序による」と規定されている。そこでたとえば、刑法九条が改訂され、「懲役、死刑、禁錮、罰金、拘留及び科料」という順番になったとする。そのとき、無期懲役とそれよりも軽いとされる死刑のどちらを選ぶか。それでもやはり死刑を選ぶとするなら、犯罪に対する非難としては少し弱いものとなってしまい、最大の非難を浴びせることはできなくなってしまうが、それでもよいか。

この思考実験からわかるのは、最高刑を望むことと死刑を望むことは別だということである。死刑廃止国の最高刑は当然死刑ではない。つまり、日本の最高刑が死刑だから死刑を肯定するのか、最高刑でなくても死刑という刑罰それ自体を肯定するのか、といったことを考える必要がある。そして、こうしたことについて市民がどう考えているのかは、内閣府の調べからだけでは不明といわざるをえない。

正義

「死刑存置の立場(1)」は、「人を殺した者は、自らの生命をもって罪を償うべきである」というものである。死刑勉強会の資料では、ここでカントの『人倫の形而上学』の「人を殺害したのであれば、（その犯罪者は）死ななくてはならない。これには正義を満足させるどのような代替物もない。苦痛に満ちていようとも生きていることと死とのあいだに同等といえるところはな（い）」（Kant 1797［1922］：333=2002：180-181（　）内は死刑勉強会の資料の原文ママ）という部分が引用され、死刑が正義に適っているという論が展開されている。

だが、ここで注意しなくてはならないのは、「(1)-1　生命をもって罪を償う」ことと、「(1)-2　人を殺害したのであれば、死ななくてはならない」は別の議論だという点である。前者については、そもそもジョン・ロックの所有論にのっとって死を考えた場合、死を所有することなどできないのだから、生命を差し出すということ自体が不可能であり、それでもなお、死刑が可能と考えられるとすれば、そこには「死の所有」幻想があることになるとする、哲学者の一ノ瀬正樹による批判がある（一ノ瀬 2011）。

一方、後者については、刑法学者の木村亀二に代表される批判がある（木村 1949）。すなわち、カントは絶対的応報刑の立場にたっており、そうした立場はすでに過去の遺物であるとする批判である。

もう少し踏み込んだ批判として、団藤による批判がある。団藤は、法的立法的な本体人（homo noumenon）を前提とするカントの議論は、現実社会にはそのまま通用しない。犯罪については社会も責任を負わなければならない、と社会重視の姿勢からカントを批判した（団藤 2000：200-201）。つまり、団藤は現実に定位することで、カントと直接対決することなく、カントを退けたのである。

こうした団藤の死刑廃止論は、イタリアの法学者で、死刑廃止論の理論的支柱を築いたチェーザレ・ベッカリーアの「国民のこのような死は国家の通常の状態においては有用でもなければ必要でもないということを証明できたら、私は人間性のために勝利をかちえたことになるだろう」（Beccaria 1764〔1807〕=1959：91）という考えと親和性が高い。こうしたベッカリーアをカントは徹底的に批判し、「災いあれ」とまで述べたのである。

4　死刑存廃論と死刑肯定／否定論

死刑勉強会の結論

死刑勉強会は、二節、三節でみた論点について、刑法学者、弁護士、検事、被害者遺族、ジャーナリスト、死刑廃止を推進する議員連盟、アムネスティ・インターナショナルといった人々を勉強会に招いてヒアリングを行なった。そうして出した結論は、「死刑制度の存廃については、廃止論、存置論ともにそれぞれの思想や哲学などに基づいたものであり、どちらかが正しく、どちらかが間違っていると言い切れるものではないと改めて感じました」というものであった。一言で要約すると、「よくわからん」ということである。そして、死刑の存置か廃止かについての結論は不明なまま、二〇一二年三月に死刑勉強会は解散。同月二九日に、一年八ヶ月ぶりに三名の死刑が執行されることとなった。すなわち、結論が不明ということは、死刑制度がある日本においては死刑存置を意味することになるのである。これを「両論併記型死刑存置論」と名付けたい。死刑存廃を論じる際は、この点に留意する必要がある。

それでは死刑の担い手に注目していれば、死刑勉強会の結論は変わったのであろうか。そこまでは不明であるが、新たな論点を提示することは可能である。ポイントは、「死刑存置の立場(1)-2」の正義論を、判決だけでなく執行を含む形の死刑制度の中に落としこめるか否かにある。なぜなら、「人を殺害したのであれば、死ななくてはならない」のならば、死刑の担い手もまた死ななければならないのではないかと考えられるからである。

重要なのは、カントが「人を殺害したのであれば、（その犯罪者は）殺されなければならない」ではなく、「人を殺害したのであれば、死ななくてはならない」としている点である。ドイツ語の原文でもそのように書かれている。すなわち、カントの死刑は自殺に近いのである。しかし、自殺と死刑はイコールというわけではない。なぜなら、カントは自殺を否定しているからである。それでは、「死ななくてはならない」とはどういうことを意味するのか。この点については慎重な解説が必要である。詳細は拙稿（櫻井 2014）にゆずるとし、ここでは要点だけ記したい。

カントと死刑の担い手問題

第三者が死刑執行を担うとした場合、それは「死ななくてはならない」ではなく、「殺されなければならない」と記述されることになる。しかし、それでは、人を殺害した者を殺害した者はどうなるのかという問題が生じてしまう。カントはこの問題をいかにして回避しているのか。

カントは人間を法的立法的な本体人（homo noumenon）と、自然感性的な現象人（homo phaenomenon）の二元論でとらえた。本体人とは、あらゆる市民に共通している、同一の法である。一方、現象人は各個に分断された欲望のままに行動する人間のことである。カントは、この現象人が本体人を殺すことを自殺とし、本体人が現象人を殺すことを死刑とした（平田 1994：64-65）。ここに第三者の死刑の担い手の姿はない。犯罪を犯した現象人の本体人が死刑執行の担い手なのである。

カントのいう本体人による現象人の殺害とは具体的にどういうことなのか。たとえば、死刑囚が自分の首をくくったとして、それが現象人による本体人の殺害なのか、本体人による現象人の殺害なのか、どうすれば見分けがつくというのか。その点は不明である。つまり、カントの死刑論はあくまで形而上学的なものであり、具体的な死刑制度に落とし込むためには、明らかにすべき課題が山積みされている状態なのである。それでは、その課題を無視して、具体的な日本の死刑制度をカントの死刑論によって擁護しようとするとどうなるか。

人間は現象人と本体人からなっているとするならば、日本の死刑執行のように、第三者が必要とされる死刑執行には必ず現象人による現象人の殺害が含まれることになる。そうすると、カントの論に従うなら、死刑執行を担った第三者は、現象人による現象人の殺害――すなわち、犯罪としての殺人と同一の形式の殺人――から、死ななければならないと考えることになる。しかし、正当行為の観点から、死刑執行を担った第三者に死刑判決が下ることはない。そのため死刑を担った第三者は死ななければならないにもかかわらず、生き続けるという矛盾に直面することになる。死刑判決なしに死ぬことは自殺となってしまうからである。この矛盾は刑務官という職業ゆえに生じるものではない。「人を殺害したのであれば、死ななくてはならない」を、第三者の死刑執行の担い手を必要とする死刑制度の根拠とした場合に、必然的に生じる矛盾である。そして、この矛盾こそが、「死刑執行人の苦悩」の源泉にあると考える。

以上から、カントの死刑論は第三者の死刑執行人を絶対に必要とする日本の死刑制度とは違う、理想の死刑制度を肯定する論であることがわかる。日本の死刑制度存置を擁護するのではなく、カントのような死刑を日本で擁護したいのであれば、まずは日本の死刑制度の在り方を批判し、第三者の死刑執行の担い手を排除するところからはじめなくてはならない。具体的には、死刑執行の停止からはじめること。これがカント的死刑論者には求められる。

死刑存廃論を分断する

カントを批判する側はどのように論を展開する必要があるか。たとえば、人を殺害したからといって死ぬのは社会的に無意味であるといった批判はカントには通じない。また、二節、三節で検討してきた諸々のことをカントは意に介さない。カントにとって刑罰とは、「命令者が服従者に対して、その人が犯した犯罪ゆえにその人に苦痛を課す権利である」（Kant 1797[1922]：331=2002：178）という以外に全く意味をもたないからである。こうしたカントの死刑論を現行の死刑制度の存置を擁護する論と切り離して、死刑肯定論と名付けよう。死刑存置論と死刑肯定論は分けて考えることができる。すなわち、死刑を肯定せずとも、死刑存置の立場に立つことは可能なのである。たとえば、死刑勉強会の結論のように。このことを理解しておかなければ、死刑についての議論は錯綜することになる。

それでは、この死刑肯定論に対抗する死刑否定論はいかなるものとして構想することが可能か。

「人を殺害したのであれば、死ななくてはならない」を否定したいのであれば、「人を殺害したのであれば、生きなくてはならない」ということを、刑罰論の中で断言する。これ以外にない。だが、どうすればそれを断言することができるのか。このことを考えるためには、刑罰とは何かを根本的に問い直す必要がある。

刑罰とは何か

最後に、刑罰とは何かを考えていくための導きの糸として、哲学者ミシェル・フーコーの言葉を紹介しておきたい。死刑が廃止となったフランス。そこで、フーコーは『監獄の誕生』および彼の懲罰に対する態度についての晩年のインタビューにおいて、以下のように述べている。

> 「監獄」という形式の歴史的相対性について私が行った仕事は、懲罰の別の形式を考えようとする試みへの誘いでした。それに代わるものをなんとかどこかに見つけ出そうとする努力ではない一切のものとは、私は一線を画すべきこと、それしたのです。根本的に考え直すべきことは、それは懲罰するとは何か、何を懲罰するのか、何故そして最終的にはどのように懲罰するのかということなのです。(Foucault 1984=2002 : 192)

そのうえでフーコーは次のような「代替刑」の方向性を語る。一つは刑罰を「完全に心理学化すること」(同 : 194)、すなわち矯正教育の方向に向かわせることである。この可能性を排除すべきだとは思わないとフーコーはいう。そしてもう一つが、「懲罰と矯正を完全に切り離すべき」(同)だとする提案である。つまり、苦痛を与えるという応報的意味をもつ刑罰と、矯正教育を行ない、再社会化を目指す目的刑的刑罰の完全な切り離しへの示唆である。ここで、フーコーは応報的刑罰の例として、罰金刑を挙げている。「というのもひとを矯正させないものが本当に何かあるとすれば、それは罰金だからです」(同 : 195)。

フーコーのこうした挑発を受けて、死刑だけでなく、懲役や禁錮といったことも問い直すこと。たとえば、犯罪者の社会復帰や犯罪被害者遺族の救済は刑罰以外の形――たとえば、社会福祉の充実――で行なってもよいはずである。刑罰とはなにかを考えるときには、そういったことを念頭におくことが重要であると考える。

【参考文献】

一ノ瀬正樹(二〇一一)『死の所有――死刑・殺人・動物利用に向きあう哲学』東京大学出版会。

植松正・日高義博(一九九九)『新刑法教室Ⅰ　総論』信山社。

大塚公子(一九八八)『死刑執行人の苦悩』創出版。

木村亀二(一九四九)『死刑論』弘文堂。

坂本敏夫(二〇〇六)『元刑務官が明かす死刑のすべて』文藝春秋。

櫻井悟史(二〇一一)『死刑執行人の日本史――歴史社会学からの接近』青弓社。

――(二〇一二)「死刑執行方法の変遷と物理的／感情的距離の関係」角崎洋平・松田有紀子編『歴史から現在への学際的アプローチ』(生存学研究センター報告17)、生活書院、一三〇〜一四九頁。

――(二〇一四)「死刑存置論と死刑肯定論――カント『人倫の形而上学』における死刑についての考察」大谷通高・村上慎司編『生存をめぐる規範――オルタナティブな秩序と関係性の生成に向けて』(生存学研究センター報告21)、立命館大学生存学研究センター、一三四〜一六三頁。

デイビッド・T・ジョンソン(二〇一二)「アサハラを殺すということ――アメリカ人テロリストの死刑執行から被害者と死刑について考える」ジョンソン・デイビッド・T、田鎖麻衣子『孤立する日本の死刑』現代人文社、一四四〜一六一頁。

高山佳奈子(二〇一一)「刑罰論からみた死刑」福井厚編『死刑と向きあう裁判員のために』現代人文社、一〜二〇頁。

団藤重光(二〇〇〇)『死刑廃止論　第六版』有斐閣。

長井圓(一九九七)「世論と誤判をめぐる死刑存廃論――死刑の正当根拠について」『神奈川法学』三二、二、一〜四〇頁。

中川智正弁護団・ヴァルテル・ラブル編(二〇一一)『絞首刑は残虐な刑罰ではないのか?――新聞と法医学が語る真実』現代人文社。

中野進(二〇〇二)『国際法上の死刑存置論［普及版］』信山社。

原田正治(二〇〇四)『弟を殺した彼と、僕。』ポプラ社。

平田俊博(一九九四)「カントの反・死刑廃止論――〈死刑に値する〉と〈生きるに値しない〉との狭間を求めて」カント研究会『現代カント研究5　社会哲学の領野』晃洋書房、五三〜八〇頁。

福井厚(二〇一一)「誤判と死刑」福井厚編『死刑と向

きあう裁判員のために』現代人文社、一二七～一三八頁。

藤井誠二（二〇〇七）『殺された側の論理――犯罪被害者遺族が望む「罰」と「権利」』講談社。

三原憲三（二〇〇八）『死刑存廃論の系譜　第六版』成文堂。

――――（二〇一一）『誤判と死刑』成文堂。

山崎優子（二〇一一）「裁判員の心理と死刑」福井厚編『死刑と向きあう裁判員のために』現代人文社、八七～一〇八頁。

Beccaria, Cesare Bonesana (1764〔1807〕) *Dei Delitti e delle Pene*.（風早八十二・五十嵐二葉訳『犯罪と刑罰』岩波書店、一九三八年、改版一九五九年。）

Foucault, Michel (1984) "Interview de Michel Foucault," *Actes: cahiers d'action juridique*, nos 45-46, 3-6.（石田久仁子訳「ミシェル・フーコーに聞く」『ミシェル・フーコー思考集成　X――倫理・道徳・啓蒙』筑摩書房、二〇〇二年、一八六～一九八頁。）

Kant, Immanuel (1797〔1922〕) *Die Metaphysik der Sitten*.（樽井正義・池尾恭一訳『カント全集11　人倫の形而上学』岩波書店、二〇〇二年。）

第12章 運の平等と個人の責任

井上　彰

運が人生を左右することは、多かれ少なかれわれわれが身をもって経験していることである。そうした運（の要素）に社会（制度）が介入すべきという点については、ある程度のコンセンサスはあると思われる。運の平等論は、そのことをふまえて提出された正義論である。運の平等論は、運がどれだけ働いている（た）かによって、不平等に対する取り扱いの差別化を謳う立場である。もし運の要素が強く働いていれば、不平等は当事者に責任がないものとして「不正なもの」と扱い、逆に運の要素がほとんど関わっていない場合には、不平等は当事者が甘受すべきものとなる。本章では、運の平等論と呼ばれる立場がどのように提出され、一つの立場としていかに確立し、さらには、それに対して投げかけられた有力な批判にどのように応答しているのかについて検討する。

1 運の平等論のバックグラウンド

本章は、「運の平等論」と呼ばれる立場がどのように提出され、一つの立場としていかに確立し、さらには、それに対して投げかけられた有力な批判にどのように応答しているのかについて検討するものである。

運が人生を左右することは、多かれ少なかれわれわれが身をもって経験していることである。自分がどこの国に生まれ、どういう身体的特徴をもち、どういう家庭環境に育ち、どういう学校に行き、どういう家庭をもち、就職先がどこになるか等、運の要素が関わっていないと思しき人生の結節点はないように思われる。それを「定め」として受け止める諦観的な人もいるが、多くの人はそこに不公平感を見出すのではないだろうか。それゆえ、そうした運（の要素）に社会（制度）が介入すべきとする点については、（ケースによっては）ある程度のコンセンサスはあると思われる。たとえば、われわれのなかで先天的障害によって働けない者に福祉サーヴィスを提供することに関して、反対する者はほとんどいないだろう。生まれつき障害があるかどうかは、まさに運の問題の典型例だからだ。

　そうしたわれわれの直観を背景に正義論として世に問われているのが、冒頭で述べた「運の平等論」である。* 運の平等論は、運がどれだけ働いている（た）かによって、不平等に対する取り扱いの差別化を謳う立場である。もし運の要素が強く働いていれば、不平等は当事者に責任がないものとして「不正なもの」と扱い、逆に運の要素がほとんど関わっていない場合には、不平等は当事者が甘受すべきものとなる。政治哲学・規範理論における平等論の進展が、この運の平等論の進展抜きには語れないことは、本章に出てくる論者や主唱者、そして批判者の面々をみれば一目瞭然だろう。

2 運の平等論の端緒
——ロールズとドゥオーキン

ロールズの『正義論』

　運の平等論の進展は、ジョン・ロールズ『正義論』（Rawls 1971）抜きに語ることはできない。それは、ロールズが自らの正義構想を「公正としての正義」と位置づけていることと関係している。ロールズが言うところの公正は、単に利益とコストの相応的な関係を意味する形式的公正だけを意味するものではない。むしろロールズが訴える公正は、生まれつきの才能や社会的地位等に左右されることなく、社会を支える正義の内容を決めるべきだとするところに、その力点がある。そういう意味でロールズの議論においては、実質的な意味での公正が、正義原理の正当化手続きにおいて充たされるべきものとして扱われている。

　正義原理を選別する原初状態とロールズが呼ぶものは、実質的公正の要請を反映しての仮想的装置である。その装置の導入は、正義原理を選別するにあたって、生来の能力差や階級等の影響が関わることは道徳的観点からみて恣意的である、という考え方に基づいている。この、道徳的観点からみて恣意的な要素こそ、後に運の平等論がターゲットとする運の端緒とも言うべきものである。そうした運の要素が正義原理の選定に影響を与えないように、それが誰にどう介在しているかがわからない原初状態を仮想的に設定するのである。ロールズは、この「無知のヴェール」を当事者にかぶせる手続きによって、すべての者が理に適ったものとして受容しうる正義原理が導き出せると考える（Rawls 1971 : 11-13、邦訳 16-20）。その正義原理が、法秩序や市場システムといった社会の基本的制度を統御することで、秩序ある安定した社会が実現する、というのがロールズの見立てである（Rawls 1971 : 4-7、邦訳 7-11）。

　平等主義の観点から重要なのは、われわれがいかなる能力をもっていようとも、またどのような身分であっても理に適ったものとして受け入れる（とされる）正義原理が、制度を通じて何を分配するのか——より精確には、分配するにあたっての指標とするのか——である。ロールズは基本財（善）を分配の指標とすべきだと考える（Rawls 1971 : 90-95、邦訳 122-128）。基本財は合理的な人間であれば、できるだけ多く欲しいと思うもので、様々な善き生の追求に欠かせない——まさに基本的な——財である。それには、諸々の権利や自由、機会、権力、所得そして富、さらには自尊の社会

＊ そうした直観を醸成した社会的背景として、一九七〇年代の福祉国家の正統性危機を経て八〇年代に新自由主義が影響力をもったことも見過ごせない（Matravers 2007 : 5-11）。

的基礎といったものまで含まれる。それゆえ基本財は、単なる物質的な財を超えた幅広い含意をもつ財である（したがって基本善という性格をもちあわせている）。重要なのは、基本財が経済学で用いられる指標、すなわち選好充足によって測られる主観的な満足度を意味する厚生とは異なり、誰にとっても価値がある（だからこそ、いかなる者もできる限り多くを合理的に欲する）財として位置づけられる点である。この点こそ、基本財が客観的指標とされる所以である（Rawls 1971：90-91、邦訳 123-124）。

ドゥオーキンの「資源の平等」

この、道徳的観点からみて恣意的と思しき要素が正義原理の選定に影響を与えることのないようにしたうえで、理に適ったものとして人びとに受容されるに至る正義原理の分配指標として基本財が合理的に希求されるとする議論は、ロナルド・ドゥオーキンの「資源の平等」構想に多大なる影響を与えている。しかも運の平等の考え方は、このドゥオーキンの議論における運の取り扱いを基点としていることから、ここで丁寧に確認することが肝要である。

ドゥオーキンが言うところの「資源」は、客観的な分配指標であるという点では基本財と同じである。しかしながら、身体障害等による個人の能力差をも資源として勘案する点で、基本財とは異なる。ただし注意しなければならないのは、ドゥオーキンが、善き生の追求において重要な役割を果たす信念や選好、すなわち「人格」を、そうした資源の範疇には入れていない点である。各人はそうした「信念や選好や人格を前提にして行う選択から生ずる結果に対しては……責任を負っている」と考えるからだ。資源を分配指標とする平等論、すなわち「資源の平等」は、そうした「われわれのほとんどが想定しているような」倫理を前提にするものでなければならない（Dworkin 2000：6-7、邦訳 14-15）。この、人格を各自の責任の範疇に入るものと位置づけ、他方で天然資源に代表される外的資源のみならず、生まれつきの能力等の内的資源をも分配指標に組み入れるところに、ドゥオーキンの構想における運の平等論的側面を垣間見ることができる。では、資源の平等は運の平等論としての側面を、どのように正義論として具体化するのであろうか。

ドゥオーキンは、資源の平等構想を展開するにあたって、次のような仮想的状況を設定する。大勢の人を乗せた船が難破して、彼らが天然資源の豊富な無人島に流れ着いたとする。このとき資源分割が平等な分割であると言うためには、まずもって誰も自分の資源の束よりも他人の束を羨ましいと思わない状態が求められる。ドゥオーキンはこの状態を「羨望テスト」が充たされている状態として位置づける（Dworkin 1981：284-285；2000：66-67、邦訳 95-96）。各人が欲する天然資源の束の内容は、各人がどの資源が自分にとってどれほど重要で、かつ、他の人がどの程度その資源を重要だと考えるかによって決まる。たとえば、無人島のなかで肥沃な土地区画があるとしよう。その重要性は、その土地をどのように利用しようと考えているかで違ってくるだろう。その重要性次第で、ある人は特定の資源（肥沃な土地）を多く含んだ束を欲し、別の人はそうでない資源の束を欲するのである。それゆえ羨望テストは、人びとがオークションで資源に値を付けていくかたちで、すなわち、資源の相対価格に基づくかたちで機能する（Dworkin 1981：286-287；2000：68、邦訳 97-98）。

「自然的運」と「選択的運」

もっともドゥオーキンは、羨望テストによる資源分割だけで、資源の平等が完成するとは考えていない。仮に天然資源が羨望テストを充たすかたちで配分されたとしても、その後、特定の資源が突如使えなくなったり（たとえば、肥沃な土地が突発的な大地震によって使い物にならなくなったり）、そもそもそうした天然資源を用いる能力（内的資源）に生まれつき差があったりすることを看過することはできないだろう。まさに運の要素を無視しては、平等な分割は中途半端なものに終わってしまいかねない。そこでドゥオーキンは、そうした運のうち、予測・計算できかつ回避できたリスクを「選択的運」と呼び、いかなる熟慮ある行動によっても回避できなかったリスクを「自然的運」と呼んで、両者を区別する（Dworkin 1981：293：2000：73–74，邦訳 105–106）。前者の例はギャンブルであり、後者の例は突然の天変地異や生来の能力差、とくに身体障害等のハンディキャップである。この例からも推察できるように、資源の平等構想において平等な分配のターゲットになるのは後者の方である。前者は各人の責任ある選好形成の範疇に入るものだからだ。この、運の区分と自然的運に分配のターゲットを置くという着想こそ、今日、運の平等の考え方のきっかけとなったものである。

　ではドゥオーキンの資源の平等構想は、どのように自然的運に対処するように迫るのか。ドゥオーキンは、自然的運を選択的運に変換する保険の仕組み、より精確には、保険をかける機会を人びとに等しく保障する仕組みを提案する。ただし先天的障害は、熟慮ある行動によって避けられるものではない。人びとに先天的障害を負うリスクに対して保険をかける機会を事前に与えることは、事実上不可能である。そこでドゥオーキンは、「仮想保険」を提唱する。仮想保険は、「平均的な人ならばどのような保険を購入するか」という推量に基づいて、人びとに一律に課す保険である。それにより、当該保険の理に適った保険料と補償額が算出されるというわけだ（Dworkin 1981：301：2000：80–81，邦訳 114）。以上の（仮想）保険の仕組みにより、羨望テストを充たす資源分割が補完され、資源の平等が完成することになる。

　ここで改めてドゥオーキンの資源の平等をロールズの正義論と比較してみると、前者がロールズ正義論以上に道徳的な観点からみて恣意的な自然的運の要素に感応的な構想であることがわかる。ロールズ正義論の場合、生来の能力差や社会階層差が正義原理の選別の判断に関わらないようにするにとどまるのに対し、ドゥオーキンは（仮想）保険によって自然的運を選択的運に組み替える等しい機会を提供することにより、自然的運により積極的に対処する枠組みを提示している。このことが意味するのは、ロールズ正義論と比べて、ドゥオーキンの構想の方が運の平等論としての性格が強いということである。その一方で、保険をかけるかどうかという、まさに当人の生き方の構想に関わる領域は、平等な分配の対象外としている点も同時に指摘しないわけにはいかない。信念や選好によって形作られる人格を大前提とするドゥオーキンのリベラルな個人主義的枠組みは、運の平等の考え方を追求する基礎となっていると同時に、制約ともなっているのである。ドゥオーキンの言葉を借りれば、「資源の平等のもとで人びとは、自分たちの選択が他の当事者に対して課す、それゆえに彼らに公正に用いられる資源の総ストックに負荷する実際の費用に関する情報を背景にして、どういう類の生き方を追求するかを決めていく」のである（Dworkin 1981：288：2000：69，邦訳 100）。

3　運の平等論の本格的展開

アーネソンの「厚生への機会の平等」

　これまでみてきたように、ドゥオーキンの資源の平等は、自然的運という、熟慮ある行為によっては回避し得ない運への対処を求める正義論である。それゆえドゥオーキンの議論は、身体障害を含む個人の能力差への対処にまで踏み込む平等主義的議論である。その一方で、そうした能力差がもたらす影響を端的に平等化する——その格差を端的に補償する——議論ではない。ドゥオーキンは保険の概念を用いることで、平等な分配の対象となる資源と対象とならないもの——ドゥオーキンの言うところの人格——を区分することは可能だし、理に適っていると考えている。自然的運は保険の対象となりうるが、後者は保険の購入（選択）に関わるものである。人格についてはあくまで本人が責任をもって形成すべきであり、反対に自然的運の影響は、個人が責任を負うべきでない資源格差を含意する——これがドゥオーキンの正義論の基本的な考え方である。

こうしてみると、ドゥオーキンの資源の平等が、分配指標をどうするかという問題にとどまるものではないことがわかる。資源の平等は、平等な分配の対象なり範囲なりを決めるのは、個人が負うべき責任の範囲次第であるという主張を含んでいる。この主張は、その後の運の平等論の進展に決定的な影響を与えた。その影響を物語る議論をいち早く展開したのは、リチャード・アーネソンである。アーネソンは、個人が負うべき責任の範囲が分配の対象なり範囲なりを決定づけるとし、自発的な選択こそが責任の有無をはっきりさせると主張する。もし不平等が「それぞれ正当に責任があるとみなされる自発的選択や個別のいい加減な振る舞いのせいだとしたら」、その不平等は平等主義の観点からなんら問題にはならない（Arneson 1989 : 86）。

そういう意味でアーネソンは、ドゥオーキンの考え方を基本的に踏襲するのだが、ドゥオーキンとは異なり、機会の平等を徹底的に追求する平等構想を提唱する。ドゥオーキンの資源の平等では、自然的運を選択的運に変える保険の仕組み、すなわち保険をかける機会の平等が謳われているが、アーネソンはそれでは自然的運の対処の仕方としては不十分であるとみる。というのも資源の平等では、保険をかけるという選択に至るまでに決定的な役割を果たす信念や選好、すなわち人格が常に、平等な分配の埒外に置かれてしまうからである。少し考えてみればわかるように、自分の生き方を左右する人格の形成は、選択し得ない環境要因からの影響抜きには語り得ない。そこには実効的には保険の対象とはなり得ないようなものでも、明らかに自然的運の要素と認定しうるようなものも含まれる。たとえば遺伝の影響は、そうしたものの代表的な例である。もちろん資源の平等は、そうした要素を分配の対象に据えられる仮想保険の仕組みを備えているが、自然的運のすべてがその対象となるわけではない。ドゥオーキンの構想では、あくまで保険が成立しうるもの、すなわち保険により選択的運に変換しうるものに限られる。ドゥオーキンが言うところの人格に関わる部分は、運の平等化のターゲットにはならないのである。

そこでアーネソンは、保険への機会を平等にするという議論と対峙すべく、人びとの厚生への機会を平等にする議論、すなわち「厚生への機会の平等」を提起する。この構想は、三つの部分から成る。第一に、厚生は充分かつ適切な情報をもとに、冷静な熟慮に基づいて形成された選好の充足を意味する（Arneson 1989 : 82-83）。これにより、刹那的な欲求や虚偽情報に基づいて形成された選好の場合、その充足は厚生としてはカウントされないことになる。第二に、そのうえで人それぞれのライフヒストリーをふまえて、各人の選択機会の束を想定する。そしてその選択機会の束がどの程度厚生が得られるかで評価され、その期待値がトータルで等しくなるときに、厚生への機会の平等が実現するとみなされる（Arneson 1989 : 85-86）。第三に、それぞれの選択肢が各人にとって有効に選択できるようなものでなければならない。さもなければ、各選択肢を検討・選択しそれを実行に移す能力の格差が、無視されてしまうからである（Arneson 1989 : 86）。これにより、いかなる選択が真に自発的選択と言えるかが判明し、ゆえにどの不平等に対し責任を負うべきかが明らかになる、というわけだ。

コーエンの「アクセスの平等」

しかしG・A・コーエンに言わせれば、アーネソンの厚生への機会の平等にも問題がある。コーエンは厚生への機会の平等について、個人が負うべき不平等の責任を明確にする議論として、一定の評価を与えている（Cohen 1989：916）。しかし、それが厚生を指標とする点で問題があるとみる。コーエンは、『クリスマス・キャロル』に出てくるティム坊やを例に、そのことを明らかにしようとする。周知のように、ティム坊やは貧しくて足が不自由だが、常に明るく陽気な身体障害者である。したがって、「ティム坊やはいかなる「厚生の」基準からみても、実際に幸せであり、また幸運な性向のおかげで、幸福への豊富な機会に恵まれていて、幸せをいっぱい感じるために多くを必要としない」（Cohen 1989：918）。このとき平等主義者は、ティムを車椅子の受給者リストから排除してよいのだろうか。

　コーエンは平等主義の観点から、ティムをリストから排除すべきではないと考える。なぜなら、「足の不自由な人は、車椅子が適切に供給されることを必要とするが、その必要性は彼らが幸せになる、もしくは幸せを享受しうるために必要とする、ということとは関係ない」からである（Cohen 1989：918）。しかし厚生への機会の平等は、幸せである――より精確には、幸せになるための機会がある（あった）――という理由で、ティムには車椅子を供給しなくてよいと判定してしまうのだ。そこでコーエンは、厚生に代わる指標として、厚生よりも広い概念である「有利性」を提起する。この有利性という概念は、特定の財や状態から厚生およびそれ以外の価値が得られるかによって測られるもので、（財と厚生の中間にあるという意味で）「ミッドフェア」として定義づけられるものである（Cohen 1993：18、邦訳 36）。そのうえでコーエンは、それに対するアクセスを平等にするという議論、すなわち「有利性へのアクセスの平等」を展開する。この議論では、ティムが車椅子なしでも常に幸せだとしても、有利性の観点からその必要性が明らかになればティムに車椅子は支給されるのだ（井上 2002：292-294）。

　もっともアーネソンとコーエンは、「厚生か有利性（ミッドフェア）か」という違いはあっても、それらへの「機会」ないし「アクセス」の平等を重視する点で、ほぼ同じ立場をとっている。その理由は両者とも、個人の自発的な選択には不平等な結果が待ち受けていようとも責任が付随し、そうでない場合には不平等是正措置がとられるべきだと考えているからである。これは、個人のコントロールを超えた不利益についてはなんらかの補償を行うべきだが、コントロールできる部分については（たとえそれが本人にとって著しい不利益となる場合でも）責任を負うべきだとする運の平等の考え方を反映したものである。ドゥオーキンの資源の平等にも、この考え方に基づく部分もあるが、責任の有無は（仮想保険を通じて）選好や人格がベースとなって判定される。しかし各自の選好や人格のなかにも、アーネソンが提起した三つの条件に照らせば、本当に自発的に形成したのかどうかが疑わしいようなケースがある。となると、もし個人の責任の有無を不平等是正の理由とするのであれば、「われわれはドゥオーキンの資源と選好という区分を回避し、アクセスに根ざした平等主義を支持しなければならない」だろう。つまりコーエンに言わせれば、「選好と資源という分け方」ではなく「（真の）選択と（自然的）運という分け方」を受け入れるべきなのだ（Cohen 1989：933）。

　まとめよう。個人が負うべき責任によって平等主義的に補償すべきかどうかが決まるとする議論は、ドゥオーキンの資源の平等を端緒とするものであった。そしてそれは、ドゥオーキンに対する批判を通じてアーネソンの厚生への機会の平等、コーエンの有利性へのアクセスの平等へと洗練化されていった。このことはドゥオーキン以降の平等論が、責任の範囲を定めるためには真に自発的な選好形成や選択がどういう条件で可能になるのか、という論点を軸に発展してきたことを意味する。逆に言えば、個人ではどうにもならない部分、すなわち自然的運（の影響）をどう解消ないし緩和するのかが、ドゥオーキンからコーエンに至るまでの主題となったのである。「分配への自然の不運の影響を除去すること」が「平等論の根本目的」であるとするコーエンの主張は、そのことを物語っている（Cohen 1989：931）。アーネソンやコーエンが、運の平等論の主唱者とされる所以である。

4　運の平等論批判

アンダーソンによる運の平等論批判

ドゥオーキンの議論や、とくにアーネソンやコーエンの平等論を運の平等論と名付けたのは、エリザベス・アンダーソンである。だがそれはアンダーソンが、批判対象として名付けたものである。アンダーソンからみれば、平等は様々な反平等主義的イデオロギーとの対峙のなかで育まれてきたものである。たとえば、人種差別や性差別、ナショナリズムやカースト制度、階級制度、優生学に基づく差別は、平等主義的な政治運動が批判的に対峙してきたものである。そうした運動が拠り所にしてきたのは、人間は等しく道徳的価値を有する存在であるという道徳的平等の見地である（Anderson 1999：312-313）。

アンダーソンはその見地からみて、運の平等論が平等主義とは言い難い面をもちあわせていると考える。身体障害を例にすると、運の平等論は、生まれつきの障害に対して政府がなんらかの補償をすべきだと主張する。通常、先天的障害は自然的運によるものだと認定できるからである。とくにコーエンの議論は、ティム坊やのように常にハッピーな重度の障害者であっても車椅子を支給すべきだとする点で、平等主義的含意を強くもつようにみえる。しかしアンダーソンによれば、運の平等論はあくまでも、そうした障害に対する補償を個人が被る自然的不運の解消ないし緩和という観点から正当化するだけで、個人の道徳的地位を尊重しない。たとえば、障害者に政府が補償するというときに、政府が次のような手紙を送ってきたらどうだろうか。

> 障害者のみなさまへ：嘆かわしいことに、みなさまの生まれつきの障害で損なわれている能力、ないし現時点での障害によって、みなさまの人生は普通の人の人生より価値の低いものとなっております。この不幸を埋め合わせるべく、われわれ健常者はみなさまに、少なくともみなさまのうち一人くらいは、自分の人生が他の人の人生と比べうるものだと思っていただけるような、価値のある生活を送っていただけるよう、特別に資源を提供します。（Anderson 1999：305）

補償を受ける側にとって、これ以上の屈辱を味わう措置はないだろう。しかし運の平等論からは、こうした政策が平等主義に反するという議論は出てこない。なぜなら、個人が被る自然的不運を緩和ないし除去することだけが、運の平等論の目的だからである。

また、障害者が自ら先天的に障害をもっているという証拠を示さなければ、補償が受けられないような社会保障制度が成立しているとしよう。この場合、自らが障害を負っていることを公にしなければならない。その際、公的機関の担当者から、日々のプライベートな生活について根掘り葉掘り聞かれることになるかもしれない。この事態は、一人の人間として等しく尊重されるべき地位が蹂躙されていると言うべき事態である。しかし、個人が被る自然的不運に対する補償という観点でしか、平等な分配の対象を捉えない運の平等論からは、それが問題ある事態だとする議論は出てこない。言い換えれば、人を道徳的に平等な存在として尊重するという姿勢は、運の平等論には求めようがないのである（Anderson 1999：306）。

問題は、自然的運にどう対応するかという話にとどまらない。運の平等論は、選択的運ないし自発的選択の結果に対しても、平等主義を名乗る議論としては問題ある対応を助長しかねない。なぜなら運の平等論は、自発的選択の結果による不平等に対しては、当事者の責任範疇に入るものとしてしまうからだ。たとえば、不注意から交通事故に遭ってしまい、下半身不随になってしまった者や、事前に自然災害のリスクがあることを承知で移り住んで被災してしまった者は、運の平等論の論理では政府の救済対象にはならない。それは、「アメリカでみられる分配ルールと比べても極めて過酷な」論理である（Anderson 1999：298）。アンダーソンに言わせれば、運の平等論がこのような過酷な政策を許容してしまうのは、機会ないしアクセスの平等を保障するといったように、あくまで事が起こる前の考慮に基づくかたちでしか平等を保障しないモデルだからだ（Anderson 1999：300）。*

アンダーソンの「民主的平等」

以上から、アンダーソンは運の平等論を斥ける。では彼女は、運の平等論に代わる議論としてどのような平等論を展開するのだろうか。アンダーソンは平等を、人間が道徳的に等しい存在であることを謳う社会的理念として再定位する。運の平等論は、自然的不運の影響を緩和ないし解消することを根本目的として、分配指標の問題を重視してきた。しかし、アンダーソンに言わせれば、運の平等論は指標をどうするかということばかりに目を向けすぎて、人間の道徳的平等性を等閑視してきた。この、人間が互いに尊重されるべき平等な存在であるという理念は、社会のあり方に深く関わっている。この理念に照らせば、社会のすべての成員の生は、その重みという点では同じである。社会が全成員によって支えられるものである以上、人びとは政府から権利として保障されるべき利益や資源の単なる受益者ではない。人びとは、それを可能にする社会的枠組みを支える義務を負っている。アンダーソンは平等の価値を、こうした理念を通じて表されるものとして捉えるべきだとする（Anderson 1999：313-314）。

アンダーソンはその具体的構想として、「民主的平等」を提唱する（Anderson 1999：313ff）。民主的平等が目指すものは、社会階級や性別、人種等で生じるハイアラーキーを打破し、特定の者が別の者を支配したり、搾取したり、軽視したり、侮辱したり、暴力を振るったりする抑圧を解消することである。より積極的には、全成員が受容しうる正義原理にしたがって、人びとが政治社会に積極的に参加し、様々な公的問題についてオープンに議論できるような枠組みを作り上げることである。それにより、資源の適正な分配が決まってくるのだ。アンダーソンは、平等な市民が有するべき基本的な潜在能力を基準として、政治的権利や社会経済的利益を保障・分配することが大事だと説く（Anderson 1999：316-321）。したがって、人間の尊厳が傷つけられるような社会政策や、自発的選択に基づく著しい福利の低下を放置してしまうといった過酷な政策は、民主的平等では容認されない政策である。たとえば、足の不自由な人がたとえどのような経緯であれ（あるいはティムのように常にハッピーな障害者であれ）、移動する機能が奪われている状態は平等な社会的理念に反する状態なのだ。

* さらに運の平等論には、運の平等論が依拠する選択と運の区別に関わる、自発性の概念をめぐる問題が突きつけられている。運の平等論では、自発的選択は個人のコントロール可能な範疇に入るからこそ責任が伴うとされ、それ以外の環境要因（自然的運）は個人に責任を問えない範疇のものだとされる。だがよく考えてみると、日常的な意味で自発的選択とされるものは、

環境要因によって不断に影響を受けている。選択の自発性に関わる様々な特徴は、個性や気質といった選択されざる内面的特徴に関わるものであったり、生まれ育った社会環境の影響を如実に受けるものであったりする。となると、自然的運に代表されるような環境要因の介在しない選択など、果たして存在すると言えるのだろうか。もし存在するとすれば、選択へと至る意思決定プロセスに、いかなる外在的要因も決定要因とならない要素が存在しなければならない。これは、通常の因果連鎖とは別の何か超人的な意志の力を認めることに等しい。サミュエル・シェフラーが言うように、このような自由意志を想定した選択の捉え方は、われわれの自発性認識からほど遠いだけでなく、哲学的にも論争的な自由意志の存在を前提にするものである（Scheffler 2003：17-19：2005：10-14）。

5　運の平等論からの反論

多元主義的運の平等論

アンダーソンによる運の平等論批判に対し、運の平等論を支持する立場から多くの反論が寄せられた。管見の限りその大半は、（最終的には）多元主義の枠組みに訴えるものである（Barry 2006：Knight 2009：Segall 2010：Tan 2012）。すなわち、先の障害者への補償の例のような、人間の道徳的平等に反する自然的運の緩和ないし解消の仕方や、過酷な責任追及を容認する政策は、運の平等論を単一原理とする正義論を前提に成立するもので、それは運の平等論の本意ではない。運の平等論はむしろ、人びとを等しい存在として尊重することの価値や、責任の有無を問わず人道的立場から基本的ニーズを満たすように迫る人道的原理と両立しうる立場である。すなわち運の平等論は、尊重や基本的ニーズといった価値を反映する諸原理とともに擁護されるべきもので、単独で擁護されるものとして捉えるべきではない——このように多元主義に訴えて運の平等の考え方の正義原理としての妥当性を強調する議論を、多元主義的運の平等論と呼ぶことにしよう。

もっとも、この多元主義的運の平等論は、当の多元主義の中身を提示しない限り、正義原理としての妥当性を示し得ないものとなる。たとえば、特定の政策を正義論の観点から支持しうるのかどうかについて、運の平等論に基づく正義原理、尊重、基本的ニーズ等の価値や原理がいかなる役割を果たすのかについての原理的議論なくしては、政策の善し悪しについての最終的な判断などできるはずもない。実際どのような場合に、当事者の屈辱感に鑑みてあるいは基本的ニーズを無視することは許されないとする判断が働いて、運の平等論の原理が制約されるのかを示さなければ、アドホックな原理適用を許容する議論と化してしまうだろう。となると、自然的運のみを緩和・解消し、選択（的運）の責任性を追求する運の平等論は、いかなる状況でも批判免疫化される原理として永久に護持されることになりかねない。このような原理を正義原理とすることには、大いに問題があると言わざるを得ない。

タンの多元主義的運の平等論

多元的な価値の構成のなかで、それぞれの原理がどのように働くのかという論点に真摯に向き合って、多元主義的運の平等論を展開しているのがカク＝チョア・タンである。タンは他の運の平等論者と同様、多元主義に訴えて運の平等論を擁護するが、その擁護の仕方は洗練された議論構成をとっている。それは、他の運の平等論者が運の平等論に基づく正義原理が、基本的ニーズの価値をふまえた人道的原理等の他の原理とトレードオフの関係にあることを率直に認める一方で（Barry 2006：99-101：Knight 2009：198-225：Segall 2010：64-68）、タンが原理間のトレードオフを一切認めないところに表れている（Tan 2012：126）。それゆえタンの場合、運の平等論はいかなる状況であっても、唯一無二の原理として機能する点に特徴がある。したがって、もしタンの議論が成功しているとすれば、それはまさに多元主義的運の平等論として擁護しうるものとなる。

詳しくみると、タンは運の平等論を、分配的正義の根本理念としての価値を永続的に保持するものとして位置づける。その根本理念は、自然的運がわれわれにとっての社会的（不）利益にならないように、社会の基本制度を編成することにある（Tan 2012：95）。それゆえタンの議論では、社会の基本制度の編成に関わる範囲で自然的不運の除去が求められることから、あくまで制度という、われわれの選択の背景を成す条件に関わる正義が軸となっている。これにより、われわれの私生活にまで踏み込む類の、人間としての尊厳を無視するような補償政策は推奨されない（Tan 2012：129-130）。しかもタンの議論では、運の平等論はあくまで分配的正義の根本原理として位置づけられるがゆえに、基本的自由や権利を擁する政治的正義の原理や、人道的原理を構成する基本的ニーズの充足をもふまえて確定する実際の再分配は、運の平等論だけで決まるわけではない（Tan 2012：106-107）。重要なのは、そうした正義と道徳の多元主義的体系のなかで、運の平等論は分配的正義の根本原理としてキャンセルアウトされない点である。すなわち実際の再分配は、基本的ニーズの充足要求などをふまえた正義外の原理によっても支えられることになる。

　その考え方を支えるのが、「労働の道徳的分業」の理念である。労働の道徳的分業は、リベラルな社会でわれわれが分配的正義のみに動機づけられて善き生を追求していない事実をふまえて、個人が追求する個別的価値と分配的正義をはじめとする非個人的価値が機能する領域を分割する考え方である。われわれのなかで、自分の生き方や家族の存在を顧みることなく世界の貧者に直接手を差しのべようとする者は、ほとんどいないだろう。かといって世界の貧困に目を向けないことをよしとする者も、ほとんどいないだろう。ここで労働の道徳的分業が鍵になってくる。すなわちわれわれは、自分や家族が（を）重んじる価値と政府や国際機関等の（広い意味での）制度に付随する価値を分け、それぞれが有効に機能するように「分業」しているのだ（Nagel 1991：Ch. 6）。

　タンはこの労働の道徳的分業の理念に基づいて、分配的正義を制度によって実現されるべき価値として位置づけ、個人が追求する価値と領域的に分割しうるのはもちろんのこと、政治的正義やなにより道徳的領域で機能する人道的原理とも区別しうるものとして定位する（Tan 2012：100-102）。運の平等論は分配的正義の根本原理を構成するものであって、そのターゲットはあくまで自然的運を社会的不利益に変えてしまう社会制度の変更であり、しかもそれには国内制度だけでなく、グローバルな制度秩序も含まれる（Tan 2012：Ch. 6）。そもそも運の平等論は、（国内、グローバル問わず）社会的枠組みを支える義務を前提にてはじめて成立する民主的平等論とは異なり、そうした枠組みに左右されることなく、道徳的観点からみて恣意的な影響に感応的な正義の原理を構成するものである。それゆえタンは、運の平等論の方が民主的平等論よりも、それこそ国境を越えて広く平等な分配を認める議論として優位性をもっていると主張する（Tan 2012：121, 134-135, 183-184）。このような広い射程をもつタンの運の平等論を根本的に支えるのは、繰り返すが様々な価値や原理が様々な領域で互いに衝突せずにその役割を果たすとされる、洗練された多元主義の構想である。より具体的に言えば、基本的ニーズが人道的価値として道徳領域において特定の地位を有し、ゆえにいかなる価値や原理によってもキャンセルアウトされない点に、責任の有無を問わず人間としての尊厳をふまえた分配的配慮を保障するモメントが含まれている――この点こそ、タンの多元主義的運の平等論を比類なきものにしている部分である。

　もっともそれが、労働の道徳的分業に基づく領域分割が果たして価値や原理のトレードオフ関係を率直に認める多元主義と異なり、本当に正義と道徳の一貫した体系に収まる多元主義になっているのかについては疑問が残る。これまでのリベラルな流儀にたまたま乗っかったら、労働の道徳的分業と制度主義により運の平等化の構想がうまくいったというだけでは、多元主義的運の平等論を正当化したことにはならないだろう。もしそうした正当化が見込めないようならば、運の平等論によって構成される分配的正義の原理が、基本的ニーズの充足要求に代表される道徳原理とトレードオフに陥らないとするタンの見立ては疑わしいものとなる。対等な市民としての関係から平等の具体的構想を打ち出す民主的平等と対峙するうえで、多元主義の原理的正当化が運の平等論にとっての生命線となる以上、洗練された多元主義をいかに運の平等論の観点から正当化するかは、運の平等論を支持する者が共通して抱えるべき課題となるだろう。

【付記】

本章は、ＪＳＰＳ科研費15K02022および26285002による研究成果の一部である。なお、二〇一四年七月一九日に二〇一四年度第一回共生社会経済研究会（東北学院大学経済学部主催）において本章の草稿を報告した。その際に有意義な質問およびコメントをくださった出席者のみなさんに、ここに記して感謝申し上げたい。

【参考文献】

井上彰（二〇一二）「平等主義と責任——資源平等論から制度的平等論へ」佐伯啓思・松原隆一郎編著『〈新しい市場社会〉の構想——信頼と公正の経済社会像』新世社、二七五〜三三三頁。

Anderson, Elizabeth (1999) "What Is the Point of Equality?" *Ethics*, 10 : 287-337.

Arneson, Richard J. (1989) "Equality and Equal Opportunity for Welfare," *Philosophical Studies*, 56 : 77-93.

Barry, Nicholas (2006) "Defending Luck Egalitarianism," *Journal of Applied Philosophy*, 23 : 89-107.

Cohen, G. A. (1989) "On the Currency of Egalitarian Justice," *Ethics*, 99 : 906-944.

——— (1993) "Equality of What? On Welfare, Goods, and Capabilities," Nussbaum, Martha C. and Amartya Sen eds. *The Quality of Life*, Oxford: Clarendon Press. 9-29.（竹友安彦監修、水谷めぐみ訳『クオリティー・オブ・ライフ——豊かさの本質とは』里文出版、二〇〇六年、二三〜五八頁。）

Dworkin, Ronald (1981) "What is Equality? Part 2: Equality of Resources," *Philosophy and Public Affairs*, 10: 283-345.

——— (2000) *Sovereign Virtue*, Cambridge, MA: Harvard University Press.（小林公・大江洋・高橋秀治・高橋文彦訳『平等とは何か』木鐸社、二〇〇二年。）

Knight, Carl (2009) *Luck Egalitarianism: Equality, Responsibility, and Justice*, Edinburgh: Edinburgh University Press.

Matravers, Matt (2007) *Responsibility and Justice*, Cambridge: Polity Press.

Nagel, Thomas (1991) *Equality and Partiality*, New York: Oxford University Press.

Rawls, John (1971) *A Theory of Justice*, Cambridge, MA: Belknap Press of Harvard University Press.（川本隆史・福間聡・神島裕子訳『正義論』紀伊國屋書店、二〇一〇年。）

Scheffler, Samuel (2003) "What is Egalitarianism?" *Philosophy and Public Affairs*, 31 : 5-39.

——— (2005) "Choice, Circumstance, and the Value of Equality," *Politics, Philosophy and Economics*, 4 : 5-28.

Segall, Shlomi (2010) *Health, Luck, and Justice*, Princeton, NJ: Princeton University Press.

Tan, Kok-Chor (2012) *Justice, Institutions, and Luck: The Site, Ground, and Scope of Equality*, Oxford: Oxford University Press.

第13章

いかにして未来の他者と連帯するのか？

大澤真幸

今日の正義論にとって、最も重要でアクチュアルな課題は、現在のわれわれはいかにして未来の他者と連帯するのか、にある。この課題は、しかし、正義論の限界を指し示している。正義の感覚は、互酬的な均衡に基礎をもっているが、未来の他者――つまり不在の他者――と現在のわれわれとの間に互酬的な関係を築くことは不可能だからだ。本稿では、まず「未来からの剽窃」として現れるいくつもの文化現象に着目し、ここから、現在のわれわれに、「余剰的同一性」が胚胎していることを示す。この「余剰的同一性」が、われわれが未来の他者に応答する可能性があるということを含意している。しかし、これはまだ潜在的な可能性にすぎず、この可能性を現実の行動へと転化できなくては、未来の他者と連帯したことにはならない。そこで、本稿の後半では、この余剰的同一性を現実化するために方法を提案する。その方法は、黙示録の独特の活用、終末論の戦略的な活用という形式をとる。

1　未来の他者
――互酬性の限界？

リスク社会と未来の他者

二〇一一年三月一一日の福島第一原子力発電所の事故がわれわれに提起した、倫理学的かつ社会学的な課題は、「どのようにしたら、現在のわれわれは未来の他者と連帯することができるのか」という問いである。

原発は、すべての生物にとって致命的に危険な核廃棄物を残す。その廃棄物に含まれる放射性物質の半減期は、物質によってまちまちだが、長いものに関しては、何万年にもなる。つまり、われわれが現在、原発を建設したとすれば、そのことは、われわれ全員がとっくに死んでしまった後にやってくる未来の他者、何万年も後の未来の他者に影響を与えうる、ということを意味している。原発に関しては、未来の他者は、現在のわれわれと同じように、いや現在のわれわれ以上に重要な利害関係者である。とするならば、原発を所有するのか、それとも放棄するのか、ということを決定するにあたって、われわれは、未来の他者を、われわれの仲間と見なすことができなくてはならない。われわれは、未来の他者の要求や願望に応答することができなくてはならない。要するに、われわれは、何らかの意味で、未来の他者と連帯できなくてはならない。

　未来の他者との連帯が問題になるのは、原発が主題になっているときだけではない。リスク社会と呼ばれている現代社会の、ほとんどすべてのリスクに関して、それに適切に対応しようとすれば、われわれは、途方もなく未来にいるはずの他者たちとの関係を配慮せざるをえなくなる。生態系の危機も、また生命の操作にかかわる倫理的な問題も、すべて、現在のわれわれよりもむしろ未来の他者にこそ影響を与える。リスク社会とは、結局、リスクをめぐる意志決定が、不可避的に未来の他者の利害を規定してしまう社会である、と言ってもよいだろう。

　未来の他者に対して、われわれは、いかにして、またどのような意味で責任をもちうるのか。どのようにしたら、現在の世代に、未来の他者たちへの責任の自覚を喚起することができるのか。未来の他者への現在世代の責任は、どのような論理で正当化されるのか。そのような責任に基づく行動が、現実のものとなりうるのか。要するに、われわれは、いかにして、いかなる意味で未来の他者と連帯できるのか。*

互酬性の限界

　未来の他者との連帯が困難な最大の原因は、未来の他者との間には、互酬的関係が成り立たないことにある。理由は簡単だ。未来の他者は、未だ存在していないからである。そして、未来の他者が存在しているだろうとき、現在のわれわれは、すでに存在していないからである。

　われわれの「正義」の感覚の基礎には、互酬的な均衡がある。未来の他者は、どうしても、互酬的関係を確立することができない他者である。その未来の他者との連帯を構成する正義は可能なのか。**

* 二〇一一年の三・一一が提起する社会哲学上の諸問題については、以下も参照。大澤真幸『夢よりも深い覚醒へ』岩波新書、二〇一二年、Masachi Ohsawa. "The Nuclear Power Plant as God." *International Journal of Japanese Sociology*, No. 21.

** ジョン・ロールズは、正義の原理の中に、未来の他者（将来世代）との連帯を含めようと工夫したが、本人も自覚していたように、うまくはいかなかった。その原因は、未来の他者との間に互酬性の不在にある。Rawls, John (1999) *A Theory of Justice*, revised edition, Harvard University Press.

2　古代ローマ／現代日本の風呂

ローマの風呂

　未来の他者との連帯ということにイメージを与えるために、ひとつのマンガを例にとることから始めたい。二〇一〇年頃より日本で大ヒットしたマンガ、ヤマザキマリの『テルマエ・ロマエ』である（二〇〇八年から二〇一三年にかけて『コミック・ビーム』で連載。二〇一二年・一四年には映画化）（ヤマザキマリ 2009-2013）。「テルマエ・ロマエ」は、ラテン語で「ローマの風呂」という意味である。古代ローマには公衆浴場がたくさんあった。それらのうちのいくつかは遺跡となり、現在では観光スポットになっている。主人公のルシウスは、帝政ローマ時代の建築家で、浴場を設計し造るのを得意としている。

　この作品が成功した大きな要因の一つは、「浴場」に着眼したことにある。古代ローマは、ヨーロッパ文明の源流の一つだが、そこにあった、公衆浴場という習慣は、現在のヨーロッパにまで引き継がれたとは言えない。だが、古代ローマとは時間的にも空間的にも大きく隔たっており、ヨーロッパとは異なる文明的系譜に属している日本では、現在でも、公衆浴場は非常に一般的である。日本には、非常に豊かな風呂の文化がある。

このマンガは、基本的には、同じパターンの筋の物語を繰り返す。まず、ルシウスが浴場建設に関係する難問に直面する。たとえば、ほとんど客が来ないため閉鎖になりそうな公衆浴場を復活させなくてはならないとか、あるいは、皇帝から、非常にめんどうな条件が付いた風呂の注文を受けたとか、といった難問である。風呂が大好きなルシウスが風呂に入って悩み、思案していると、たいていちょっとしたアクシデントがきっかけで――排水溝に引き込まれるとか溺れそうになるとかのきっかけで――タイムワープしてしまう。ワープする先は、必ず、現代の（つまり二一世紀の）日本の、しかも浴場に関連する場所である。つまり、ルシウスは、われわれの社会の公衆浴場とか、家庭の風呂場とか、温泉とか、TOTOのような業者の風呂のショールームなどにワープしてくる。

ルシウスは、もちろん、そこが彼の時代から二千年近くも後の未来に属する、地中海からは遠く隔たった極東の島国「日本」であることを知らない。ローマ帝国の辺境の植民地か何かだと思っている。彼は、日本人のことを、奴隷のような賤しい身分の人びとではないかと推測する。そして、日本人の風貌の特徴から、彼らを「平たい顔族」などと呼ぶことにする。

だが、彼は、奴隷的な民族――と彼が勝手に思い込んでいる――「平たい顔の人々」を決して軽蔑したりはしない。まったく逆である。ルシウスは、平たい顔族の風呂をめぐる文化の洗練度や先進性に驚愕するのだ。われわれが工夫とも思わぬような、ちょっとした道具やマナー等々に、ルシウスは、いちいち大げさに驚き、感激する。そして最後に、再びワープして元の時代と場所に戻ったルシウスは、現代日本の風呂で学んだアイデアを、古代ローマで――彼なりの仕方で――再現し、当初の問題を解決することに成功する。

このパターンの物語が繰り返される。たとえば、第一話では、ルシウスは、公衆浴場の人気が低迷していることについて思い悩んでいる。やがて、彼は、現代日本の銭湯に突如ワープして驚嘆する。そして、そこから盗んだアイデアを古代ローマで、彼なりの仕方で活用し、ローマの公衆浴場の人気を回復させる。たとえば、壁に「ヴェスビオス火山の絵」（←「富士山の壁画」から）を描いたり、浴場で「牛の乳に果汁を混ぜた飲料」（←フルーツ牛乳のまね）を売ったり、脱衣所に「竹の籠」（←無論、脱衣籠）を置いたり、台に「見張りの奴隷」（←番台）を座らせたり、といった工夫を施した公衆浴場を開設したのだ。

このようなマンガが成功し、人気を博したということは、次のことを含意している。すなわち、ルシウスのような架空の媒介者を抜きにして、われわれ現代の日本人が古代ローマの風呂を見ても、「われわれの公衆浴場を先取りしているよ」「あと一歩で私たちの風呂と同じだよ」「ローマ人って、俺たちの風呂をパクっているみたいだな」という印象を持つ、ということを、である。現代の日本人は、二世紀のローマの風呂に関して、まるで「われわれが影響を与えている」という印象を持つ。もちろん、そんな因果関係はありえない。しかし、まるで、そうした時間を逆行するような因果関係があるかのような印象が否み難く生ずるのだ。

さて、『テルマエ・ロマエ』を紹介したのは、ここに、未来の他者に応答すること、未来の他者と連帯することについての、原型的なイメージがあるからだ。現代の日本人は、古代ローマの人々から見ると、未来の他者である。ローマ人がわれわれの真似をしている、と感じるとき、現在の「われわれ」は、まるで、古代ローマ人がわれわれに呼応し、われわれの呼びかけに応えてくれているような印象をもつ。つまり、古代ローマ人は、未来の他者（＝現代日本人）に応答し、未来の他者と連帯しているのである。

もちろん、これは、ただのフィクションである。が、しかし、このフィクションには、ある真実の断片があるということ、ここから未来の他者との連帯の可能性ということについて一つの示唆を得ることができるということを、この後、示してみよう。

未来からの剽窃

『テルマエ』の設定では、古代ローマの浴場が現代日本の浴場からの（部分的な）パクリである。こんなフィクションに頼らなくても、実は、現実にも、未来からの剽窃、未来からのパクリと見なしたくなるような現象はたくさんある。芸術や文学の領域では、特にこうした現象が頻繁に見出される。「Xのこの作品のあの部分は後世のYからの盗作ではないか」と言いたくなるような先取りをときどき見出すことができるのだ。

実際、ピエール・バイヤール（Peirre Bayard）は、『予感による剽窃（Le plagiat par anticipation）』というしゃれた本を書いている（Bayard 2009）。彼は、この本の中で、未来からの剽窃と見なしたくなる、そう見なすほかない（と感じられる）実例を、たくさん挙げている。バイヤールによれば、歴史的に先後関係にある二つの作品の間で、次のような条件が満たされているとき、前の古い方の作品を後の作品の剽窃と見なすことができる。第一に、後世の作品の方で最終的に完成するようなある性質を、二つの作品が共有していること。言い換えれば、前の古い方の作品は、「未発達な断片」というかたちでその性質をもっていること。第二に、その「断片」が、その古い方の芸術家の他の作品を含む全体の中で、あるいは彼の時代の文化的なコンテクストの中で、不協和で突出している、という印象を与えること。これら二条件が満たされているとき、未来からのパクリがあったと認定しよう、というわけである。

バイヤールは、次のような例を挙げている。一八世紀中頃にヴォルテールが著した寓話「ザディーグ」は、一九世紀末にシャーロック・ホームズが完成させる「演繹的推論」を盗んでいるように見える。確かに、「ザディーグ」で主人公の青年ザディーグが、行方不明になっていた王妃の犬や王様の馬の特徴を推理し、言い当てる過程は、コナン・ドイルの「青い紅玉」で、ホームズが落とし物の帽子から落とし主の特徴を導き出す推論を彷彿とさせる。あるいは、バイヤールによれば、モーパッサンのあまり知られていないある小説は、プルーストからのパクリである。この小説には、ごく日常的な事物との偶発的な出会いが、ほぼ忘れかけていた過去の膨大な記憶を噴出させる引き金となる場面が含まれているのだ。モーパッサンの小説が書かれたのは、プルーストの小説が出版されるよりも、およそ三十年前なので、これもまた、過去のモーパッサンの方がプルーストから盗んだ、と考えるべきだ、とバイヤールは言う。バイヤールは、さらに絵画から、かなり極端な例を出している。中世のフラ・アンジェリカは、アクション・ペインティングのジャクソン・ポロックをまねている、というのだ。

このような例は、いくらでも増やすことができるだろう。もちろん、これらの例に出てくる過去の作家や画家は、タイムマシンを持っていないし、ルシウスのようにタイムスリップしたこともないから、ほんとうに未来の誰かの作品やアイデアを盗んでいるわけではない。しかし、こうした例の収集には衒学的な遊びを超えた哲学的な意義がある。

これは錯覚か？

まず、最も重要なことは、いかに現実にはありえないことだと分かっていても、未来の方の視点、後の視点から捉えると、自分たちは過去の人々にパクられている、模倣されている、という印象をどうしても持ってしまう、ということである。これは、ほんとうの剽窃とは違って、必ずしも嫌な感覚を伴わない。というより、未来の者は、自分たちとよく似た者、自分たちを真似しているかのような物が過去にあることを、少しうれしく感じる。古代ローマの風呂が、現代の日本の風呂の下手な模倣のように見えると、われわれはどこか喜びの感情に近いものを持つ。

　ここでただちに浮かぶ本質的な疑問は、これは錯覚なのか、というものだ。剽窃（パクリ）があったということについては、もちろん錯覚――というより未来の者がもつ幻想（ファンタジー）であるが、疑問は、「どこか似たところがある」ということは、事後の視点、未来の視点から捉えたときにたち現れる錯覚なのではないか、という点にある。たとえば、われわれはすでにホームズ物をたくさん読んでいるので、一八世紀にヴォルテールが造形したザディークにホームズ的探偵の先駆けを見てしまうのだが、ザディークそれ自体には、そんな特徴は全然ないのではないか。われわれは、火のないところに煙を見ているのではないか。

　こうした疑問に対しては、次のように答えるべきである。確かに、過去の作品に、後の作品、未来の作品からの模倣であるかのように見える特徴が、客観的に備わっているのだ、と。それは、ただの錯覚、現在の視点からの主観的な構築物ではない。しかし、同時に、まさにそのような特徴が存在していたということは、後の完成された作品が出てきた後からでなくては、決して気づかれないということも真実である。過去の作品が登場した当時に、その特徴はすでに存在していたが、気づかれていなかったのだ。モーパッサンの短い小説が、画期的な意義を持っていたことが分かるのは、プルーストが登場した後である。プルーストが出てこなければ、モーパッサンのその小説は、特に注目されることなく歴史の中に沈んでいたことだろう。われわれが、古代ローマの浴場が心身を癒す洗練された文化であることに気づくのは、われわれ自身が、それ以上に発達させた風呂の文化を持ち、その効用をよく知っているからである。現在の日本人が浴場や洗面所を中心として繊細な文化をもっていなければ、ローマの風呂は取るにたらない風俗の一つとして、無視されていたに違いない。

カフカが出現しなければ……

ボルヘスは、バイヤールがふざけて「予期による剽窃」と呼んだのと同じ現象を、主にカフカに託して、別の角度から論じている。まず、ボルヘスは、カフカにはたくさんの先駆者がいる、と指摘する。古代中国の作家からロバート・ブラウニングに至るまでの多くの先駆者が、である。そして、ボルヘスは次のように続ける。

> カフカ的な特徴が、多かれ少なかれ、これらの先駆者の作品の一つひとつに現れている。しかし、もしカフカが書かなかったならば、われわれは、それに気づくことがなかっただろう。ということは、それ〔カフカ的と後になって形容されうる性質〕は、カフカが書かなければ、〔われわれにとって〕存在しなかっただろう。…〔カフカと同様に〕それぞれの作家は、それぞれの先行者たちを創造する。かれの作品は、われわれの過去の概念化を変更する――未来を変更するのと同じように（Borges 1975 : 113）。

ここで、カフカの先駆者は、カフカから剽窃しているように見える。ボルヘスの発言において重要なことは、カフカの作品がなかったら、先駆者たちの〔カフカ的〕特徴が、それとしては気づかれることがなく、したがって存在していなかったことになっていただろう、という認識である。

　先に、現在のわれわれと未来の他者との間には、互酬性が成り立たないと述べた。しかし、ここで、

〈未来からの剽窃〉として描いてきたことは、現在と未来との間の、〈不可能な互酬性〉が、ある意味では、実現しうる、ということを暗示している。現在が未来に影響を残すだけではない。まるで時間の流れが逆転し、未来が現在に影響を与えているかのように見える現象がある。このとき、現在は、未来からの呼びかけに応じているのであり、現在と未来との間に積極的なつながりが、つまり一種の連帯が成り立っている。〈未来からの剽窃〉として現れる現象が、どのようなメカニズムに基づいているのか、これを合理的に説明できれば、未来の他者との連帯がいかにして可能か、ということでの問いに回答を与えることができるかもしれない。

3 余剰的同一性

二つの水準、そして

　過去の作家や芸術家が、未来の作家や芸術家からパクっているように見える、というバイヤールやボルヘスが指摘した現象をきちんと検討してみよう。たとえば、ボルヘスの言うところに従えば、一九世紀の半ばにイギリスで活躍したロバート・ブラウニングの詩は、カフカを連想させるものがあり、まるでカフカを模倣したり、剽窃したりしているように感じられる。しかし、ブラウニングの方が半世紀以上も前に書いているのだから、カフカの影響を受けるはずがない。ボルヘスが述べたことで、最も重要なことは、カフカが登場する前には、ブラウニングの詩に、カフカ的と形容できるような独特の特徴があることは、誰も気づかなかった、ということである。つまり、カフカが出現しなければ、ブラウニングの真の文学的な価値は気づかれることなく、歴史の中に埋もれていただろう。こうした事態を、つまり過去が未来をパクっているように見える状態を、分析的に解明してみよう。

　ここでは、ブラウニングの詩を解釈し、同定するにあたって、二つの水準を区別しなくてはならないことがわかる。まず、①ロバート・ブラウニングの詩は、彼の詩が書かれた当時に、Eとして認識され、解釈されている。しかし、②カフカが登場し、カフカの作品を読者が知るに至った後には、状況が変化する。カフカを読んだ者が、ブラウニングの詩を読むと、そこにまるでカフカをパクったかのような特徴を見ることになる。つまり、ブラウニングの詩は、Eに、さらにカフカ的な趣味Fが加わったものとして解釈される。この解釈は、E+Fとなる。

① E
② E+F

　この二つのレベルを区別しておけば、事態を記述するのに十分であるように思える。しかし、これですむのであれば、②のE+Fは、カフカを知ってしまった読者、未来の読者が、勝手に、ブラウニングのテキストに読み込んだ錯覚である、ということになる。カフカを読んだがために、その影響で読者の解釈の枠組みが変わってしまい、もともとのブラウニングのテキストにはないものを読み込んでしまうのだ。しかし、そのように考えてはならない、と前節で述べておいた。実際、ブラウニングのテキストだけがカフカ的に見え、同時代の他の詩や小説には、そんなものは感じられない。とするならば、カフカ性の原因は、解釈者の主観的な印象にではなく、テキストの客観的な性質の方になくてはならない。それならば、どう考えればよいのか。

余剰的同一性

　この二つのレベルの間に、もう一つのレベルを挿入しなくてはならない。①における、Eという認識・解釈に回収できないものが、ブラウニングの詩にもともとからあった、と考えなくてはならないのだ。しかし、その「Eに回収できないもの」が何であるかは、ブラウニングの時代においては意識されたり、認識されたりはしていない。それは、「Eではない」「Eでは尽くされない」「Eがすべてとは言えない」という形式で、否定的・消極的にしか現れない。それを、〈余剰的同一性 surplus identity X〉と呼ぶことにしよう。二つの水準の間に入る第三の水準③は、それゆえ、E＋Xとなる。

③ E＋X

したがって、全体を整理すると、次のような解釈の系列を得ることになる。

E（①）→E＋X（③）→E＋F（②）

ここで、①と③はともに、ブラウニングの時代に所属し、②だけが、カフカ以降の時代に属している。つまり、（③の中の）Xは、ブラウニングの詩が書かれていた当時、つまりその詩にとっての「現在」に（一九世紀に）属している。しかし、それが何であるかは、それが執筆されたときには同定されていないので、その当時の人々にとっては、「無」に感じられる。それが、実はカフカ的なものFであったということは、未来になって——つまりカフカが登場した後になって——初めて意識され、明確に解釈されることになる。

実は、このXこそが、〈未来の他者への応答〉になっているのだ。未来の方から見たとき、つまりカフカの時代から見たとき、ブラウニングが、すでに「われわれ」に呼びかけに応えようとしていた、「われわれ」と結びつこうとしていた、「われわれ」と連帯しようとしていた、と感じられるからである。

ここから類推されることは、次のような仮説である。現在のわれわれにも、やはり、われわれ自身が自覚できていない、余剰的同一性Xがあるのではないか。その余剰的同一性Xこそが、来るべき未来の他者から見たとき、彼らの呼びかけに対して、現在われわれが「あらかじめ応答していた」と感じられる要素なのではないか、と。端的に言えば、われわれの余剰的同一性こそが、未来の他者の現前（現在化）なのではあるまいか。

4 黙示録の合理的活用

Apokalypsis

しかし、この余剰的同一性Xを行動として現実化させなくては、われわれは、未来の他者に応答したことにはならない。われわれにとっての余剰的同一性とは、われわれの現実の中に尽くされていない可能性、われわれの「他でありえた可能性」のことである。こうした可能性を現実化して初めて、未来の他者に応答したことになる。潜在的な余剰的同一性を、叩き出すにはどうしたらよいのか。

ここで、基本的な考え方を仮説的に提示してみよう。私が提案するのは、黙示録の合理的な活用とでも呼ぶべき構えである。ギリシア語の apokalypsis の字義は、「ヴェールを外すこと（lifting of the veil）」「暴露（revelation）」である。われわれが有する隠れた可能性を暴き出す方法、それを開示することが結果として未来の他者への応答となっているような可能性を引き出す方法について、考えてみよう。以下に示す私の考えは、二人の哲学者のアイデアに触発されていることを、ことわっておく。二人の哲学者とは、ヴァルター・ベンヤミン（歴史についての議論）とジャン＝ピエール・デュピュイ（破局をめぐる議論）である（Benjamin 1940：Dupuy 2005）。

前節で述べたことを、ここでもう一度、思い起こしておこう。たとえば、ロバート・ブラウニングの詩の斬新さが認識されるのは、カフカが出た後のことであった。モーパッサンの忘れられた小説の価値が認識されるのは、プルーストが出現したからであった。このように、決定的に新しいことNew（カフカ、プルースト）が起きると、過去が別様に見えてくる。このような効果が最も劇的に出てくる「新しいこと」は、大きな破局（catastrophe）である。破局を含む、決定的に新しいことが起きたとき、過去の「様相」が劇的に変化する。

ここで、われわれに重要なヒントを与えてくれるのは、ほかならぬイエス・キリストである。キリストは何を語ったのか。彼の語ったことの核心は何だったのか。キリストは、「神の国は近づいた、悔い改めよ」と語ったと言われている。しかし、最近の研究によると、これは洗礼者ヨハネの言葉であり、キリストが宣べ伝えたことは、これとは微妙に異なっていて、もっと斬新でラディカルである。キリストは、「神の国は、すでにわれわれの手の内にある」と語っていたのだ。つまり、決定的な終わりの瞬間はすでにわれわれのもとに到着してしまっている、と（田川 2004）。イエス・キリストは、決定的な終わり、破局の事後にわれわれを導こうとしていたことになる。ここでのキリストの振る舞いは、何をもたらそうとしているのか。その社会的効果は何か。

私の考えでは――繰り返せば――、破局を含む決定的に新しいことが起きた後には、過去の様相が変化する。ただし、その過去の様相は、両義的であり、矛盾を孕んでいるようにすら見える。〈未来の他者〉との関係という点で肝心なのは、この両義性である。

破局の後に見えること

二〇一一年三月一一日の原発事故を例にとって、このことを、つまり破局の後には過去の様相が変化するということ、しかし、同時にある種の矛盾も孕まれるということ、この二点を説明してみよう。この原発事故は、まさに破局と呼ぶにふさわしい大規模なものだったからである。まず、この事故の前と後とでは、世界はまったく異なって見えている。

事故が起きる前から、もちろん、われわれは、大半の日本人は、原発がきわめて危険なものであること、大規模な事故が起きる可能性があることを知ってはいた。原発は、技術的には原子爆弾と同じものであり、危険で、しかも事故の可能性もあることを、日本人は知っていたのだ。そうした危険性について、警告を発している人も、少なからずいた。だが、しかし、――ここが重要なところだが――大規模な事故は、単に論理的には可能だということに過ぎず、実際にはまず起こらないだろうと、ほとんどの日本人は思ってもいた。要するに、破局的な事故は、空虚な論理的可能性に過ぎず、アクチュアルな切迫した可能性、ほんとうに現実になるような可能性だとは思っていなかったのだ。次のように言ってもよいかもしれない。われわれ日本人は、事故が起きうるということを知ってはいたが、しかし、それを信じてはいなかったのだ、と。

もちろん、現に事故が起きてしまうと、事故は、実際に起きうるアクチュアルな可能性に変わる。それだけではない。過去の様相がすっかり異なったものとして見えてくること、この点が肝心である。事故の前には、事故の可能性は、空虚な論理的想定に過ぎなかった、と述べた。しかし、事故が起きてしまった後からふりかえると、むしろ、大規模な破局的事故は、いつ起きてもふしぎではないような状態として、常にずっと待機していた、ということに気づくのである。原発事故は、ほんとうはいつでも起こりえた、と。事故は、空虚な可能性――つまり事実上はありえないことという意味での可能性――どころか、切迫した現実的な可能性だった、と思うようになるのだ。それゆえ、結局、原発事故は、起きるべくして起きた、と感じられるようになる。言い換えれば、日本人は、三・一一の事故に向かう過程は必然だった、と思うようになったのである。

日本列島は、地震の多発地帯であったにもかかわらず、日本人は、アメリカとフランスに次いで多くの原発を建設してきた。原子炉は旧式で、すでに老朽化していたのに、われわれは、廃炉にしようとしなかった。津波の危険がある海岸に原子炉があるのに、大きな堤防を建設しなかった。津波がありうるのに、予備の電源を安全な場所に確保していなかった。等々。これだけのことが重なっていれば、ひどい事故が起きるのは当然である。事故は必然の帰結だったのだ。このように、現在の、つまり破局後の日本人は感じている。破局の前には、大規模な事故は、ほとんどありえないこと、不可能なことに近かった。しかし、事後には、逆に、それは必然に転化する。つまり、過去の論理的な様相が、破局の前と後とでは、正反対なものに転化するのである。

かつて、アンリ・ベルクソンが、「戦争」に関して、これと同じことを述べている。第一次世界大戦が勃発する前には、戦争は、単に空虚な論理的な可能性に過ぎなかった。しかし、勃発してからふりかえると、戦争は、最初からぎりぎりの可能性として存在しており、ほとんど一触即発の状態だった、と感じられるようになる。このようにベルクソンは述べているが、3・11を基準にして原発事故を捉えたときには、まったく同じことが言える。

必然的なものの偶有性

しかし、これは、まだことがらの半面でしかない。破局の後から過去をふりかえったとき、以上とはまったく反対の、むしろそれと矛盾してさえいるような別の印象をもつようになるのだ。日本人は、原発事故へと至る過程のすべての地点で、他なる選択肢があり、そちらを取っていれば、過程を全体として変化させ、破局を回避することができた、ということを生々しく実感したはずだ。日本人は、たとえば、もう少し防波堤を高くしておけば……、古い原子炉をもう少し早く廃棄しておけば……等々のことを深い後悔とともに思ったのだ。そして、何より、一九五〇年代に、そもそも原発（原子力の平和利用）を国策の中心になど置かず、それを断固として拒否すべきだった、日本人にはそれが十分にできたはずだ。何しろわれわれ日本人は、原子力の危機を何度も（広島、長崎、第五福竜丸）経験してきたのだから、そのように感じ、後悔した者も多かっただろう。

ここで肝心なことは、これら他なる選択肢を取りうる自由がわれわれにはあった、という事実は、破局の後になって、真に鬼気迫るものとして実感される、ということである。もちろん、そのような選択肢は、もともとあったのだが、事前には、現実味のないことと見なされていた。事後から見たとき初めて、われわれは、それらの選択肢が、本気に検討すべきことだったということ、われわれはそちらを取ることも十分にできたはずだということ、そうしたことを自覚するのだ。

さて、そうだとすると、破局の後からふりかえったとき、破局にまで至る過程は、論理的には対立する二つの様相をもってたち現れていることになる。一方では、その過程は必然であり、運命であり、それゆえ、他の道はありえなかった、と見ている。しかし、他方では、その過程の至るところに、実際には選ばれなかったが、選ばれてもふしぎではなかった他なる可能性が孕まれていたということ、その意味で、われわれには自由があり、破局までの過程は偶有的なものだった（他でもありえた）と見えている。同じ過程が、一方では必然であり、他方では偶有的なのだから、両者は論理的には互いに矛盾しているのだが、しかし、当事者である「われわれ」の主観的なポジションからは、矛盾とは感じられない。むしろ、破局への過程が必然であると強く認識されればされるほど、それを変える自由がありえたということ、偶有的であるということも自覚されるのである。

〈未来〉の不在の希望

こうした観察が、〈未来の他者〉との連帯ということに関して、どのような含意をもっているのか。破局後の「われわれ」は、破局に至るまでの過程の中にいる者から見ると、〈未来の他者〉にあたる、という事実を確認することが鍵である。そこで、次のように考えてみるのだ。

まず、〈未来〉に、つまり〈未来の他者〉が所属する場所において、すでに決定的な破局が起きてしまっている、と仮定する。その破局は、既成事実であると見なし、思考のための地平として前提にしてしまうのだ。こうした仮定は、考えてみれば、決して荒唐無稽なものではない。エコロジー的危機なのか、さらなる原発事故なのか、あるいは遺伝子操作の悲惨な帰結なのか、それともリーマンショックを上回るような金融破綻なのか、具体的な姿についてはまちまちに思い描かれるが、われわれが何らかの破局に向かっている、というのは、現在のわれわれの共通了解なのだから。このような未来に仮定された破局のことを、ジャン＝ピエール・デュピュイは、ディストピア的「固定点」と呼んでいる。

その破局後の〈未来〉から過去をふりかえってみる。その過去の中には、実は、「現在のわれわれ」も含まれていることが重要である。そのとき、過去は、ここまで述べてきたような二重性を帯びるだろう。一方では、そのディストピア的な固定点にあたる破局までの過程は、必然の運命に見える。しかし、他方で、その過程の中には、破局を回避できる、他なる可能性が、現実味のある選択肢として存在していることもわかる。繰り返すと、その「過去の過程」にこそ、実は、現在のわれわれが属している。

その必然の過程を破る〈他なる可能性〉、われわれが〈他でもありえた可能性〉、これこそ、前節で〈余剰的同一性X〉と呼んだものではないか。今、ここに示したのは、余剰的同一性Xを叩きだす方法である。〈未来の他者〉の地点を、固定された破局の後として仮定する。すると、その破局へと至る過程に対する根本的な「他なる道」という形式で、余剰的同一性Xが浮かび上がる。その余剰的同一性Xに対応する選択を現実化すること、このことが、現在のわれわれが、結果的に〈未来の他者〉に応答したことになるのではないか。なぜなら、その選択は、未来に必ず引き起こされると思われていた、破局を回避することになるのだから。

最後に、日本人には、セネカ Seneca が『メデア Medea』に記した言葉を送っておきたい。「凶悪がすでになされてしまったというのに、それが可能だと信ずることはまだ難しい（Although the evil is already done, we still find it hard to believe it is possible）」。日本人は、すでに原発事故が起きたのを見てしまっているのに、未だに、それが不可能なこと、ありえないことであるかのように振る舞っている。

さらに、こんなことも言えるだろう。われわれは〈明るい〉未来は展望できず、希望がない、と言う。だが、ここに論じてきた理論からすれば、この言明の意味も、通常受け取られていることとは正反対なものになる。ポジティヴな未来への希望がないということ、つまり確実に破局が到来すること、これこそが、未来への開けを指し示していることになるからだ。

【参考文献】

田川建三（二〇〇四）『イエスという男　第二版』工作社。
ヤマザキマリ（二〇〇九～二〇一三）『テルマエ・ロマエ』全六巻、エンターブレイン。
Bayard, Pierre. (2009) *Le Plagiat par anticipation*, Les Éditions de Minuit.
Benjamin, Walter. (1940) *Über den Begriff der Geschichte*.（今村仁司『ベンヤミン「歴史哲学テーゼ」精読』岩波現代文庫、二〇〇〇年。）
Borges, Jorge Luis. (1975) *Other Inquisitions, 1937-1952*, University of Texas Press, p. 113.
Dupuy, Jean-Pierre (2005) *Petites métaphysique des tsunamis*, Seuil.

文献案内

第1章

① アーヴィング・ゴッフマン／丸木恵祐・本名信行訳『集まりの構造』誠信書房、一九八〇年（原著一九六三年）。

＊本書は、ヒトの集まりにおいてふさわしいもののひとつとして正義を捉える、デュルケムに遡る社会学の考え方をベースとしている。ゴッフマンはそのエッセンスである。「すべての集まりはある程度それにふさわしい行為を定めている」（一三頁）。

② 見田宗介「まなざしの地獄」『現代社会の社会意識』弘文堂、一九七九年。

＊ふさわしいか否かは、私たちが街中でまなざしを交し合う中からも日常的に形作られる。見田は、連続射殺犯N・Nに対する正義の執行《死刑》の陰に「ひとりの人間の総体を規定し、予料する」「都市の他者たちのまなざし」（一一七頁）を指摘している。なお、二〇〇八年に河出書房新社より単行本刊行。

③ アルフレッド・シュッツ、トーマス・ルックマン／那須壽監訳『生活世界の構造』ちくま学芸文庫、二〇一五年（原著二〇〇三年）。

＊ふさわしいか否かを、「生活世界についての知識」の視点から体系的に論じた社会理論（第三章）。

④ ミシェル・フーコー他／北山晴一・山本哲士訳『フーコーの〈全体的なものと個的なもの〉』三交社、一九九三年。（元となるフーコーの講演は一九七九年）。

＊ふさわしいか否かは、歴史的に公のレベルでも形作られる。フーコーは、私たちが今日正義ゆえと疑わない、貧困、疾病、災害などへの公的な対策の底に、「個人を継続的に支配する」「牧人権力」を指摘している（一四頁、五九頁）。

⑤ ミシェル・フーコー編著／慎改康之・柵瀬宏平・千條真知子・八幡恵一訳『ピエール・リヴィエール』河出文庫、二〇一〇年（原著一九七三年）。

＊一九世紀フランス農村、母、妹、弟殺害犯ピエール・リヴィエールの手記が遺されている。「もし私が弟以外の二人（母、妹）しか殺さなければ、父は、いかに私の行為を恐れるとしても、私が死んだのは父のためであるということを知ったとき、やはり私のことを惜しむのではないかと思ったからです」（一七六頁）。ピエールのこの理由はなぜふさわしくないのだろうか。落ち着かなさ《不穏》が、私たちの正義に接近する手がかりである。

第2章

① 渡辺浩『日本政治思想史──一七～一九世紀』東京大学出版会、二〇一〇年。

＊江戸時代から明治時代半ばまでの「日本人」の有り様と考え方を描く、

碩学の傑出した啓蒙書である。人々が家業を営むイエに帰属する家職国家であったことなど、それらが失われたとはいえ現代にも影響する日本社会の特質が浮かび上がる。

② 鹿野政直『鹿野政直思想史論集　第二巻　女性　負荷されることの違和』岩波書店、二〇〇七年。

＊日本の「近代」が生み出した、たとえば母の「聖化」などの意識と構造が、どのように女性を抑圧してきたかを描く。それに対する「反乱は子どもにおいて、もっとも不幸なかたちをとってはじまっている」（一八八頁）との分析が胸に痛い。

③ 大村敦志『穂積重遠――社会教育と社会事業とを両翼として』ミネルヴァ書房、二〇一三年。

＊日本家族法の父と言われる穂積重遠の伝記である。大正デモクラシー時代を代表する法学者が、ファシズムが強まり自由主義が敗北していく中で、弾圧される学生たちを守る努力を続けた姿勢の描写が心を打つ。

④ 宮地尚子『トラウマ』岩波新書、二〇一三年。

＊精神科医の著者が「心の傷」について書いた入門書である。ＤＶ等の暴力の被害者が受けるストレス、深刻な後遺症について理解する必要があるだろう。同じ著者の『トラウマの医療人類学』（みすず書房、二〇〇五年）とも合わせて読みたい。

第3章

① 遠藤比呂通『人権という幻――対話と尊厳の憲法学』勁草書房、二〇一一年。

＊不利な立場の人々が切実に求める「人権」の意味については、まず、芦部信喜（高橋和之補訂）『憲法　第六版』（岩波書店、二〇一五年）などを参照してほしい。その上で、人であれば当然にもつはずの人権が「不利な立場の人々」になぜ実現しないのか。その「実践の歪みを正確に把握する理論」（一六頁）を求める試みが、本書である。ここで読者は、自分がいかなる「立場」にあるかという問いを突き付けられる。

② 池原毅和『精神障害法』三省堂、二〇一一年。

＊不利な立場の人々の中でも世間から最も厳しい目を向けられるのが、精神障害者とホームレス者ではないだろうか。一九八〇年代はじめに初めて精神衛生法を読んだとき、「権利」の観点の欠如に驚いたことを思い出す。本書は、精神障害者に対する法的対応に「われわれ自身の偏見や差別が組み込まれているようなことはないのかを検証し、あるべき精神障害者法の姿を探求」（三頁）した労作である。

③ 笹沼弘志『ホームレスと自立／排除――路上に〈幸福を夢見る権利〉はあるか』大月書店、二〇〇八年。

＊ホームレス者に対する人々の視線は冷たい。「努力してこなかった自業自得」「好きでああいう生活をしている」。当事者に会って話す前、下肢障害をもつ私もそのような偏見を抱いていたことを告白しなければならない。本書は、ホームレス者から「幸福を夢見る権利」さえ奪う伝統的自立観念と排除の構造を明らかにし、真の自律・自立を可能にする社会への道を探る。憲法一三条に「幸福追求」の文字を見つけた際に、高校生の私が感じた社会への希望を思い出す。

第4章

① ニクラス・ルーマン／村上淳一編訳『ポストヒューマンの人間論［後

期ルーマン論集』東京大学出版会、二〇〇七年。

＊ルーマンの後期の論文を集める。このうち「インクルージョンとエクスクルージョン」は、包摂と排除とを社会学の観点から検討するうえで示唆に富む。また、Luhmann, "Jenseits von Barbarei" in: ders., *Gesellschaftsstruktur und Semantik* Bd. 4, Suhrkamp, S. 138-150 (1995) も一読に値する。

② 小久保哲郎・安永一郎編『すぐそこにある貧困――かき消される野宿者の尊厳』法律文化社、二〇一〇年。

＊住民票訴訟のほか、生活保護に関する林訴訟、佐藤訴訟、新宿七夕訴訟など注目を集めた裁判を、野宿者や支援者の視点から描き出している点で興味深い。

③ 平山洋介『住宅政策のどこが問題か――〈持家社会〉の次を展望する』光文社新書、二〇〇九年。

＊戦後日本の住宅政策が持家世帯を核として社会統合を実現しようとしてきたことの功罪を、データや理論枠組みを駆使して明らかにする好著である。

第5章

① イマヌエル・カント／宇都宮芳明訳・注釈『道徳形而上学の基礎づけ』以文社、二〇〇四年。

＊自尊の理念に係る近代の思想的源流として極めて重要な古典。そもそも倫理学の古典として一読に値するが、特に第二章は、定言命法や意志の自律などの議論により自尊の理念の最も近代的な表現となっており、現代でもなおその意義は消えることはない。

② ジョン・ロールズ／川本隆史・福間聡・神島裕子訳『正義論』紀伊國屋書店、二〇一〇年。

＊周知の現代正義論の古典であるが、ここでは特に自尊の意義の議論を含む第三部に注目したい。そこにある正義の目的の議論はあまり取り上げられることがないが、ロールズの言う正義の二原理に基づく制度が目指している理想の人間社会の像が描かれている。

③ アマルティア・セン／池本幸生訳『正義のアイデア』明石書店、二〇一一年。

＊分配の正義や平等に係るセンの議論はいろいろな著作の中に看取されるが、その中でも最も新しくかつ体系的にまとめられているものである。特に、ロールズの主張を受け止めつつ展開された潜在能力の平等という考え方は第三部で論じられている。

第6章

①「[特集1] 障害者権利条約の批准と国内法の課題」『論究ジュリスト』八号、二〇一四年。

＊この特集名に示される事柄について、雇用や福祉などを念頭に置きつつ、諸分野の専門家たちが考察したものである。そこでは、合理的配慮（提供）義務についても周到に扱われている。

② 日本教育法学会編『教育法の現代的争点』法律文化社、二〇一四年［55、56および69］。

＊学会員によって執筆された多数の論文からなるが、そのうち三つの項目は、障害児教育にかかわる。それらのタイトルは、「55 特別支援教育と条件整備」「56 障害者の権利条約と特別支援教育」および69 障害児（者）の教育選択権」である。

③ 加藤智章他『社会保障法［第6版］』有斐閣、二〇一五年。

＊社会保障法の諸分野をカバーした諸概説書である。とくに、「第7章　社会福祉」および「第8章　公的扶助」（ともに前田雅子執筆）をお勧めしたい。第7章には「障害者福祉」の説明も含まれている。

第7章

① ディーン・ハートレー／福士正博訳『ニーズとは何か』日本経済評論社、二〇一二年。

＊基本的人権としての生存の問題を、今日的観点から考えていくためには、「ニーズ（必要）充足の問題」と「生存権における自律の問題」の二つが重要となる。本書は、そのうちの前者について詳細に論じているものである。

② アマルティア・セン／池本幸生他訳『不平等の再検討――潜在能力と自由』岩波書店、一九九九年。

＊センの著作は多数翻訳されているが、ニーズ充足と自律（自立）との関わりについて比較的わかりやすく論じられている（とくに「第4章　自由、エージェンシーおよび福祉」）。

③ 松下圭一『ロック「市民政府論」を読む』岩波現代文庫、二〇一四年。

＊ロックの「プロパティ」の概念には、生存と自由という両方の要素が含まれていることがわかりやすく論じられている。市民社会論の基本的な枠組みを知るためにも役立つ本である。

第8章

① 倉田聡『社会保険の構造分析』北海道大学出版会、二〇〇九年。

＊法学の立場から社会保険という制度概念の意義を綿密に議論した好著。現行制度の問題点の指摘のほか、社会保険と社会連帯の関係に関する論考も興味深い。

② 広井良典『日本の社会保障』岩波新書、一九九九年。

＊社会保障の入門書的な枠を超え、日本の社会保険制度が抱える問題点として、「保険原理」と「福祉原理」の混在を初めて明確に指摘した、社会保障分野の必読書。

③ 小塩隆士『効率と公平を問う』日本評論社、二〇一二年。

＊経済学が効率性と公平性という二本の評価軸をもつことを指摘し、そのバランスのとり方の難しさを説明した本。経済学の「モノの考え方」を平易に解説。

第9章

① Sarthou-Lajus, Nathalie, *Eloge de la dette*, 2012.（高野優監訳『借りの哲学』太田出版、二〇一四年）。

＊本書は読者に「借り」や「債務」のプラスの側面に目を向けさせる。しかし本書のメッセージは、「借り」の返済を強要するものではない。本書で示される「《借り》をもとにした社会」とは、あらゆる人は社会や他者に対して「借り」がある、ということを前提しつつも、そうした「借り」は返されなくてもよい、とする社会である。

② 佐藤順子編著『マイクロクレジットは金融格差を是正できるか』ミネルヴァ書房、二〇一六年。

＊金融サービスへのアクセスをめぐる排除・格差は、発展途上国だけにとどまる問題ではない。本書は、単に資金を「貸す」だけにとどまらない、生活支援や起業支援などを組み合わせた貸付支援として、日本・アメリカ・イギリス・フランスにおけるマイクロクレジットの実践を紹介している。

③ Shiller, Robert, *The New Financial Order: Risk in The 21th Century*, Princeton University Press, 2003.（田村勝省訳『新しい金融秩序〈新装版〉』日本経済新聞出版社、二〇一四年）。

＊二〇一三年にノーベル経済学賞を受賞したロバート・シラーの著作。本書は金融という手法が幅広い人々の生活安定に資す可能性を示す。本章でも取り上げた「所得連動型ローン」や、あらゆる原因による収入減少をカバーする「生計保険」のアイデアなどが提案されている。

第10章

① Giuliano Bonoli and David Natali eds., *The Politics of the New Welfare State*, Oxford University Press, 2012.

＊一九九〇年代以降の、グローバル化、EU拡大、ワーキングプア、女性の就労、高齢化と介護、雇用の規制緩和といった社会構造の変化によって従来型の社会保険中心の伝統的な社会保障制度／福祉国家がいかに本来の目的のようには機能しなくなっているかを実証的に分析した一冊。

② クリスチャン・ヨプケ／遠藤乾他訳『軽いシティズンシップ――市民、外国人、リベラリズムのゆくえ』岩波書店、二〇一三年。

＊グローバル化の進展によって国境を移動する移民に対するシティズンシップのあり方が、より多様に、またより階層性を伴う傾向にある点を批判的に分析した一冊。

③ 小島晴洋・小谷眞男・鈴木桂樹・田中夏子・中益陽子・宮崎理枝『現代イタリアの社会保障――ユニバーサリズムを超えて』旬報社、二〇〇九年。

＊現在イタリアの社会保障制度、政治制度、福祉国家としての類型、これらの歴史的背景を網羅する一冊。現地調査の結果を踏まえた福祉の地方政策や社会的協同組合の状況にも触れられており、典型的な福祉国家類型におけるイタリアの姿とは異なる多様で重層的な福祉のあり方を示唆している。

第11章

① 羽仁五郎編『死刑廃止と人命尊重』駿台社、一九五六年。

＊一九五六年、日本でも参議院に死刑廃止法案が上程されたことがあった。本書は、その死刑廃止法案をめぐって、同年五月一〇日、一一日に参議院法務委員会で開かれた公聴会の全記録である。ここで展開されている議論と、本章で紹介した死刑勉強会の議論とを比較してみてほしい。時代が進んで無効になった議論もあるが、基本的な論点は六〇年前からほとんど変わっていないことがわかるだろう。それどころか、かつての議論には死刑の担い手問題についての言及もあるなど、むしろ今より幅広い観点から死刑について考えられていた感すらある。本書は入手困難であるかもしれないが、インターネット上に公開されている国会議事録検索システムで日付を入れて検索すれば、全文を無料で見ることが可能である。国レベルでの死刑の議論がいかに進んでいないか、現状維持という形でいかに死刑が存置されてきたかを確認してほしい。

② 大塚公子『死刑執行人の苦悩』創出版、一九八八年。

＊実際に死刑を担ったことがある刑務官の方々へのインタビューを中心に構成されている本書は、死刑の担い手問題を考えるうえで外すことのできない重要文献。ここに掲載されている話は、現在も日本のどこかで起こりうる話ばかりである。電子書籍版も販売されている。

③ 中川智正弁護団（後藤貞人・前田裕司・渡邉良平）・ヴァルテル・ラブル編『絞首刑は残虐な刑罰ではないのか？——新聞と法医学が語る真実』現代人文社、二〇一一年。

＊絞首刑とは、どのような死刑執行方法であるのか。そうした疑問について、オーストリアの法医学者ヴァルテル・ラブルが解説してくれている本書は、絞首刑について議論するうえで必読の文献である。

第12章

① ジョン・ロールズ／川本隆史他訳『正義論』紀伊國屋書店、二〇一〇年。

＊運の平等論の出発点は『正義論』で示された、道徳的観点からみて恣意的な要素を可能な限り排除すべきとする実質的公正の観念である。自然的・社会的偶然性に左右されない原初状態の構想は、その公正の理念を表現するものである。

② ロナルド・ドゥオーキン／小林公他訳『平等とは何か』木鐸社、二〇〇二年。

＊ロールズ以上に、自然的偶然性＝運をどう緩和するかにこだわって平等論を展開したのが、ドゥオーキンの『平等とは何か』である。その射程は、資源平等論の原理的考察から医療保険制度やアファーマティヴ・アクションといった応用的イシューに至るまで幅広い。

③ 須賀晃一・齋藤純一編『政治経済学の規範理論』勁草書房、二〇一一年。

＊平等主義を中心とした規範理論に関する本格的な論考を集めた論文集。本章で扱ったロールズの原初状態の構想や、センの正義論、運の平等論、民主的平等論について詳細かつ批判的に検討する議論が、各論者独自の切り口で縦横無尽に展開されている。

第13章

① 大澤真幸『夢よりも深い覚醒へ』岩波新書、二〇一二年。

＊二〇一一年三月一一日の原発事故に孕まれている「詩的真実」について考察した書。われわれは普通、無意識のうちに、「これが可能であれが不可能だ」という判別を規定している座標軸を前提にして意志決定をしている。この座標軸そのものを変えてしまうような〈出来事〉のことを、ここで詩的真実と呼んでいる。

② Dupuy, Jean-Pierre. *Petites métaphysique des tsunamis*, Seuil, 2005.

＊本書は、破局（カタストロフィー）がどのようにして詩的真実を開示するかを論じている。この本の中で、著者は、ギュンター・アンデルスという哲学者が「ノアの方舟」の話をもとに創ったある寓話を紹介している。「大洪水が来る」というノアの警告を人々はまったく聞かない。しかしある奇策によって人々は警告に耳を傾けはじめる……。

③ 大澤真幸『自由という牢獄』岩波書店、二〇一五年。

＊一般には、自由にとって、他者は障害物である。私の行動を制限したり、阻害したりする他者がいなければ、私の自由度はより大きくなると考えられている。しかし、真実はまったく逆であって、他者の存在こそが自由を可能にしている。その他者が、〈未来の他者〉であったとすればどうだろうか。

た　行

索　引

（＊は人名）

あ 行

か 行

さ 行

井上　彰（いのうえ・あきら）**第12章**

1975年　生まれ。
2006年　オーストラリア国立大学大学院社会科学研究校哲学科博士課程修了。
2007年　哲学博士（オーストラリア国立大学）。
現　在　立命館大学大学院先端総合学術研究科准教授。
主　著　『政治理論とは何か』（共編著）風行社，2014年。
The Future of Bioethics（共著）Oxford University Press, 2014.
『実践する政治哲学』（共編著）ナカニシヤ出版，2012年。

大澤真幸（おおさわ・まさち）**第13章**

1958年　生まれ。
東京大学大学院社会学研究科修了，社会学博士（東京大学）。
現　在　社会学者。
主　著　『「正義」を考える』ＮＨＫ出版，2011年。
『〈世界史〉の哲学』講談社，2012年，2014年，2015年。
『自由という牢獄』岩波書店，2015年。

（肩書きは2016年３月末のものである。）

内野正幸（うちの・まさゆき）**第 6 章**

1955年　生まれ。
1978年　東京大学法学部卒業。
現　在　中央大学大学院法務研究科教授。
主　著　『差別的表現』有斐閣，1990年。
『表現・教育・宗教と人権』弘文堂，2010年。
『人権の精神と差別・貧困』明石書店，2012年。

秋元美世（あきもと・みよ）**第 7 章**

1954年　生まれ。
1985年　東京都立大学社会科学研究科基礎法学専攻修了。
2006年　博士（社会福祉学）東京都立大学。
現　在　東洋大学社会学部社会福祉学科教授。
主　著　『福祉政策と権利保障』法律文化社，2007年。
『社会福祉の利用者と人権』有斐閣，2010年。
『社会福祉と権利擁護』（共著）有斐閣，2015年。

小塩隆士（おしお・たかし）**第 8 章**

1960年　生まれ。
1983年　東京大学教養学部卒業。
2002年　博士（国際公共政策）大阪大学。
現　在　一橋大学経済研究所教授。
主　著　『社会保障の経済学 第 4 版』日本評論社，2012年。
『「幸せ」の決まり方――主観的厚生の経済学』日本経済新聞出版，2014年。
『持続可能な社会保障へ』NTT 出版，2014年。
『18歳からの社会保障読本』ミネルヴァ書房，2015年。

角崎洋平（かどさき・ようへい）**第 9 章**

1979年　生まれ。
2012年　立命館大学大学院先端総合学術研究科先端総合学術専攻一貫制博士課程修了，博士（学術）立命館大学。
現　在　日本学術振興会特別研究員。
主　著　『体制の歴史――時代の線を引きなおす』（共編著）洛北出版，2013年。
『マイクロクレジットは金融格差を是正できるか』（共著）ミネルヴァ書房，2016年。
「選択結果の過酷性をめぐる一考察――福祉国家における自由・責任・リベラリズム」『立命館言語文化研究』24巻 4 号，2013年。

宮崎理枝（みやざき・りえ）**第10章**

1972年　生まれ。
2005年　京都大学大学院人間・環境学研究科文化地域環境学専攻博士課程修了，博士（人間・環境学）京都大学。
現　在　市立大月短期大学経済科教授。
主　著　『現代イタリアの社会保障――ユニバーサリズムを越えて』（共著）旬報社，2009年。
「高齢者介護領域における外国人の非正規労働と『正規化』施策」『大原社会問題研究所雑誌』554号，2005年。
「移住家事・ケア労働者とその非可視性――2000年代後半のイタリアの事例から」『大原社会問題研究所雑誌』653号，2013年。

櫻井悟史（さくらい・さとし）**第11章**

1982年　生まれ。
2012年　立命館大学大学院先端総合学術研究科先端総合学術専攻一貫制博士課程修了，博士（学術）立命館大学。
現　在　立命館大学衣笠総合研究機構専門研究員。
主　著　『死刑執行人の日本史――歴史社会学からの接近』青弓社，2011年。
『体制の歴史――時代の線を引きなおす』（共編著）洛北出版，2013年。
「日本における体罰論の批判的精査とスポーツ体罰の倫理学的検討」（共著）『生存学』 8 号，生活書院，2015年。

■■■ 執筆者紹介 ■■■

後藤玲子（ごとう・れいこ）**はしがき，総論**

編著者紹介欄参照。

齊藤　拓（さいとう・たく）**総論・各章の解説**

1978年　生まれ。
2009年　立命館大学大学院先端総合学術研究科先端総合学術専攻一貫性博士課程修了，博士（学術）立命館大学。
現　在　立命館大学大学院先端総合学術研究科非常勤講師。
主　著　『ベーシックインカム――分配する最小国家の可能性』（共著）青土社，2010年。
『ベーシックインカムの哲学』（P．ヴァン・パレイス著）勁草書房，2009年。

後藤　隆（ごとう・たかし）**第1章**

1956年　生まれ。
1988年　一橋大学院社会学研究科社会問題・政策専攻博士後期課程単位取得中退，社会学修士。
現　在　日本社会事業大学社会福祉学部福祉計画学科教授。
主　著　『集まりの学としての社会学』光生館，2009年。
「『物語状』質的データ分析――表層／形式から意味への可視化プロセス」学振科研（16330107）報告書，2007年。
『データ対話型理論の発見』（グレイザー＆ストラウス著，共訳）新曜社，2010年。

水野紀子（みずの・のりこ）**第2章**

1955年　生まれ。
1978年　東京大学法学部卒業。
現　在　東北大学大学院法学研究科教授。
主　著　『社会法制，家族法制における国家の介入』（編著）有斐閣，2013年。
『信託の理論と現代的展開』（編著）商事法務，2014年。
『財産管理の理論と実務』（共編著）日本加除出版，2015年。

横藤田　誠（よこふじた・まこと）**第3章**

1956年　生まれ。
1989年　広島大学大学院社会科学研究科法律学専攻博士後期課程単位取得退学。
現　在　広島大学大学院社会科学研究科教授。
主　著　『法廷のなかの精神疾患――アメリカの経験』日本評論社，2002年。
『裁判所は「権利の砦」たりうるか』（編著）成文堂，2011年。
『人権入門　憲法／人権／マイノリティ　第2版』（共著）法律文化社，2011年。

長谷川貴陽史（はせがわ・きよし）**第4章**

1969年　生まれ。
1999年　東京大学大学院法学政治学研究科博士課程単位取得退学。
2004年　博士（法学，東京大学）。
現　在　首都大学東京都市教養学部法学系教授。
主　著　『都市コミュニティと法――建築協定・地区計画による公共空間の形成』東京大学出版会，2005年。
“Law and Community in Japan: The Role of Legal Rules in Suburban Neighborhoods,” *Social Science Japan Journal*, 12-1, pp. 71-99, Oxford University Press, 2009.

長谷川　晃（はせがわ・こう）**第5章**

1954年　生まれ。
1982年　東京大学大学院法学政治学研究科博士課程修了。
現　在　北海道大学大学院法学研究科教授。
主　著　『権利・価値・共同体』弘文堂，1991年。
『公正の法哲学』信山社，2001年。
『法のクレオール序説』（編著）北海道大学出版会，2012年。

《編著者紹介》

後藤玲子（ごとう・れいこ）

1958年　生まれ。

現　在　一橋大学経済研究所教授（経済哲学専攻）。

主　著　『アマルティア・セン』（共著）実教出版，2001年。

『正義の経済哲学』東洋経済新報社，2002年。

『福祉の公共哲学』（共編著）東京大学出版会，2004年。

『福祉と正義』（共著）東京大学出版会，2008年。

Against Injustice, (coeditor), Cambridge University Press, 2010.

『正義への挑戦』（監訳）晃洋書房，2011年。

『福祉の経済哲学』ミネルヴァ書房，2015年。

福祉＋α⑨
正　義

2016年4月20日　初版第1刷発行　〈検印省略〉

定価はカバーに
表示しています

編著者　後藤玲子
発行者　杉田啓三
印刷者　中村勝弘

発行所　株式会社　ミネルヴァ書房
607-8494　京都市山科区日ノ岡堤谷町1
電話代表（075）581-5191
振替口座 01020-0-8076

中村印刷・新生製本

ISBN978-4-623-07572-0
Printed in Japan